시와 영어교육

영시를 활용한 영어교육 방법

박병희 지음

UUP

시와 영어교육

- 영시를 활용한 영어교육 방법 -

2008년 8월 4일 초판 인쇄
2008년 8월 11일 초판 발행

지은이 | 박병희
발행인 | 정정길
발행처 | UUP (울산대학교출판부)

출판등록 | 제 370-1996-000001호(1996.3.13)
홈페이지 | http://uup.ulsan.ac.kr
주소 | 680-749 울산광역시 남구 대학로 102(무거동) 울산대학교 출판부
전화 | (052) 259-2488
팩스 | (052) 277-3011
편집 · 표지 디자인 | 지미정 · 김수연

값 18,000원

ISBN 978-89-7868-150-6

이 도서의 국립중앙도서관 출판시도서목록(CIP)은 e-CIP 홈페이지(http://www.nl.go.kr/ecip)에서 이용하실 수 있습니다. (CIP제어번호: CIP2008002303)

머리말

시는 영어교육 자료로 활용될 수 있을까? 다시 말해서 영어의 네 기능을 가르치는 데에 시를 활용할 수 있을까? 일반적으로 말하자면, 문학의 장르 중에서 소설은 읽기 교육의 자료로 적합하고, 희곡은 말하기 교육의 자료로 적합하다. 그렇다면 시는 어떤가? 필자의 생각으로는 가능하다고 대답할 수 있을 것 같다. 시는 방법 여하게 따라 네 기능을 모두 연습시킬 수 있는 좋은 영어교육 자료가 될 수 있으며, 특히 쓰기 연습에 탁월한 효용가치를 갖고 있다. 이 점은 누구나 이 책을 읽어보면 수긍하게 될 것이다.

우리나라 영어교육에서 시가 외면당하고 있는 데는 여러 가지 이유가 있다. 그 첫째는 시에 대한 그릇된 인식 때문이요, 둘째는 획일적인 교재와 입시제도 때문이며, 셋째는 그에 따른 영어교사들의 무관심 때문이다.

일반적으로 시는 영어교육 자료로 활용하기에 부적합하다고 생각된다. 시는 일탈적 어법을 사용하는 글이며 그렇기 때문에 어렵다고 생각하는 경향이 있다. 과연 그럴까? 아니 그렇지 않다. 우선 시가 어렵다는 관념부터 보자. 시를 어렵게 여기는 주된 이유는 어려운 시만 보아왔기 때문일 것이다. 영어교육에 관여하는 사람들은 시 하면 우선 대학의 영어영문학과에서 가르치는 시를 떠올리게 된다. 노튼 앤솔로지에 수록된 영시는 물론 어렵다. 그러나 쉬운 시도 얼마든지 있다. 인터넷에 올라 있는 시를 보라. 얼마나 쉬운 시들이 많은가! 어렵기로 말하자면 소설이나 희곡도 시에 못지않다. 조이스의 소설이나 베케트의 희곡을 우리의 중고등학교 학생들에게 가르칠 수 있겠는가? 영어 사용국의 아동들은 수많은 시를 읽으면서 성장한다. 그들이 아동기나 청소년기에 읽는 자장가, 동요, 동시는 결코 어려운 것이 아니다. 이 책의 부록에 수록된 작품을 보면 시가 어렵다는 생각은 단지 선입견에 지나지 않는다는 것을 알게 될 것이다.

시가 일탈적 언어라는 생각 또한 잘못된 인식에서 비롯된 것이다. 시에는 학교문법에서 가르치는 규칙에 어긋나는 표현들이 많이 들어 있는 것이 사실이다. 우리는 문법으로 설명하지 못하는 예외나 관용적 표현들이 수없이 많다는 것 또한 알고 있다. 언어규칙으로 설명하지 못하는 관용적 표현은 숙어라 하여 무조건 외우라고 가르친다. 그러나 숙어는 대부분 유래를 알 수 없는 은유에서 비롯된 것들이다. 시적 표현의 근본은 은유이며, 우리가 소위 일탈적 어법이라고 하는 것은 대부분 은유에서 유래한 것들이다. 은유는 시의 전유물이 아니라 다른 문학 장르나 일상생활의 언어에서도 빈번히 사용되는 보편적 언어 현상이다. 최초의 인간 언어는 그 자체가 은유였으며(김준오 59), 그 이후 인간 언어의 발달을 주도해온 것 역시 은유였다고 해도 과언이 아니다. 은유적 사고는 사물들 사이의 관계를 지각하는 인간의 보편적 인식방법이며, 은유적 표현은 언어의 한계를 극복하고 언어를 풍부하게 하는 본질적 언어 양상이다. 언어는 은유로 가득 차 있다. 우리가 날마다 사용하는 어법 중에는 그것이 은유인 줄도 모르고 사용하는 은유적 표현이 수 없이 많다. 이 책의 부록에 수록되어 있는 "Conventional Metaphors in English"를 보면 여러분은 새삼 놀라게 될 것이다. 이처럼 은유는 어법의 일탈이 아니라 보편적 언어 속성이며 언어의 본질에 속한다.

시가 영어교육 자료로 활용되지 못하는 두 번째 이유는 시가 영어교재에 실려 있지 않기 때문이다. 우리의 영어교육 내용은 교재에 의해 결정된다. 우리의 교재는 특정한 목표를 달성하기 위해 인위적으로 꾸며진 문장들로 가득 차 있다. 교육과정이 끝나고 나면 단 한 권도 보관할만한 가치가 없어 쓰레기로 버려지는 것이 우리의 교재다. 고교 교육의 최종 목표가 대학 입학에 있기 때문에, 우리의 영어 교사가 대학 입시에 출재되지도 않고 교과서에도 없는 영시를 학습 자료로 사용한다는 것은 생각조차 할 수 없는 일이다. 현실이 이렇다보니 대학에서 열심히 영시를 공부한 교사들마저 일선에서 오래 근무하다 보면 배운 것마저 잊어버리게 되고, 따라서 시는 영어 교육 자료로 사용되지 못하는 악순환이 되풀이되고 있는 것이다.

근래 외국에서는 시를 영어교육 자료로 활용하는 방법들이 다양하게 소개되고 있으며, 교실 수업에도 그 방법이 적용된 사례가 발표되고 있다. Joanne Collie와 Stephen Slater는 영문학 작품을 활용한 영어교육 방법을 소개한 *Literature in the Language Classroom*이라는 책에서 한 장을 할애하여 영시를 교실 수업에 적용하는 방법을 간략하게 소개하였다. 본격적으로 시를 활용한 영어교육 방법을 다룬 대표적인 저서로는 Alan Maley 와 Alan Duff의 *The Inward Ear*(1989)와 Jane Spiro의 *Creative Poetry Writing* (2004)이 있다. 그밖에도 Koch (1973), Christison (1982), Maley & Moulding (1985), Fletcher (2002) 등 시를 교실 수업에 활용하는 아이디어를 제안하고 있는 책들은 수없이 많다.

국내에서는 1997년에 부산대학교의 조일제 교수가 Collie와 Slater의 책을 『영어교사를 위한 영문학 작품 지도법』이라는 제목으로 번역하여 소개함으로써 이 분야에 대한 연구의 기틀을 마련하였다. 그 이듬해인 1998년에 경상대학교 송무 교수는 여러 고등학교 교사들과 공동으로 『시적 텍스트를 활용한 영어 교육』을 집필하여 출간함으로써 이 분야에 대한 연구를 자극하였다. 조일제 교수는 그 후 2005년에 Maley와 Duff의 책을 『학습자 활동 중심의 (영)시 지도법과 언어교육』이라는 제목으로 번역하여 이 분야에 대한 지속적인 관심을 보여주고 있다. Collie와 Slater는 주로 소설과 희곡을 영어 교수-학습에 활용하는 방법을 제시하고 있으나, 우리나라에서는 고등학교 상급학년과 대학 수준에서나 적용될 수 있는 방법들이기 때문에 실제로 중고교 영어교육에는 별 도움이 되지 못하고 있다. 한편 송무는 초급과 중급 수준의 학생들에게 적용할 수 있는 다양한 방법들을 제안하고 있고, 현직 교사들과 공동으로 집필했기 때문에 우리의 교실 상황을 충실하게 반영하고 있다. 그러나 그의 "시적 텍스트"라는 용어는 신문의 표제, 광고문, 속담, 수수께끼, 말놀이, 노래, 동요 등을 모두 포괄하는 넓은 의미로 사용되고 있기 때문에, 그의 방법은 본격적으로 시를 활용한 영어 교수-학습 방법으로 보기는 어려울 것이다.

필자가 이 책을 쓰게 된 것은 교육대학원 학생들에게 "영문학을 활용한 영어교육"이라는 과목을 강의하면서 이 과목을 가르치기에 적당한 교재를 편찬할 필요성을 느꼈기 때문이다. 기존에 나와 있는 원서나 번역서는 모두 나름대로 장점을 가지고 있으나, 그 내용이 종합적이고 체계적으로 정리되어 있지 않아서 한 권의 책만으로는 부족하다. 이를테면 Maley와 Duff의 책은 학습자 활동 중심으로 읽기 전, 중, 후의 세 단계로 영시를 가르치는 방법을 제시하고 있으나, 여러 기능이 혼합되어 체계적으로 정리되어 있지 못한 단점이 있다. 그리고 Spiro의 책은 쓰기 연습 중심으로 구성되어 있으며, 심지어 어휘와 문법 규칙까지도 쓰기 연습을 통해 재미있게 가르치는 방법을 보여주는 장점을 가지고 있으나, 다른 기능에 대한 연습방법은 빠져 있다.

필자는 이 책에서 영시를 활용하여 영어를 가르치는 방법들을 기능별로 체계화하려고 노력하였다. 이 책에는 시를 가지고 영어의 기능을 연습시키는 방법 이외에도 시에 대한 개론적인 설명이 포함되어 있다. 그 이유는 영어교사가 그 방법들을 효과적으로 활용하기 위해서는 최소한의 이론적 바탕이 필요하기 때문이다. 이 책에 제시된 것들은 모두 시를 활용한 영어교육 방법이지만, 이 방법이 최상의 영어교육 방법이라거나 시가 영어교육 자료로 충분하다는 것을 주장하고자 하는 것은 아니다. 다만 지금까지 우리의 영어교육 현장에서 제외되어온 시도 다른 자료들 못지않게 훌륭한 자료가 될 수 있음을 보여주는 것만으로도 소기의 목적을 달성했다고 할 수 있을 것이다. 우리나라의 영어교육이 교과서와 입시 중심에서 벗어나 바람직한 방향으로 나아갈 때에 대비하여 영어교사는 다양한 영어교육 방법과 자료를 활용할 수 있도록 준비해야 하며, 필자는 이 책이 그러한 준비에 다소나마 도움이 될 수 있기를 충심으로 바란다.

2008년 5월

목차

제3장 시 읽기 지도 • 75

제4장 시 쓰기 지도 • 171

제1장

영시의 가치

1. 시란 무엇인가?

시란 무엇인가? 이 물음은 인생이 무엇인가라는 물음과 같아서 한 마디로 대답하기가 어렵다. 사람마다 인생의 의미를 다르게 해석하듯이, 시인들마다 나름대로 시의 의미를 해석한다. 시의 정의는 시인의 수만큼 많다. 아리스토텔레스는 "시는 율어에 의한 모방이다"라고 말했고, 필립 시드니는 "시는 가르치고 즐거움을 주려는 의도를 가진 말하는 그림이다"라고 정의하였다. 낭만주의 시인인 워즈워스는 "시는 강한 감정의 자발적 발로(發露)이다"라고 했고, 미국의 시인 에드가 앨런 포우는 "시는 미의 운율적 창조이다"라 했으며, 프랑스의 상징주의 시인인 말라르메는 "시는 언어로 쓰여지지 사상으로 쓰여지는 것이 아니다"라고 말했다.[1] 이처럼 시인들마다 시를 다르게 정의한다는 것은 시의 본질이 그만큼 한 마디로 설명하기가 어렵다는 것을 방증한다. 그러나 시를 통해서 영어를 가르치고자 하는 교사의 관

1) 이재선, 신동욱 (공저), 『문학의 이론』 (서울: 학문사, 1980), p. 41.

점에서 보면, “시는 언어예술이다”라는 일반적 정의만으로 족할 것이다. 참고로 버그만 등은 시를 다음과 같이 정의한다.

> Poetry is the true language of emotion. We have all had the experience of joy, love or sadness so great that no matter how urgently we need to express it, words fail us. The birth of a child, the return of a friend after long absence, the death of a parent: these events can leave us speechless. At such times we might wish we were poets. For poetry succeeds where ordinary speech fails to communicate those urgent and subtle feelings that are most essentially human. That is why poetry is the most enduring form of literature.2)

시는 언어예술이다. 시는 최상의 순서로 배열된 최상의 언어이다. 시는 언어예술이기 때문에, 형태와 색채의 예술인 회화, 소리의 예술인 음악, 삼차원 형태의 예술인 조각과는 다르다. 예술은 제각기 주어진 매체를 사용하는 특징을 갖고 있으며, 그 매체의 범위를 넘어설 수 없다. 작곡가가 아무리 색채나 형태를 이용하고 싶어도, 소리 이외의 매체를 사용할 수는 없다. 교향곡은 귀에 들리는 소리요, 그림은 눈에 보이는 형태와 색채이다. 시는 우리가 눈으로 혹은 소리 내어 읽는 언어이다. 시에서 언어를 제거해버리면 남는 것이 없다. 다시 말해서, 언어는 단순한 시의 표현매체가 아니다: 시는 언어 그 자체이다.

만약 시가 언어라면, 시는 언어만이 가능하게 하는 예술의 장르이다. 그러나 어떤 시인들은 이 사실을 믿지 않았다. 특히 셸리를 비롯한 플라톤학파 시인들이 그러하였다. 셸리는 『시의 옹호』에서 시는 언어로 완벽하게 표현할 수 없기 때문에 항상 언어를 초월한다고 말했다. 그는 시의 본질을 언어로 쓴 작품에 국한시키지 않고 “미” 또는 “진리”와 같은 비언어적 성질이

---

2) David Bergman and Daniel Mark Epstein. *The Heath Guide to Poetry* (Lexington: D.C. Heath and Company, 1983), p. 1.

라 보았다. 이러한 견해는 시를 창작하는 시인의 관점에서 나온 것이다; 시인은 시를 쓰기 시작할 때 마음속에 일어나는 최초의 착상을 가장 완벽한 시라고 생각한다. 이것은 시인이 쓸 수 있다고 생각하는 잠재적 시, 즉 이상적 시이며, 언어로 표현된 완성된 작품은 시인의 마음속에 있는 최초의 착상의 그림자에 불과한 열등한 것이다. 그러나 독자의 관점에서 시는 언어로 표현된 작품 그 자체이다. 독자는 시인이 포착하려 애쓰다 놓쳐버린 마음속의 시에 관심을 가질 필요는 없다.

시의 매체는 다른 예술의 매체와는 본질적으로 다르다. 작곡가가 사용하는 소리나 화가가 사용하는 색채나 조각가가 사용하는 돌은 그 자체의 내재적 가치를 갖고 있지 않다. 그러나 시인이 사용하는 단어는 사전에 기록된 독자적 의미를 갖고 있다. 더욱이 각각의 단어는 오랜 세월 동안 사람들이 사용해오는 동안에 온갖 연상적 의미가 묻어 있다. 사전에 기록된 의미는 가장 단순화된 의미의 윤곽에 지나지 않으며, 사용할 때마다 항상 새로운 색채나 석고와는 다르다. 시는 언어예술일 뿐만 아니라, 습관적으로 중고품 원료를 사용하는 유일한 예술이다. 시인들이 때로는 새로운 단어를 만들어 쓰기도 하지만, 대부분의 경우 사람들이 일상적으로 사용하는 어휘를 그대로 시의 매체로 사용한다. 시에 사용되는 단어는 일상적 대화, 전화번호부, 세탁물 목록, 학생들의 시험, 등 여러 상황에서 사용되고 있는 단어와 동일하다. 이 사실은 시가 여러 가지 다른 목적을 위한 언어사용과 직접 경쟁을 해야 한다는 것을 의미한다.[3)]

시의 언어는 일상생활의 언어와 다르지 않다. 그러나 한때 시가 저속한 일상어를 그대로 사용해야 한다는 사실을 개탄하면서 시는 특수한 언어를 사용해야 한다고 주장한 시인들이 있었다. 바로 18세기 영국의 일부 시인들이 그랬다. 그들은 시인들의 전유물인 시의 언어를 "시적 조사(poetic diction)"라 불렀다. 토마스 그레이는 "당대의 언어는 결코 시의 언어가 아니

3) Charles B. Wheeler, *The Design of Poetry* (New York: Norton, 1966), pp. 1-6.

다"라고 말했다. 그러나 영시의 역사를 돌이켜보면, 주기적으로 시의 언어에 대한 반성과 아울러 일상어로 되돌아가려는 운동이 되풀이되고 있음을 알 수 있다. 17세기 형이상학파 시인들이 구어체를 즐겨 사용했고, 낭만주의 시대에 워즈워스는 생활어 사용을 강조하였으며, 20세기 초의 사상파(寫像派) 시인들이 그러하였다.

2. 영어교육 자료로서 영시의 가치

영시는 과연 영어 교육 자료로 활용될 수 있을까? 우리나라 초·중등교육 현장에서 시는 영어교육 자료로서의 가치를 인정받지 못한 채 거의 외면당하고 있다. 그 이유는 무엇보다도 중고등학교 영어교과서에 시가 한두 편밖에 실려 있지 않고, 그것마저도 수업시간에 제대로 다루어지지 않고 있기 때문이다. 학생들은 오직 대학입시에만 관심을 쏟고 있고, 교사들은 대학 입학에 영향을 주는 내신과 수학능력시험 성적을 올리기 위해 안간힘을 쓰고 있다. 게다가 교사가 정규 수업시간에 내신과 수능에 직접 도움이 되지 않는 내용을 다루면 학부모들의 항의가 빗발치듯한다. 이러한 현실에서 교사가 영어 시간에 영시를 가르친다는 것은 웬만한 용기를 갖고서는 불가능한 일이다.

시가 영어 학습 자료로 활용되지 못하는 또 하나의 이유는 일반적으로 영어교사가 영시에 대해 잘 모르고 있기 때문이다. 이것은 물론 모든 영어교사에게 적용되는 말은 아니다. 대학의 영어영문학과를 졸업하고 임용될 당시에는 시를 잘 알고 시에 관심을 가지고 있었던 교사들도 시를 가르치지 않아도 교직생활에 지장이 없기 때문에 자연적으로 시와는 거리가 멀어지고 만다. 설상가상으로 시를 가르치고 싶어도 가르치지 못하는 현실은 교사들의 시에 대한 열정을 좌절시키고 시를 가르칠 수 있는 능력을 사장시키고 있다. 실질적인 영어 능력을 기르는 방향으로 영어교육이 정상화 될 때에 대비하여 영어교사는 기본적인 시 이론은 물론이고 시를 활용한 영어교육 방법을 연구해 두어야 할 것이다.

시가 영어 학습 자료로 활용되지 못하는 가장 핵심적인 이유는 시에 대한 편견 때문이다. 이 편견은 비단 직접 교실에서 수업을 담당하는 교사들뿐만 아니라 영어교과서 편찬자나 정책입안자 모두에게 영향을 주고 있다. 송무 교수 등은 우리나라 교사들이 일반적으로 가지고 있는 부정적인 의견을 다음과 같이 정리하고 있다.

> (1) 학생들은 영어 시를 어렵다고 느낀다. 영어 시가 소수 학생의 흥미를 끌 수 있을지는 모르나 다수 학생들의 흥미를 끌기는 어렵다.
> (2) 교사들에게도 영어 시는 어렵게 느껴진다. 또 교사들이라고 해서 영어시를 많이 읽은 것도 아니고 교수법이 개발되어 있는 것도 아니다. 그러니 수업이 효과적으로 될 수 없다.
> (3) 영어 시는 영어교육을 위해 쓰여진 것이 아니므로 교육 자료로 부적합하다. 학습 단계에 맞게 어휘 통제도 되어 있지 않고 실제 사용가능한 의사소통 기능 문장들을 많이 포함하고 있지도 않다.
> (4) 영어교육의 목적이 의사소통 능력 향상에 있다면 영어 시 자료 말고도 다른 종류의 효과적인 자료들을 얼마든지 구할 수 있다. 영어 시 자료 이용이 필요하다고 하더라도 높은 수준의 학년에서 약간씩 사용할 수 있을 뿐 저학년에서 사용하는 것은 무리다.
> (5) 교과서에 영어 시가 학습 자료로 실려 있지 않기 때문에 정규 수업 시간에는 가르치고 싶어도 가르칠 수 없다.[4)]

교사나 학생이 시가 어렵다고 느끼는 것은 어려운 시만을 보아 왔기 때문이다. 대학의 영어영문학과에서 다루는 시는 대체로 수업 자료로 활용하기에는 너무 어렵게 느껴지는 시들이 대부분이다. 노튼 앤솔로지에 수록된 작품이나 영문학사에 언급되는 대표적인 시인들의 시집에 나오는 시들은 대

---

4) 송무 외, 『시적 텍스트를 이용한 영어교육』 (서울: 신아사, 1998), pp. 19-20.

부분 대학 수준 이상의 학생들이나 읽을 수 있는 작품들이기 때문에 어렵게 느껴지는 것은 당연하다. 이러한 작품들만 보고서 모든 영시가 난해하다고 생각하는 것은 참으로 그릇된 편견이다. 영어로 쓴 시가 모두 난해한 것은 아니다. 영시 중에는 비교적 이해하기 쉽고 사춘기 청소년들을 매혹시키기에 충분한 주옥같은 작품이 얼마든지 있다. 실제로 영어 사용국의 어린이들이 자라면서 즐겨 읽는 동요, 자장가, 민요, 연시 등 우리가 수업 자료로 활용할 수 있는 쉬운 시들은 수없이 많다. 요즈음은 책으로 출판된 자료뿐만 아니라 인터넷에서도 쉬운 영시 자료를 얼마든지 구할 수 있다.

그리고 무엇보다도 시는 일상생활과 동떨어진 특수한 언어로 구성되어 있기 때문에 영어 학습에 도움이 되기보다는 오히려 방해가 된다는 생각이 우리의 영어교육 상황을 지배하고 있다. 물론 이러한 편견의 이면에는 그럴 만한 이유가 있다. 한때는 시인들마저도 시의 언어는 일상생활에 사용되는 언어와 달라야 한다는 생각을 가지고 시를 쓴 적이 있었다. 그리고 영시에는 일상생활에서 전혀 사용하지 않는 어휘나 구문이 많이 포함되어 있다. 또한 시에는 비유와 상징에 의한 고도의 의미 압축과 더러는 문법규칙에 맞지 않는 일탈적 어법이 들어 있기도 하다. 그렇다고 해서 모든 영시가 다 그런 것은 아니다. 우리가 영시를 가르치는 목적이 영문학자를 양성하는 데에 있는 것이 아니라 영시를 효과적인 영어 학습을 위한 자료로 활용하는 데 있는 이상 그 목적에 맞는 쉬운 작품을 선택하여 가르치면 그만이다.

그렇다면 영시가 영어 학습 자료로서 어떠한 가치를 지니고 있는가? 그리고 어떤 점에서 영시가 효과적인 영어 학습 자료로 활용될 수 있는가? 다시 말해서 영시는 영어의 네 가지 기능(4 skills)을 학습하는 데 도움이 되는가? 문학 장르 중에서 비교적 다루기 쉬운 산문을 두고 왜 하필이면 어렵다고 느끼는 시를 영어교육 자료로 활용하려 하는가? 이 모든 의문에 만족스러운 대답을 내놓을 수 있어야 교사가 자신감을 가지고 영시를 본격적인 교실 수업 자료로 활용할 수 있게 될 것이다.

한동안 문학작품을 영어수업에 활용하는 데 대한 부정적인 견해가 지배적이었으나 근래에 와서 긍정적인 평가가 많이 나오고 있다. 1960년대에 토핑 같은 이는 문학의 언어가 너무 복잡하고 일상어와 거리가 멀어서 읽기 지도에만 도움이 될 뿐 듣기, 말하기, 쓰기 지도에는 전혀 도움이 되지 못한다고 주장했다.[5] 그 이유는 표준 영어를 배워야 하는 학생들에게 문학작품은 오히려 해가 된다는 것이었다. 그러나 1980년대 이후 많은 학자들이 문학 텍스트를 교실수업에 적극적으로 활용해야 한다는 주장을 내놓고 있다.[6] 이들의 주장을 참고하여 시의 영어육적 가치를 종합적으로 정리해 보면 다음과 같다.[7]

첫째, 시는 보편적 가치를 지니고 있다.

시가 없는 나라는 없다. 시는 사랑, 죽음, 믿음, 절망, 희망, 이상, 자연미 등 시공을 초월한 인간의 보편적 주제를 다루는 문학 양식이다. 시의 내용은 인간의 보편적 정서이다. 시에 표현된 기쁨, 공포, 절망, 분노, 슬픔, 등의 감정은 사람이면 누구나 느끼는 본질적인 감정이다. 사람은 누구나 매

---

5) Donald M. Topping, "Linguistics or Literature: An Approach to Language," *TESOL Quarterly*, Vol. 2 No. 2 (1968), pp. 95-99.

6) 대표적인 예로 Collie(1987), Graham(1992), Lazar(1993), Maley(1989), 등을 들 수 있다. 저서는 참고문헌 참조.

7) 참고로 송무 등은 다음과 같이 주장한다:

(1) 시적 언어는 감각의 재미와 인식의 재미를 준다; ① 음악적 요소가 생리적인 쾌감을 준다. ② 문학의 세계는 자유의 세계이다. ③ 세상에 대한 새로운 관점으로 우리를 놀라게 하고 즐겁게 한다. ④ 시의 세계는 사람을 설레게 한다.

(2) 시적 언어는 영어 교육 자료로 탁월한 가치가 있다; ① 시적 텍스트는 실제 언어이다. ② 텍스트를 학습의 대상이 아니라 향유의 대상으로 여겨지게 함으로써 텍스트에 대한 관심을 높인다. ③ 동기를 부여하고 읽은 내용을 오래 잊지 않도록 한다. ④ 학생들의 적극적인 참여를 유도할 수 있다. ⑤ 언어에 대한 감각을 세련시키며 언어의 네 기능을 골고루 훈련시키는 데 적합하다. ⑥ 문화배경에 대한 이해를 촉진시킨다.

(3) 시를 읽는 것도 영어 교육의 목적 가운데 하나이다. (45-56)

순간 이러한 감정을 경험하면서 살아간다. 다만 시에는 우리가 일상생활에서 느끼는 거친 감정이 직접적으로 노출되는 것이 아니라 정화(淨化)의 과정을 거쳐 세련된 시적 정서로 표현될 따름이다. 이러한 정서는 특징적인 시의 리듬을 통해 표현된다. 리듬은 우리 생활의 일부이다. 우리가 사는 세계는 온갖 종류의 리듬으로 가득 차 있다. 우리의 걸음걸이, 계절의 순환, 밤낮의 교차, 달의 차고 기움, 조석간만의 차이, 철새들의 이주, 심지어 우리 인체의 생체리듬 등 그 예는 이루 헤아릴 수 없이 많다. 이처럼 시는 형식과 내용 면에서 보편성을 갖는다. 이 말은 시가 모든 사람의 관심의 대상이 될 수 있다는 것을 의미한다.

둘째, 시는 믿을 만한 자료(authentic material)이다.

영어교사가 가르쳐야 할 자료는 생활영어로부터 신문, 방송, 인터넷, 서적에 이르기까지 너무나 광범위하다. 과거 서당에서 한학을 가르치던 시절에는 학문의 정수를 모아놓은 텍스트가 있었다. 그때는 정해진 텍스트를 외워서 활용할 줄만 알면 선비도 되고 과거에도 합격할 수 있었다. "서당 개 삼년에 풍월을 읊는다"는 속담도 있지 않는가? 그처럼 정해진 자료를 학습함으로써 영어에 정통해 질 수만 있다면 얼마나 좋을까! 오늘날 우리가 영어를 효율적으로 가르치려면 그 많은 자료 가운데서 무엇을 선택하여 가르치는 것이 좋을지 고민하지 않을 수 없다. 과연 무엇이 믿을 만한 자료일까?

우리나라 영어교사는 그런 고민을 할 필요 없이 교과서만 잘 가르치면 된다. 그러나 교과서의 자료는 대부분 학습목표 달성을 위해 인위적으로 만들어진 것들이기 때문에 학생들의 흥미를 유발하지 못한다. 교과서의 문장들은 실생활에 사용되지 않거나 사용빈도가 낮은 문장들이 대부분이다. 우리의 교과서는 학교를 졸업하고 나면 쓰레기로 내다 버려도 아까울 것이 없는 무가치한 자료이다.

그 반면에 시의 언어는 생생한 감정을 담은 살아 있는 언어이다. 시의 언어는 최상의 순서로 배열된 최상의 언어이다. 시는 우리가 인생의 좌우명으로 삼을 수 있는 가치 있는 자료이다. 다시 말해서 삶의 지혜가 담겨 있는 주옥같은 구절들이 포함되어 있어서 시는 오래도록 기억해 둘만한 가치를 지니고 있다. 따라서 교사가 확신을 가지고 학생들에게 가르쳐도 좋을 만큼 훌륭한 영어 학습 자료이다.

셋째, 시는 기억이 용이하다.

우리는 자신의 인생과 상관된 깊은 내용이 들어 있고 감동적인 글을 오래 동안 기억하게 된다. 더욱이 시의 리듬은 즐거움을 주며 기억을 용이하게 한다. 리듬은 근본적으로 정서와 연결되어 있다. 두드러진 압운과 강한 운율은 무의식중에 감동적인 시구를 우리 마음속에 각인한다. 한번 각인된 구절은 문득문득 떠올라 우리의 마음을 설레게 하며 한번 읽은 작품을 다시 읽게 만든다. 또한 강한 시의 리듬은 "최면효과"를 만들어내어 우리를 일상의 속박에서 해방시켜 환상적인 시의 세계로 인도한다.[8] 시를 배우는 최상의 방법은 암기하는 것이다. 외국어로 된 시의 경우는 더욱 그러하다. 가장 효과적인 영어 학습방법이 가능한 한 많은 문장을 기억하여 이를 실생활에 활용하는 것이라면, 이로써 시가 영어교육 자료로서 가치가 있음이 충분히 입증된 셈이다.

넷째, 시는 사물을 보는 새로운 시각을 길러 준다.

사물은 보는 시각에 따라 다르게 보이게 마련이다. 시는 다양한 시각에서 사물을 보여 줌으로써 우리의 경험을 풍부하게 한다. 스티븐즈(Wallace Stevens)의 작품 중에 "검은새를 보는 열세 가지 방법"이라는 시가 있다. "검은새"은

8) C. Brooks and R. P. Warren, *Understanding Poetry*, 4th Ed., (New York: Holt, Rinehart & Winston, 1976), p. 495.

지빠귀의 일종인데 시인은 한 마리의 새가 갖는 의미를 여러 각도에서 조명해 보여 준다. 조각상을 유리 상자에 넣어 두고 여러 각도에서 관찰해 보면, 보는 각도에 따라 전혀 다르게 보일 것이다. 우리의 인생사도 이와 마찬가지다. 그러나 우리는 살다 보면 하나의 시각에서만 사물을 보는 습관에 젖어 다른 시각이 있을 수 있다는 것을 잊어버린다. 게다가 동일한 사물을 자주 대하노라면 감각이 무디어져 처음 볼 때 느꼈던 신기한 느낌을 잊어버리고 만다. 영국의 시인 셸리는 습관의 막을 걷어내고 사물의 속성을 새롭게 보여주는 것이 시인의 사명이라 말했다.[9] 시는 낯익은 사물을 낯설게 보이도록 만든다. 일상적으로 대하던 사물에서 새로운 의미를 발견하는 충격은 호기심을 자극하여 학생들의 학습동기를 유발하기에 충분할 것이다.

다섯째, 시는 다양한 해석을 용인한다.

현대시가 갖는 특징 중의 하나가 애매성(曖昧性) 또는 다의성(多義性)이다. 영어로는 ambiguity라 불리는데, 이 용어는 '한 가지 이상의 의미를 갖는다'는 의미로 사용된다. 다의성은 시의 해석을 어렵게 하는 측면도 있지만, 다른 한편으로는 시의 의미를 풍부하게 하는 요인이 된다. 일반적으로 시인들은 하나의 작품 속에 가능한 한 많은 의미를 압축하여 표현하려고 한다. 시의 은유, 상징, 아이러니, 역설 등의 수사적 방법이 시의 다의성을 만들어내는 수단이 된다. 시의 언어가 다의성을 갖는다고 해서 한 편의 시에 대해 많은 사람들이 공감할 수 있는 일반적 해석이 불가능한 것은 아니다. 대부분의 작품의 경우 다수의 독자가 공감할 수 있는 핵심적인 의미가 있을 수 있는 반면에 읽는 사람에 따라 다르게 해석할 수 있는 가능성은

---

9) Donald H. Reiman & Sharon B. Powers, *Shelley's Prose and Poetry* (New York: Norton, 1977), p. 487, 505. "Poetry lifts the veil from the hidden beauty of the world, and makes familiar objects be as if they were not familiar"; ". . . it purges from our inward sight the film of familiarity which obscures from us the wonder of our being."

열려 있다. 이처럼 시의 다의성은 다양한 개인적 해석을 가능케 한다.

시가 다양한 해석을 용인한다는 것은 시를 영어교육 자료로 활용하는 데에 매우 유리한 조건을 제공한다. 시가 가진 이러한 특성은 학생들의 학습 동기를 유발하는 요인이 된다. 한 편의 시를 해석하는 데는 하나의 정답이 있을 수 없다. 누구나 자신의 개인적 의견을 제시할 수 있기 때문에 학생들이 능동적으로 수업활동에 참여하게 된다. 학생들이 개인적인 생각을 발표하고 토론하는 동안 더러는 교사도 생각하지 못한 기발한 해석을 내놓을 수도 있을 것이다. 그 과정에서 학생들의 해석 능력이 향상되며 창의적 사고능력이 개발될 수 있다. 시를 다룰 때 교사는 허용적인 태도를 가져야 한다. 학생의 개인적 해석이 전혀 엉뚱한 것이 아닌 이상 교사는 부정적인 반응을 보여서는 안 된다. 그리고 학생들이 독창적인 의견 개진으로 작품해석에 기여하게 되면 칭찬으로 보상해주는 것을 잊지 말아야 한다. 그렇게 하면 학생들은 성취감을 느끼게 되고, 학습의욕이 더욱 고취되어 수업에 더욱 적극적으로 참여하게 될 것이다. 이런 점에서 시는 영어 수업 자료로서 탁월한 가치를 지니고 있다.

여섯째, 시는 다른 문학 자료에 비해 길이가 짧다.

시는 소설이나 희곡 등 다른 문학 장르와 달리 길이가 짧아 영어 학습 자료로 활용하기에 편리하다는 이점을 가지고 있다. 물론 긴 작품은 여러 시간에 걸쳐 다루거나 한 부분만 발췌하여 자료로 사용할 수도 있을 것이다. 그러나 그렇게 하면 수업이 느슨해지고 집중도가 떨어질 것이다. 시는 길이가 짧기 때문에 영어의 네 가지 기능을 동시에 연습하기에 적합한 자료이다. 시 한 편으로 듣기와 말하기는 물론이고 읽기와 쓰기 연습을 병행해서 할 수가 있다.

시는 듣기와 말하기 연습을 하기에 좋은 자료이다. 시는 발음 연습과 억양 훈련에 도움이 된다. 시를 반복해서 듣고 읽는 연습을 하다 보면, 율격,

각운, 두운 등으로 이루어진 시의 음운체계로 인하여 정확한 발음과 억양을 자연스럽게 익히게 된다.

또한 시는 읽기와 해석 능력을 기르는 데에도 도움이 된다. 장시간에 걸쳐 긴 산문을 읽고 줄거리나 주제를 파악하는 독서능력을 기르는 것도 물론 중요하다. 그와 같은 독서능력을 기르는 데는 수필, 소설, 희곡 등의 산문 자료가 더 적합할 것이다. 또한 그것은 시간적인 제약 때문에 교실활동보다는 개별적인 학습활동에 더욱 의존할 수밖에 없을 것이다. 시는 비록 짧지만 함축적이고 많은 의미를 압축한 표현을 포함하고 있어서 의식의 집중과 감수성 및 상상력의 작용을 요구한다. 또한 앞에서 설명한 바와 같이, 한 편의 시는 다양한 의미로 해석될 수 있기 때문에 학생들의 해석 능력을 배양하는 데에 좋은 자료로 활용될 수 있다. 뿐만 아니라 의미 파악이 이루어진 다음에는 파악한 의미를 논리적인 언어로 쉽게 풀어서 설명하는 과정이 뒤따르게 된다.

무엇보다도 시는 표현 능력과 작문 능력을 기르는 데에 매우 유용한 자료이다. 시를 작문교육에 이용한다고 하면 더러는 의아하게 생각할 것이다. 시는 읽고 해석하기도 어려운데 하물며 어떻게 쓰기 지도 자료로 활용할 수가 있다는 말인가? 물론 가능하다. 가능할 뿐만 아니라 쓰기 지도 자료로 매우 효과적이고 유용한 자료이다. 근래 많은 학자들이 시를 활용한 쓰기 지도 방법을 새롭게 제안하고 있다. 이 책에 소개된 지도 방법 또한 많은 부분이 쓰기 지도에 할애되어 있다.

시를 이용하여 쓰기 지도를 하려는 교사는 먼저 시에 대한 지나친 경외심을 버릴 필요가 있다. 시 자체를 연구하는 입장에서는 시가 최상의 순서로 배열된 최상의 언어이기 때문에 원작의 단어나 어순을 마음대로 고칠 수 없다고 여기는 것이 마땅하다. 하나의 유기적 전체를 이루고 있는 한 편의 시에서 단어 하나를 교체하거나 어순에 변화를 주면 전혀 다른 작품이 되어 버린다. 그러나 시를 영어교육 자료로 활용하는 사람은 언어를 조작하는 연습을 통하여 언어능력을 기르는 것을 목적으로 삼기 때문에 시 자체를 신성시하게 되면 그것이 불가능해 진다. 시를 쓰는 사람들은 새로운 단어를 만들어내고, 기존의 단어를 새로운 문맥에 사용하고, 어순을 재배열 하는 등 다각적인 방법으로 언어를 실험하는 사람들이다. 시는 문법적 오류를 허용한다. 교사는 학생들에게 완벽한 문장을 요구하면 안 된다. 언어를 조작하는 과정에서 일어나는 실수가 때로는 매우 독창적인 작품으로 발전할 수 있음을 명심해야 한다. 이러한 태도로 학생들을 지도하면, 영작문에 공포증을 가진 학생들도 용기를 얻어 글쓰기에 흥미를 느끼게 될 것이다.

영시는 이상과 같이 탁월한 영어 교육적 가치를 지니고 있다. 이 여섯 가지 이외에도 학습 자료로서 시가 갖는 장점은 수없이 많다: 즉 시는 학습자의 심미적 감각에 호소하여 학습 동기를 유발할 수 있고, 학습자의 정서 발달 및 감수성과 상상력 발달에 도움을 주며, 영어권의 문화를 이해하는 데에도 좋은 자료가 될 수 있다.

그러나 우리의 현실은 영시를 영어 학습 자료로 활용하는 것을 어렵게 만들고 있다. 대다수 중고등학교 학생들이 영어를 배우는 목적은 좋은 대학에 진학하는 데에 있다. 영어는 중요 과목이기 때문에 영어성적이 그들의 인생의 성패를 좌우하게 된다고 해도 과언이 아닐 것이다. 이처럼 영어 공부가 내적인 동기가 아니라 외적인 강요에 의해 이루어지고 있는 한 대부분의 학생들은 영어에 흥미를 느끼지 못할 것이다. 우리는 이와 같은 현실이 개선되어 영어교육이 정상적으로 이루어 질 날이 오리라 기대한다. 그리고 이러한 현실적 제약 속에서도 교사는 시의 가치를 인식하고 시를 교실수업에 활용하는 방안을 모색해야 할 것이다.

3. 학습자료의 선정

영시 활용의 성패를 결정하는 중요한 요소의 하나는 학습자료의 선정이다. 교사가 아무리 탁월한 언어능력을 가지고 있고 효과적인 학습방법을 개발하여 실제 수업에 적용한다 해도, 선정된 학습 자료가 학생들의 흥미를 유발하지 못하는 부적합한 것이라면 그 수업은 성공하기 어려울 것이다.

기존의 영어교재에는 고작해야 한두 편의 영시가 수록되어 있고, 그것마저도 십여 편의 산문을 읽고 지겨운 문법지식의 암기와 독해 그리고 문제풀이에 시달리면서 잠시 쉬어 가는 페이지로 제공되고 있을 뿐이다.

학습 자료 선정의 일반적인 원칙으로는 작품내용의 문화적 측면, 학습자의 흥미와의 연관성, 작품에 사용된 언어의 수준과 종류, 다양한 학습활동을 할 수 있는 내용 등을 들 수 있다. 이용훈은 영어 학습을 위한 영시 선택의 기준을 다음과 같이 제시하고 있다:

> 첫째, 쉬운 어휘와 간단한 구조로 구성된 것이어야 한다.
> 둘째, 영시의 내용이 학생들의 동기를 유발할 수 있는 것이어야 한다.
> 셋째, 영시의 내용이 학습 대상인 학생들의 취향과 연령에 관련된 것이어야 한다.
> 넷째, 영시의 내용이 특정한 사상이나 종교에 국한된 것이어서는 안된다.[10]

이 네 가지 기준에 하나의 기준을 덧붙인다면, 번역시는 배제(排除)되어야 한다는 것이다. 번역시는 시인의 작품이라기보다는 역자의 작품이다.[11] 다만 번역시는 시를 이용한 여러 가지 학습 방법 중에서 번역연습의 자료로

---

10) 이용훈, 「문학을 이용한 영어 지도」, 『영미문학교육』제2호(1998), p. 36.

11) 어느 영어교재에 김소월의 시를 영역한 작품이 수록된 것을 보았다. 원작의 아름다움은 간 곳이 없고 어색한 영어만 남아 있었다. 시의 번역은 원작의 이해를 돕는 용도로만 사용되어야 한다. 원작이 제외된 번역시집을 내는 일은 시인을 모독하는 행위이다.

활용될 수는 있을 것이다.

이상의 기준 가운데서 가장 중요한 것은 둘째 기준 즉 학생들의 동기를 유발할 수 있어야 한다는 것이다. 영시가 학생들의 동기를 유발할 수 있기 위해서는 그 내용이 '이해 가능한 것'이어야 한다. 그러나 시가 쉬운 어휘와 간단한 구조로 구성되어 있어서 이해가 가능하다고 해서 항상 학생들의 흥미를 유발할 수 있는 것은 아니다. 학생들의 흥미를 유발하는 요인으로는 소리와 형태와 의미의 차원이 있을 수 있다. 듣기에 아름다운 운율과 각운은 학생들의 귀 즉 청각적인 상상력을 자극하여 흥미를 유발할 수 있다. 참신하고 의미 있는 비유(比喩)로 만들어진 시각 심상은 학생들의 마음의 눈 즉 시각적 상상력을 자극하여 흥미를 유발할 수 있다.

그리고 무엇보다도 중요한 것은 의미의 깊이이다. 평이한 내용의 글은 이해하기는 쉬우나 오래 음미할만한 가치가 없다. 한번 읽고 버려도 아깝지 않은 시보다는 다시 읽고 싶어지는 시, 읽을 때마다 새로운 의미가 드러나는 시, 기억 속에 넣어 두고 평온한 시간에 다시 꺼내어 음미할 때 깊은 맛이 우러나는 작품만이 학생들의 흥미를 불러일으키고 오래 동안 지속시킬 수 있을 것이다. 물론 이런 영시를 찾기가 쉽지는 않을 것이나, 노력 여하에 따라서는 가능하리라 생각된다.

영어 학습을 지도하기에 적합한 자료를 가장 손쉽게 찾는 방법은 인터넷을 이용하는 것이다. 인터넷에는 정평이 나 있는 유명 시인들의 대표적 작품들이 원문 그대로 올라 있다. 그리고 우리나라 영어교육 현장에서는 소홀히 취급되고 있으나 영어권 나라들의 학생들이 성장기에 즐겨 읽거나 노래하는 동요, 동시, 자장가, 민요 등이 웹사이트에 수없이 많이 올라와 있다. 다음은 이러한 자료를 찾을 수 있는 대표적인 웹사이트들이다.

http://www-personal.umich.edu/~pfa/dreamhouse/nursery/rhymes.html
(The Mother Goose Pages)
http://www.ga.k12.pa.us/academics/LS/PreK/MotherGoose/
(Mother Goose Rhymes)
http://www.fidella.com/trmg/ (The Real Mother Goose)
http://www.netpoets.com/poems/teenlove (Teenage Love Poems)
http://www.poetry.com/greatestpoems/listlove.asp (100 Greatest Love Poems)
http://www.factmonster.com/spot/lovepoems1.html
(Classic Love Poems on the Web)
http://lovepoemscentral.com/ (Classic Romantic Love Poems)
http://www.theotherpages.org/poems (Poets' Corner)

제2장

시 낭송 지도

시를 영어교육의 자료로 활용하고자 할 때 시를 듣고 소리 내어 읽는 연습은 매우 중요한 활동이다. 시는 말하기 및 듣기 연습 자료로서 매우 중요한 가치를 지니고 있다. 이것은 영어가 리듬의 언어이며, 영어의 리듬을 가장 잘 살린 글이 바로 영시이기 때문이다. 초보 단계부터 영어의 발음과 억양을 가르치는 자료로서 영시를 활용하는 것은 매우 효과적인 방법이다.

시의 본질은 소리이다. 시는 아득한 선사시대부터 존속해온 가장 오래된 예술의 한 형태이다. 시의 역사는 인류의 역사와 궤를 같이한다. 원시종합예술에서 음악, 미술, 무용, 연극, 그리고 문학이 분화되는 과정에서 시는 음악적 요소와 회화적 요소를 다른 예술 장르와 공유하게 되었다. 문자로 기록된 시는 음악의 악보와 같다. 악보는 악기로 연주될 때 비로소 음악이 되는 것처럼, 시 또한 소리 내어 읽어야만 비로소 시가 되는 것이다. 눈으로만 읽으면 시의 재미는 반감된다. 시를 소리 내어 읽는 것은 시 공부의 첫걸음이다.

시에서 순수한 소리가 차지하는 비중이 어느 정도일까? 명시적 의미를 담고 있지 않은 소리만으로 이루어진 것을 시라 부를 수 있을까? 우리가 한 편의 시를 형식과 내용으로 분리할 수 있다고 가정한다면, 형식만을 가지고도 시라 부를 수 있을까? 우리가 예술 작품을 보고 즐기는 이유는 명시적 의미 때문만을 아닐 것이다. 잘 빚어진 도자기나 조각품, 멋진 풍경화, 베토벤의 교향곡, 경포대에서 본 일몰은 그 자체의 아름다움만으로도 우리에게 형언할 수 없는 즐거움을 준다. 시도 마찬가지라 할 수 있다. 시의 재미 중에서 상당한 부분은 소리 즉 음악적 성질에서 나온다. 그러나 화가나 조각가가 작품에 제목을 붙여 의미를 부여하는 것은 형식과 내용의 조화가 심미적 쾌감을 높여주듯이 시 또한 소리와 의미의 조화가 시의 재미를 고양시켜 준다는 것 또한 사실이다.

시에서 언어의 음악적 요소는 수치로 계산할 수는 없지만 매우 큰 비중을 차지한다. 이것은 명시적 의미가 배제된 무의미시를 읽어보면 알 수 잇을 것이다. 루이스 캐롤(Lewis Carroll)의 『거울 속으로』에는 다음과 같은 시가 들어 있다.

Jabberwocky

`Twas brillig, and the slithy toves
  Did gyre and gimble in the wabe:
All mimsy were the borogoves,
  And the mome raths outgrabe.

"Beware the Jabberwock, my son!
  The jaws that bite, the claws that catch!
Beware the Jubjub bird, and shun
  The frumious Bandersnatch!"

He took his vorpal sword in hand:
  Long time the manxome foe he sought --
So rested he by the Tumtum tree,
  And stood awhile in thought.

And, as in uffish thought he stood,
  The Jabberwock, with eyes of flame,
Came whiffling through the tulgey wood,
  And burbled as it came!

One, two! One, two! And through and through
  The vorpal blade went snicker-snack!
He left it dead, and with its head
  He went galumphing back.

“And hast thou slain the Jabberwock?
  Come to my arms, my beamish boy!
O frabjous day! Callooh! Callay!”
  He chortled in his joy.

`Twas brillig, and the slithy toves
  Did gyre and gimble in the wabe;
All mimsy were the borogoves,
  And the mome raths outgrabe.

물론 이 시가 완전히 무의미 철자만으로 이루어진 것은 아니다. 그리고 이 시는 문장의 틀을 유지하고 있어서 문법적 의미를 유추할 수 있으며, 사전적 의미를 가진 단어들이 일부 들어 있어서 “아버지가 아들에게 Jabberwock라는 짐승을 주의하라고 경고하고, 아들은 놀랍게도 그 짐승을 죽인다”라는 최소한의 의미 정도는 파악할 수 있게 되어 있다. 그러나 대부분의 단어는 영어 단어와 유사한 형태를 갖추고 있지만 사전에는 없는 무의미 철자들이다. 이 시는 언어의 음성적 자질이 만들어내는 시의 형식미를 생생하게 보여주는 재미있는 작품이다. 이처럼 순수한 소리만으로도 재미를 느끼게 만드는 것이 시이다.

영어교사가 시를 활용하여 읽기지도를 제대로 하려면 시의 음악적 요소가 무엇인지를 알아야 한다. 이 말은 물론 교실에서 학생들에게 시론을 가르치라는 뜻은 아니다. 시의 음악적 요소는 운율(韻律)이다. 운율은 운(韻)과 율격(律格)으로 이루어진다. 운은 강세가 있는 음절의 모음 이후가 동일한 소리로 이루어진 것을 말하여, 율격은 강음절(stressed syllable)과 약음절(unstressed syllable)이 규칙적으로 반복되는 구조를 의미한다.

영어의 음절(Syllable)

영시의 운율을 공부하기 위해서는 음절의 개념과 분절 방법을 알아야 한다. 모든 영어 단어는 음절로 구성되어 있다. 음절은 음소로 이루어진 소리의 한 덩어리이며, 영어의 음절은 하나의 모음만으로 이루어지거나 자음과 모음, 모음과 자음, 또는 자음과 모음과 자음으로 이루어진다. 모음의 앞과 뒤에는 "a"처럼 자음이 나타나지 않을 수도 있고, 때로는 "stretch"처럼 여러 개의 자음이 연결된 자음군(consonant cluster)을 이루어 나타나기도 한다. 영어의 음절을 일반화하면 (C)V(C)로 표기할 수 있다. 대부분의 경우 하나의 음절은 하나의 모음을 갖고 있지만, 일부의 자음(l, m, n)은 음절 종성자음으로 나타날 때 모음이 없이도 한 음절을 이룬다. 이러한 자음을 성절자음(syllabic consonant)이라 부른다. 예를 들면, lit-tle, bot-tom, cur-tain 같은 단어의 두 번째 음절인 /-tl/, /-tm/, /-tn/에서 l, m, n은 성절자음이다.

but-ton	wid-en	rot-ten	hid-den
bot-tle	scut-tle	wob-ble	a-ble

영시의 운율을 분석하려면 분절 방법을 알아야 한다. 위의 예에서 볼 수 있듯이, 자음이 겹칠 경우 자음과 자음 사이가 나누어지거나, 어근과 접두사 또는 접미사가 분절되는 것이 일반적이다. 그러나 모든 경우에 적용될 수 있는 하나의 규칙은 없다. 정확한 분절법을 알기 위해서는 사전에 표기되어 있는 것을 확인하는 방법밖에 없다. 요즈음은 컴퓨터를 이용하여 편집하기 때문에 그런 일이 없지만, 한때는 영어를 꽤 잘 하는 사람들도 음절을 잘못 나누는 실수를 저지르는 경우가 많았다. 혹시라도 글을 쓰다가 음절을 나누어야 하는 일이 발생하면 반드시 사전을 찾아 확인하는 것이 좋다. 다음 단어들의 분절 방법을 보자.

mag-nif-i-cent	awe-in-spir-ing	con-tin-u-a-tion
in-sep-a-ra-ble	in-qui-si-tion	in-quis-i-tive
rec-om-men-da-tion	rec-om-mend-a-ble	

영어에서 두 개 이상의 음절로 구성된 단어에는 반드시 하나의 제1강세가 있다. 그리고 세 음절 이상의 단어는 두 개 이상의 강세를 갖는 경우가 많다. 다음절어의 경우 한 단어가 강음절과 약음절로 이루어져 있어서 자연스러운 운율을 형성하고 있다.

영시의 운율(韻律)

리듬(rhythm)과 운율(Meter): 일반적으로 사물이 주기적으로 반복되는 것을 리듬이라 한다. 리듬은 우리의 호흡이나 걸음걸이, 밤낮의 변화, 계절의 순환 등과 같이 주기적으로 반복되는 현상을 지칭하는 일반적인 용어이고, 그 중에서 특히 시의 리듬을 운율(韻律)이라 부른다. 그리고 시행의 측정 가능한 리듬을 율격(meter)이라 부른다. 영시의 운율은 강음절과 약음절의 주기적 반복으로 이루어진다. 운율의 기본 단위는 운각(韻脚: foot)이다. 운각은 하나의 강음절과 하나 혹은 둘의 약음절로 이루어진다. 영시의 대표적인 운각으로는 약강격(iambic), 강약격(trochaic), 약약강격(anapaestic), 강약약격(dactylic)이 있다. 그리고 운율에 변화를 주어 단조로움을 피하기 위해 강강격(spondaic)과 약약격(pyrrhic)이 사용되기도 한다.

시행의 길이는 한 행에 들어있는 운각의 수에 의해 결정된다. 운각의 수를 나타내는 데는 1보격(monometer), 2보격(dimeter), 3보격(trimeter), 4보격(tetrameter), 5보격(pentameter), 6보격(hexameter) 등의 용어가 사용된다. 그리고 운각의 종류와 수를 합하여 약강1보격(iambic monometer), 강약3보격(trochaic trimeter), 약강5보격(iambic pentameter) 등으로 기술한다.

- **운(韻: Rhyme)**: 강세가 있는 음절의 모음 이후가 동일한 음을 가진 것을 운이라 한다. 운은 강세 있는 음절의 중성 모음 이후가 동일한 음운구조로 이루어진 것이다. 운은 소리의 문제이므로, 철자가 다른 것은 문제가 되지 않는다. 운은 위치에 따라 각운(end rhyme)과 중간운(internal rhyme)으로, 형태에 따라 남성운(masculine rhyme)과 여성운(feminine rhyme)으로 나눈다. 각운은 행의 끝에 오는 단어가 동일한 음을 가진 것을 말하며, 중간운은 한 행의 중간과 끝에 오는 단어가 동일한 음을 가진 것을 말한다. 남성운은 각 시행이 "light"와 "might"처럼 강세 있는 음절로 끝나는 운이며, 여성운은 "quivers"와 "rivers"처럼 강음절과 그 다음에 오는 약음절이 운을 이룬 것을 말한다. 그리고 넓은 의미에서 두운(alliteration), 모운(assonance), 자운(consonance)도 운의 범주에 포함된다. 운은 동일한 음의 반복에서 오는 공명으로 읽은 즐거움을 주며, 시의 구성단위인 연(stanza)의 모양을 결정하는 역할을 한다.

- **중간 휴지 (Caesura)**: 시를 낭송할 때 시행의 중간에 쉬는 것을 중간 휴지라 하고, "||"로 표기한다. 열 음절 이상의 시행은 흔히 중간 휴지를 두어 두 부분으로 나누이지는 경향이 있고, 소리 내어 읽을 때는 마치 두 줄처럼 들린다. 훌륭한 시인은 시행을 자신의 목적에 맞게 하기 위해 중간 휴지를 사용한다. 중간 휴지의 위치를 다양화하면, 자연스러운 대화체의 효과를 낼 수 있다. 그리고 한 문장이 한 행으로 끝나지 않고 다음 행으로 이어지는 것을 "run-on line"이라 부르고, 이 경우 행의 끝에서 쉬지 말고 달아서 읽어야 한다.

운율 분석(Scansion)

시의 각 단어에 강음절과 약음절을 표시하고 운각을 나누는 것을 scansion이라 부른다. 시의 운율을 분석하는 순서는 다음과 같다:

① 먼저 두 개 이상의 음절을 가진 단어의 강세를 확인하여 표시한다.

② 그 다음 단음절어 중 명사, 형용사, 동사, 부사와 같은 내용어에 강세 표시를 한다.

③ 시행의 앞에서부터 운율 구조를 확인하여 운각을 나눈다. 이때 한 단어가 나누어질 경우에는 사전에 표시된 분절법을 따른다.

영어의 경우 2음절 이상의 단어는 반드시 강음절과 약음절로 이루어진다. 단어 강세에는 제1강세와 제2강세가 있으나, 하나의 운각 내에서 상대적 강약만 표시한다. 단음절어는 독립적으로 사용될 때는 강음절이지만, 다른 단어와 함께 사용될 때는 강음절 또는 약음절이 된다.

My heart | is like | a sing|ing bird
Whose nest | is in | a wa|tered shoot.

율격의 구조를 분석할 때는 동일한 기호를 사용하여 강음절을 표시하지만, 모든 강음절의 강세가 동일한 강도를 갖지는 않는다. 시를 낭송할 때는 다음과 같이 자연스러운 영어의 억양에 따라 강세의 강도를 다르게 읽어야 한다.

Out u|pon it! | I have ||loved
Three whole | days to|gether;

운율은 소리 자체의 규칙적 반복으로 즐거움을 주기도 하지만, 시의 의미와 밀접한 관련을 맺고 있을 때 그 효과가 극대화된다. 18세기 영국 시인 포프(Alexander Pope)는 그의 시 『비평론』에서 소리와 의미의 관계를 다음과 같이 묘사했다.

The sound must seem an echo to the sense.
(*An Essay on Criticism*, 365)

소리는 의미의 메아리처럼 들려야 한다. 그러면 다음 시의 운율을 분석하여 소리와 의미가 어떻게 조화를 이루고 있는지 알아보자.

Break, Break, break

Alfred Lord Tennyson

Break, break, break,
On thy cold gray stones, O Sea!
And I would that my tongue could utter
The thoughts that arise in me.

O, well for the fisherman's boy,
That he shouts with his sister at play!
O, well for the sailor lad,
That he sings in his boat on the bay!

And the stately ships go on
To their haven under the hill;
But O for the touch of a vanished hand,
And the sound of a voice that is still!

Break, break, break,
At the foot of thy crags, O Sea!
But the tender grace of a day that is dead
Will never come back to me.

이 시는 우리나라 최초의 신체시인 육당 최남선의 "해에게서 소년에게"의 모델이 된 작품이다. 테니슨은 이 시에서 파도가 해변에 밀려와 부서지는 모습을 시의 운율로 묘사하고 있다. 밀려오고 밀려가는 파도의 움직임이 작중화자의 의식 속에 흐르는 생각과 감정을 그대로 반영하고 있다. 시인은 차가운 회색 바위에 규칙적으로 부딪치는 파도에게 직접 말을 거는 형식으로 이 시의 기본적인 분위기를 설정한다. 부서지는 파도는 시인의 의식에 몰려드는 생각과 감정을 상징한다. 시인은 자신의 생각을 표현함으로써 위안을 받고자 한다. 이 시의 분위기는 진한 슬픔이 돌파구를 찾는 분위기이다. 리듬이 그러한 분위기를 강화한다. 시의 리듬을 분석해보면, 기본적인 운율 구조는 약약강 3보격임을 알 수 있다.

첫 줄에는 세 개의 강음절이 들어 있고, 중간휴지가 약음절을 대신한다. 그 결과 느리고 무겁고 규칙적인 율동이 부서지는 파도의 움직임을 반영한다. 둘째 줄 두 번째 운각의 강강격과 셋째 운각의 약강격 및 둘째 운각과 셋째 운각 사이의 중간휴지는 첫 행의 리듬을 느리고 무겁게 만든다. 셋째 줄에서 처음 두 운각은 약약강격이고 마지막 운각은 약강약격이다. 이것은 파도가 빠른 속도로 달려와 바위에 부서진 다음 쏟아져 내리는 형상을 묘사하며, 자신의 생각을 쏟아놓고자 하는 시인의 소망을 드러낸다. 그리고 제4행은 약강격으로 된 첫 운각과 마지막 운각의 약강격이 중간에 낀 약약강격의 속도에 제동을 건다. 이처럼 제1연에서 시인은 약약강격의 기본 운율에 약강격, 강강격, 약강약격으로 변화를 주고 중간휴지를 이용하여 리듬을 조정함으로써 기본적인 시의 분위기를 확립하고 있다. 처음에는 시의 내용에 맞게 느리고 무거운 리듬으로 시작하지만, 마지막 두 줄에서는 슬픔을 해소하고자 하는 시인의 소망에 따라 리듬도 빨라진다.

제2연에서 약약강 3보격의 빠른 리듬이 가진 잠재력이 충분히 발휘된다. 시인과는 달리 어부 소년과 그의 누이는 고함치고 노래하면서 그들의 감정을 자유롭게 표현할 줄 안다. 시인은 주변에서 일어나는 일상적 활동을 의식하고 있지만 그 자신은 마음속에서 일어나는 생각을 아이들처럼 자유롭게 표현하지 못한다. 단 세 부분—즉 첫 줄의 첫 운각과 셋째 줄의 첫 운각 및 셋째 운각—에만 약강격이 사용되어 있다. 그 결과 약약강격의 빠른 리듬은 이 연의 내용이 나타내는 일상적 활동을 강화한다.

제3연에서는 일상생활의 활동으로부터 죽은 친구에 대한 시인의 그리움으로 전환이 일어난다. 시인의 관심은 어린 아이들로부터 천천히 항구로 들어오는 장중한 배로 옮아간다. 첫 두 줄의 리듬은 첫 줄의 둘째와 셋째 운각과 둘째 줄의 둘째 운각의 약강격으로 인하여 느려진다. 셋째 줄은 친구에 대한 그리움, 사라진 손의 감촉에 대한 그리움을 직접적으로 진술한다. 그리고 이 줄은 3보격 대신에 4보격으로 되어 있고, 두 운각이 약강격으로 되어 있다. 두 약약강격으로 인하여 속도가 느려진 긴 시행은 시인의 그리움을 표현하며, 긴 한숨은 다시 넷째 줄에서 약약강격의 빠른 속도로 되돌아간다.

마지막 연은 첫 연의 분위기와 리듬으로 되돌아간다. "Break, break, break"의 반복은 처음의 분위기를 다시 만들어 시의 통일성을 부여한다. 둘째 줄은 첫 연의 둘째 줄에서 "cold gray stones"가 "crags"로 치환하였을 뿐 그 내용을 그대로 반영하고 있다. 둘째 줄에서 시인은 리듬의 속도를 늦추기 위해 마지막 운각을 약강격으로 바꿔놓았다. 그러나 분위기가 너무 강화되어 읽는 속도를 조절해준다; 이 부분을 빨리 읽는다는 것은 생각조차 할 수 없을 것이다. 셋째 줄은 제3연의 셋째 줄처럼 다시 4보격이 되어 있다. 넷째 줄의 두 약강격 운각은 리듬의 속도를 느리게 하여 작품을 끝맺는다.

이와 같이 시의 리듬은 단순히 읽는 즐거움을 주는 것만이 아니라 시의 전체적 효과를 강화하는 장치이기도 하다. 따라서 운율의 분석에 있어서 강약을 표시하고 운각을 나누는 것 자체가 중요한 것이 아니라, 기본적인 율격, 율격의 변화, 중간 휴지 등 운율 구조를 시의 의미와 관련지어 자세히 분석하는 것이 시를 읽는 전체 과정의 총체적 부분이다.

이상은 영시의 운율에 관한 개괄적인 설명에 지나지 않는다. 자세한 내용은 영시론 또는 운율론을 다룬 이론서를 보고 미리 공부해 두어야 한다. 영어교사는 영시의 운율에 관한 이론을 알고 있어야 함은 물론이고 시의 운율을 분석할 줄 알아야 효과적으로 영어를 가르칠 수 있다. 그러나 실제로 교실에서 시를 활용한 영어 수업을 할 때는 되도록이면 이론적인 설명을 줄이고 영어 연습에 초점을 맞추어야 한다.

그러면 이제부터 시를 활용하여 영어 듣기 및 읽기 지도를 하는 여러 가지 방법들을 생각해보자. 참고로 여기에 제시된 방법들이 모든 작품에 일률적으로 적용될 수 있는 것이 아님을 알아두자. 교실에서 활용할 시의 수준이나 내용 또는 구조에 따라 여기 소개된 방법들 중에서 가장 효과적이라 생각되는 방법을 선별하여 적용하는 것이 좋을 것이다.

1. 발음 연습

[학습활동]

발음하기 어려운 단어들로 문장을 구성한다. 혹은 tongue-twister를 이용할 수도 있다.[1]) 학생들이 계속해서 발음에 어려움을 겪는 음을 골라 문장을 만들어 연습하게 한다. 함께 읽기와 개별 읽기를 병행한다. Chorus reading을 할 때도 반드시 한 학생씩 개별지도를 통해 정확한 발음을 할 수 있도록 지도한다.

Shall she sell seashells on the seashore?
Peter Piper picked a peck of pickled pepper.
Thirsty Thelma thanked Theodore thoughtfully.
Fine food frequently foster fatness.
Frank found a friend from France.
Roses love round, red, ripe raspberries.
Long lonely legs look lively in leggings.

The fair breeze blew, the white foam flew,
  The furrow followed free;
We were the first that ever burst
  Into that silent sea.
(from Coleridge's *The Rime of the Ancient Mariner*)

---

1) 심민수 교수의 『미국영어 발음법』에는 매 장마다 다양한 tongue-twister가 수록되어 있다.

[활용방법]

학생들의 잘 못 된 발음 습관을 교정하는 데 효과적인 방법이다. 어느 학생이 특정한 발음을 잘 못한다면, 그 학생에게 맞는 문장을 만들어 연습시키는 것이 효과적일 것이다. 교사는 이와 같은 자료를 다양하게 수집하여 가지고 있어야 한다. 완성된 시 한 편의 읽기 연습에 들어가지 전 단계에 필요한 훈련 방법이 될 수 있다. 동요나 동시 중에는 발음연습에 좋은 자료가 많다.

[발음연습 1] 다음과 같은 발음시를 가지고 발음지도를 해보자.

I'm not a fig plucker and I'm not a fig plucker's son,
but I'll pluck your fig until the fig plucker comes.
I'm not a frog plucker, I'm a frog plucker's son
but I'll be plucking frogs when the frog plucker's gone.

[발음연습 2] /Θ/, /r/, /v/, /d/, /t/ 등의 발음을 연습할 수 있는 문장을 만들어 활용해 보자.

2. 듣기연습

[학습활동]

세 번 읽어주거나 녹음된 것을 들려준다. 눈을 감고 들으면서 시적 심상을 떠올린다. 눈으로 텍스트를 보면서 따라 읽게 한다.

Annabel Lee

It was many and many a year ago,
In a kingdom by the sea,
That a maiden there lived whom you may know
By the name of Annabel Lee;
And this maiden she lived with no other thought
Than to love and be loved by me.

I was a child and she was a child,
In this kingdom by the sea;
But we loved with a love that was more than love-
I and my Annabel Lee;
With a love that the winged seraphs of heaven
Coveted her and me.
And this was the reason that, long ago,
In this kingdom by the sea,
A wind blew out of a cloud, chilling
My beautiful Annabel Lee;
So that her highborn kinsman came
And bore her away from me,
To shut her up in a sepulchre
In this kingdom by the sea.

The angels, not half so happy in heaven,
    Went envying her and me-
Yes!- that was the reason (as all men know,
    In this kingdom by the sea)
That the wind came out of the cloud by night,
    Chilling and killing my Annabel Lee.

But our love it was stronger by far than the love
    Of those who were older than we-
    Of many far wiser than we-
And neither the angels in heaven above,
    Nor the demons down under the sea,
Can ever dissever my soul from the soul
    Of the beautiful Annabel Lee.
For the moon never beams without bringing me dreams
    Of the beautiful Annabel Lee;
And the stars never rise but I feel the bright eyes
    Of the beautiful Annabel Lee;
And so, all the night-tide, I lie down by the side
Of my darling-my darling-my life and my bride,
    In the sepulchre there by the sea,
    In her tomb by the sounding sea.

(Edgar Allan Poe)

[Note]

This poem appeared in *The International Miscellany*. "Annabel Lee" is generally credited to represent Poe's young wife, Virginia Clemm. This is probably the last poem Poe wrote. In 1850, Frances S. Osgood identified Poe's wife, Virginia, as the real Annabel Lee, an attribution that has met with much agreement. In contrast, T. O. Mabbott and other scholars have pointed out that although perhaps inspired, in part, by Virginia, Annabel Lee is a fictional character and need not truly represent any real person. Elmira Shelton, Poe's childhood sweetheart, considered herself as Annabel Lee, even though she outlived the author by many years.

[활용방법]

듣기는 시 이해의 첫걸음이다. 듣기와 읽기는 모든 다른 방법에도 공통으로 적용된다. 교사가 읽어주기보다는 원어민 또는 시낭송 전문가(또는 시인 자신)의 육성으로 녹음된 것을 활용하면 학생들의 흥미를 유발하기에 좋다. 시의 운율의 유의하여 듣기 연습을 한다. 시의 운율에 대한 이론적 설명은 불필요하다. 그러나 교사는 이론을 공부해 두어야 학생들을 보다 잘 지도할 수 있다. 수동적으로 듣게만 하는 것은 효과가 없다. 듣기는 자연스럽게 읽기와 연결되어야 한다.

3. 함께 낭송하기 (Chorus Reading)

[학습활동]

후렴구가 있는 시를 선택한다. 먼저 교사가 시를 읽고 학생들은 후렴구를 함께 읽는다. 어느 정도 연습이 되면, 조를 편성하여 한 학생이 시를 읽고 나머지는 후렴구를 읽는다. 시가 외워질 때까지 반복하여 연습한다.

Michael, Row the Boat Ashore

Michael, row the boat ashore,
　　Hallelujah.
Michael, row the boat ashore,
　　Hallelujah.
Sister, help to trim the sails,
　　Hallelujah.
Sister, help to trim the sails,
　　Hallelujah.

River Jordan's deep and wide,
    Hallelujah.
Milk and honey on the other side,
    Hallelujah.
River Jordan's chilly and cold,
    Hallelujah.
Chills the body, but warms the soul,
    Hallelujah.
(Nursery Rhyme)

[활용방법]

짧고 단순한 후렴구부터, 긴 후렴구, 변화가 있는 후렴구로 나아간다. 이때 반복구는 학습목표로 정한 구문이면 더욱 좋다. 특정한 구문을 연습시키기 위해서는 교사가 후렴구를 넣어 시를 지을 수도 있을 것이다.

[듣기연습 1] 다음 시를 가지고 듣기 연습을 지도하는 방법을 생각해보자.

Sleep, Baby, Sleep

    Sleep, baby, sleep,
Thy papa guards the sheep;
Thy mama shakes the dreamland tree
And from it fall sweet dreams for thee,
    Sleep, baby, sleep,

    Sleep, baby, sleep,
Our cottage vale is deep;
The little lamb is on the green,
With woolly fleece so soft and clean,

Sleep, baby, sleep,

Sleep, baby, sleep,
Down where the woodbines creep;
Be always like the lamb so mild,
A kind and sweet and gentle child,
Sleep, baby, sleep.
(Lullaby)

[듣기연습 2] 다음 시를 가지고 듣기 연습을 지도하는 방법을 생각해보자.

All Around the Mulberry Bush

All around the mulberry bush
The monkey chased the weasel.
The monkey thought 'twas all in fun.
Pop! goes the weasel.

A penney for a spool of thread,
A penney for a needle.
That's the way the money goes.
Pop! goes the weasel.

Up and down the City Road,
In and out of the Eagle,
That's the way the money goes.
Pop! goes the weasel.

Half a pound of tuppenney rice,,
Half a pound of treacle,
Mix it up and make it nice,
Pop! goes the weasel.
(Mursery Rhyme)

[듣기연습 3] 다음 시를 가지고 듣기 연습을 지도하는 방법을 생각해보자.

The Farmer in the Dell

The farmer in the dell,
    The farmer in the dell,
Hi-ho, the derry-o,
    The farmer in the dell.

The farmer takes a wife,
    The farmer takes a wife,
Hi-ho, the derry-o,
    The farmer takes a wife.

The wife takes a child,
    The wife takes a child,
Hi-ho, the derry-o,
    The wife takes a child.

The child takes a nurse,
    The child takes a nurse,

Hi-ho, the derry-o,
    The child takes a nurse.
The nurse takes the cow,
    The nurse takes the cow,
Hi-ho, the derry-o,
    The nurse takes the cow.

The cow takes a dog,
    The cow takes a dog,
Hi-ho, the derry-o,
    The cow takes a dog.

The dog takes a cat,

The dog takes a cat,
Hi-ho, the derry-o,
The dog takes a cat.

The cat takes a rat,
The cat takes a rat,
Hi-ho, the derry-o,
The cat takes a rat.

The rat takes the cheese,
The rat takes the cheese,
Hi-ho, the derry-o,
The rat takes the cheese.

The cheese stands alone,
The cheese stands alone,
Hi-ho, the derry-o,
The cheese stands alone.
(Nursery Rhyme)

4. 동작하며 낭송하기2)

[학습활동]

몸짓이나 표정으로 전달할 수 있는 내용이 들어있는 시를 선택한다. 시를 한 행씩 읽으면서 동작을 하게 한다.

2) Maley & Duff 4.3 : "Quick's the word, and sharp's the action" (pp. 96-97).

Child's Nightmare

One is small child who hides on the floor.
Two is the bogey who knocks on the door.
Three are the windows that creak in the night.
Four are the pillows that hide me from sight.
Five are the fingers that grip on my arm.
Six are the prayers I say against harm.
Seven are the footsteps that thud in the hall.
Eight are the heartbeats I hear as I fall.
Nine are the hot tears that gush from my eye.
Ten is my number. I know I must die.

(Alan Maley)

어린아이의 악몽

하나는 조그만 어린아이인데 마루에 숨었고.
둘은 유령인데 문을 노크한다.
셋은 창문인데 밤중에 삐걱거리고.
넷은 베개인데 나를 숨겨주고.
다섯 개는 손가락인데 내 팔을 붙잡고 있고.
여섯은 기도인데 나가 해치지 말라고 드리고.
일곱은 발걸음인데 홀에서 쿵쿵 소리 내고.
여덟은 심장박동인데 내가 넘어지면서 듣고.
아홉은 뜨거운 눈물인데 내 눈에서 쏟아지고.
열은 내 숫자인데. 나는 이제 죽을 줄 안다.

[활용방법]

어휘(동사)의 의미를 정확하게 파악하게 하는 데 효과적인 방법이다: 예) *hide, knock, creak, grip, thud, gush*. 개별적으로 혹은 집단으로 시를 읽으면서 동작을 하게 한다. 조를 편성하여 그 중 한 학생이 시를 읽고 나머지는 동작을 한다. 이 방법에 적합한 자료는 동시에서 얼마든지 찾을 수 있다.

Bow-wow, Says the Dog

Bow-wow, says the dog;
Mew, mew, says the cat;
Grunt, grunt, goes the hog;
And squeak, goes the rat.

Chirp, chirp, says the sparrow;
Caw, caw, says the crow;
Quack, quack, says the duck;
And what cuckoos say, you know?

So, with sparrows and cuckoos,
With rats and with dogs,
With ducks and with crows,
With cats and hogs,

A fine song I have made,
To please you, my dear;
And if it's well sung,
'T will be charming to hear.
(Nursery Rhyme)

강아지는 멍멍

강아지는 멍멍;
고양이는 야옹;
도야지는 꿀꿀;
새앙쥐는 찍찍.

참새는 짹짹;
까마귀는 까악;
오리는 꽥꽥;
비둘기는, 어떻게 울지요?

이렇게 참새랑 비둘기랑
새앙쥐랑 강아지랑
오리랑 까마귀랑
고양이랑 돼지랑 함께

멋진 노래를 만들었지요,
당신을 기쁘게 해주려고요;
이 노래를 잘만 부르면,
듣기에 정말 좋을 거예요.

이 동시는 동물의 울음소리를 소재로 한 재미있는 작품이다. 울음소리를 흉내 내면서 읽을 때 생기는 음악적 효과가 시에 대한 흥미를 유발할 수 있을 것이다. 그리고 같은 동물의 소리라도 언어구조에 따라 다르게 표현된다는 것을 이야기해 주면 더욱 흥미를 돋울 수 있을 것이다.

the horse	neigh
the frog	croak
the sheep	baa
the dove	coo
the bee	buzz
the cow	moo
the cock	cockadoodledoo
the cuckoo	cuckoo

5. 효과음 이용하기[3)]

[학습활동]

의성어가 많은 시를 선택한다. 각 소리에 해당하는 효과음을 미리 녹음한다. 각 조에서 두 학생은 시를 읽고 나머지 학생들은 효과음을 삽입한다.

---

3) Maley & Duff 4.10: “Sound effects” (p. 105).

In the Kitchen

In the kitchen
After the aimless
Chatter of the plates,
The murmurings of the gas,
The chuckle of the water pipes
And the sharp exchanges
Of knives, forks and spoons,
Comes the serious quiet,
When the sink slowly clears its throat
And you can hear the occasional rumble
Of the refrigerator's tummy
As it digests the cold.

(John Cotton)

부엌에서

부엌에서
접시들의
맹목적인 달그락거림,
가스가 속삭이는 소리,
수도 파이프의 킬킬웃음,
나이프와 포크와 스푼이
날카롭게 스치는 소리,
그 다음 싱크대가 느리게 헛기침을 하고 나면,
진정한 고요가 깃든다.
그때면 얼음이 녹아내리면서
냉장고의 배가 꾸르륵거리는 소리가
이따금씩 들려온다.

원문에는 짧은 시행에서 시작하여 그 길이가 점점 길어지다가 마지막 부분에서 다시 짧아진다. 이것은 부엌에서 설거지하는 소리가 대체로 점점 거칠고 시끄러워지는 것을 의미한다. 따라서 읽을 때도 이 점을 고려하여 읽어야 한다.

이 방법을 제안한 Maley의 방식대로 효과음을 미리 녹음하여 시를 읽을 때 적절한 시점에 삽입하면 되겠으나, 수업이 자칫 산만해질 우려가 있다. 그리고 일상적으로 듣는 소음은 굳이 녹음을 하지 않아도 충분히 상상이 가능하기 때문에 감각경험을 살리면서 낭송할 수 있을 것이다. 다만 학생들이 평소에 경험하기 어려운 소리를 묘사한 시라면, 그 소리를 녹음하여 들려주는 것이 효과적일 것이다. 시는 추상적인 것을 싫어한다. 구체적인 감각경험이 시의 바탕이 된다.

[활용방법]

초보적인 단계에서 의성어의 정확한 의미를 익히는 데 좋은 방법이다. 전혀 생소한 소리는 미리 녹음을 하여 들려주는 것이 좋다. 일상적으로 들을 수 있는 소리는 교사나 학생이 음성으로 흉내를 내어 생생한 감각경험을 하게 한다.

6. 돌려 읽기[4)]

[학습활동]

각 행이 의미단위로 분리된 시를 선택한다. 시행의 수에 맞게 학생들을

---

4) Maley & Duff는 이 방법을 "Taking turns"와 "Round and round"로 나누어 놓았지만, 이 두 가지는 유사한 방법이다. 두 번째 방법은 짧은 시를 윤독하는 방법으로 되어 있다. Maley & Duff (1989), pp. 106-7.

소집단으로 나누고, 각 집단에 한 행씩 또는 한 연씩 배당한다. 한 행씩 차례로 읽어나간다.

The Pessimist

Benjamin F. King (1857-1899)

Nothing to do but work,
Nothing to eat but food,
Nothing to wear but clothes
To keep one from going nude.

Nothing to breathe but air,
Quick as a flash 't is gone;
Nowhere to fall but off,
Nowhere to stand but on.

Nothing to comb but hair,
Nowhere to sleep but bed,
Nothing to weep but tears,
Nothing to bury but dead.

Nothing to sing but songs,
Ah, well, alas! alack!
Nowhere to go but out,
Nowhere to come but back.

Nothing to see but sights,
Nothing to quench but thirst,
Nothing to have but what we've got;
Thus thro' life we are cursed.

Nothing to strike but a gait;
Everything moves that goes.
Nothing at all but common sense
Can ever withstand these woes.

염세주의자

일 이외에 할 것이 없고,
음식밖에는 먹을 것이 없고,
벌거벗는 것을 막으려면
옷 말고는 몸에 걸칠 것이 없다.

공기 이외에는 숨쉴 것이 없다,
섬광처럼 빨리 사라지지만;
떨어질 곳도 없고,
서 있을 곳도 없다.

머리 이외에는 빗을 것이 없고,
침대 이외에는 잘 곳도 없고,
눈물 이외에는 흘릴 것도 없고,
시신 이외에는 묻을 것도 없다.

노래 이외에는 부를 것이 없다,
아아, 슬프도다! 슬프도다!
밖이 아니면 갈 곳도 없고,
돌아올 곳 이외에는 올 곳도 없다.

풍경 이외에는 볼 것이 없고,
갈증 이외에는 끌 것도 없고,
가진 것 이외에는 가질 것이 없고,
우리는 이렇게 살도록 저주받았다.

걸음걸이 이외에는 옮길 것이 없고,
가는 것 마다 움직인다.
상식 이외에는 그 무엇도
이 슬픔을 견뎌내지 못 하리라.

[활용방법]

짧은 시라면 꼬리에 꼬리를 물고 돌려 읽기를 할 수도 있다. 같은 학생이 외워질 때까지 매번 같은 행을 읽게 하고, 외워지면 행을 바꾼다. 그룹 활동에서 시작하여 개별 활동으로 진행하는 것이 좋다.

[낭송연습] 다음 시를 가지고 동일한 방법으로 낭송 연습을 해보자.

If I Should Die

Benjamin Franklin King

  If I should die to-night
And you should come to my cold corpse and say,
Weeping and heartsick o'er my lifeless clay—
  If I should die to-night,
And you should come in deepest grief and woe—
And say: "Here's that ten dollars that I owe,"
  I might arise in my large white cravat
  And say, "What's that?"

  If I should die to-night
And you should come to my cold corpse and kneel,
Clasping my bier to show the grief you feel,
  I say, if I should die to-night
And you should come to me, and there and then
Just even hint 'bout payin' me that ten,
  I might arise the while,
  But I'd drop dead again.

7. 메아리 넣기5)

[학습활동]

시행의 일부분이 반복되는 후렴구가 있는 짧은 시를 선택한다. 전체 학생을 두 집단으로 나눈다. 한 집단이 한 행씩 읽으면 나머지 집단은 반복구를 읽는다. 반복구가 없는 시의 경우는 짧은 행이면 그 행 전체를, 좀 긴 행이

5) Maley & Duff 4.13: "Echoes" (pp. 107-108).

면 그 행의 끝부분을 메아리처럼 반복한다.

Mary Had a Little Lamb

Mary had a little lamb,
　　　little lamb,
　　　little lamb.
Mary had a little lamb,
Its fleece was white as snow.

Everywhere that Mary went,
　　　Mary went,
　　　Mary went.
Everywhere that Mary went,
The lamb was sure to go.

It followed her to school one day,
　　　school one day,
　　　school one day.
It followed her to school one day,
Which was against the rules.

It made the children laugh and play,
　　　laugh and play,
　　　laugh and play.
It made the children laugh and play,
To see a lamb at school.

[활용방법]

동요 중에는 이러한 반복구가 들어있는 시가 많다. 반복구가 없는 시의 경우에 메아리를 넣는 부분은 반드시 의미단위가 되어야 한다. 반복되는 부분에 각운이 포함되면 더욱 메아리 효과가 높아진다.

[낭송연습 1] 다음 시를 가지고 메아리 넣기 연습을 해보자.

If I Might Be an Ox

If I might be *an ox*,
An ox, *a beautiful ox*,
Beautiful *but stubborn*:
The merchant would *buy me,*
Would buy me and *slaughter me*,
Would spread *my skin*,
Would bring me *to the market*,
The coarse woman would *bargain for me*,
The beautiful girl would *buy me*.
She would *crush perfumes for me*,
I would spend the night *rolled up round her*,
I would spend the afternoon *rolled up round her*.
Her husband would say: *'It is a dead skin.'*
But I would *have her love*. (Anon)[6]

---

6) Maley & Duff, p. 49.

8. 노래하기

[학습활동]

곡이 붙여진 동요(시), 자장가, 노래(song), pop song 등을 선택한다. 녹음된 것을 들려주면서 한 행씩 연습한다. 어느 정도 익혀지면 학급 전체가 합창을 한다.

You Are My Sunshine

You are my sunshine, my only sunshine.
You make me happy when skies are gray.
You'll never know dear, how much I love you.
Please don't take my sunshine away.

[활용방법]

시를 노래로 부르는 것은 가장 기억하기 좋은 방법이며 학생들의 학습 동기를 유발하기에 가장 좋은 방법이다. 목적은 언어연습에 있으므로, 노래하기에 그치지 말고 핵심 구문 (“I'd rather be A than B)으로 치환 연습을 병행한다. 자장가와 동요는 노래로 불리는 시이다. 녹음된 자료는 노력 여하에 따라 얼마든지 구할 수 있을 것이다.

[낭송연습 1] 다음 시를 노래로 불러보자.

El Condor Pasa

(The Condor Passed)

I'd rather be a sparrow than a snail.
Yes, I would. If I could, I surely would. Hm . . .
I'd rather be a hammer than a nail.
Yes, I would. If I only could, I surely would. Hm . . .
Away, I'd rather sail away like a swan that's here and gone.
A man gets tied up to the ground.
He gives the world its saddest sound, its saddest sound . . .
I'd rather be a forest than a street.
Yes, I would. If I could, I surely would.
I'd rather feel the earth beneath my feet.
Yes, I would. If I only could, I surely would.

(Sung by Paul Simon and Arthur Garfunkel)

철새는 날아가고

난 달팽이보다 참새가 되고 싶어,
정말이야. 그럴 수만 있다면 그러고 싶어.
난 못보다 망치가 되고 싶어.
정말이야. 그럴 수만 있다면 그러고 싶어.
난 여기 있다가 백조처럼 헤엄쳐 가고 싶어.
한 사내가 지상에 묶여
세상에서 제일 슬픈 소리를 내고 있어.
난 거리보다 숲이 되고 싶어.
정말이야. 그럴 수만 있다면 그러고 싶어.
난 내 발 밑에 흙을 느끼고 싶어.
정말이야. 그럴 수만 있다면 그러고 싶어.

[낭송연습 2] "Sound of Silence," "Bridge over Troubled Water" 또는 녹음된 자료가 있는 자장가나 동요를 학습 자료로 활용해보자.

9. 속도 연습

일반적으로 시를 읽는 속도는 그 시의 율격 구조에 영향을 받는다. 이를테면 하나의 운각에 세 개의 음절이 들어 있는 약약강격의 시는 두 개의 음절이 들어 있는 약강격의 시보다 읽는 속도가 빨라질 것이다. 그리고 장모음이 많이 들어 있거나 폐쇄음이 많이 사용된 시행은 읽는 속도가 상대적으로 길어지게 마련이다. 그리고 소리의 강약은 시의 내용과 밀접한 관계가 있다. 시의 주제를 드러내는 핵심적인 단어와 각운 또는 중간운을 이루고 있는 단어는 비교적 크게 읽는 것이 리듬감을 높여 준다.

[학습활동]

읽는 속도와 소리의 크기에 변화를 주어 읽기에 적합한 시를 선택한다. 학생들에게 시를 제시하고 읽는 방법을 의논하여 표시하게 한다. 함께 소리 내어 읽는다.

Break, Break, break

Alfred Lord Tennyson

Break, break, break,
On thy cold gray stones, O Sea!
And I would that my tongue could utter
The thoughts that arise in me.

O, well for the fisherman's boy,
That he shouts with his sister at play!
O, well for the sailor lad,
That he sings in his boat on the bay!

And the stately ships go on
To their haven under the hill;
But O for the touch of a vanished hand,
And the sound of a voice that is still!

Break, break, break,
At the foot of thy crags, O Sea!
But the tender grace of a day that is dead
Will never come back to me.

철썩, 철썩, 철썩

철썩, 철썩, 철썩
차가운 회색 바위에 부서져라, 오 바다여!
내 마음 속에 일어나는 오만가지 생각을
말로 표현할 수 있었으면 좋으련만.

오, 어부의 아들 행복도 하여라,
소꿉장난 치며 오누이 고함치네!
오. 어린 사공 행복도 하여라,
포구에 조각배 띄우고 노래하네!

위풍당당 호화선들 들어가누나,
동산 밑 포구를 향해;
그러나 오 사라진 손의 그리운 감촉이여,
지금은 조용해진 목소리여!

철썩, 철썩, 철썩
암벽 벼랑 밑에 부서져라, 오 바다여!
그러나 사라진 옛날의 아름다움은
다시 돌아오지 않으리.

[활용방법]

시의 율격에 따른 속도감을 익힌다. 시행의 의미에 의한 강세의 변화를 익힌다. 의미와 소리의 조화에 유의한다.

[낭송연습 1] 다음 시를 가지고 읽는 속도와 크기에 유의하여 낭송연습을 해보자.

Mornings

Alan Maley

Rustling sheet,
Shuffling feet,
Creaking bones,
Stifled groans,
Chirping, crowing
Noses blowing,
Toilets flushing,
Bath taps gushing,
Coffee cups clatter,
Breakfast chatter,
Neighbours singing,
Telephones ringing,
Radios tuning,
Traffic booming,
Motorbikes thrumming,
Power drills drumming
Jet planes thunder—
I just wonder
At the NOISE!

이 시는 Alan Maley가 영어교육 자료로서 사용할 목적으로 지은 시이다. 우리가 아침에 흔히 들을 수 있는 소리를 의성어를 사용하여 엮은 작품이며 각 행의 끝에 압운이 두드러져 낭송 연습에 매우 적합한 시이다. Maley는 처음에 속삭이는 소리로 시작하여 점점 더 큰 소리로 읽다가 마지막 부분에 가서 다시 부드럽게 낭송할 것을 제안한다. 그리고 대문자만으로 되어 있는 마지막 단어는 가장 큰 소리로 읽어야 한다.

[낭송연습 2] 다음 시의 각운에 유의하여 낭송연습을 해보자.

Fire And Ice

Robert Frost

Some say the world will end in fire;
Some say in ice.
From what I've tasted of desire
I hold with those who favor fire.
But if it had to perish twice,
I think I know enough of hate
To know that for destruction ice
Is also great
And would suffice.

10. 어조 연습

어조(tone)란 등장인물 또는 시의 제재에 대한 작가의 느낌이나 태도를 말한다. 어조는 진지한 어조, 반어적 어조, 냉소적 어조, 교훈적 어조 등으로 다양하게 나타날 수 있다. 시의 어조는 작품의 의미 해석에 중요한 역할을 하며, 시를 낭송할 때도 어조에 맞게 해야 한다.

[학습활동]

어조(tone)가 분명히 드러나는 짧은 시를 선택한다. 다섯 조로 나누어 어조를 나타내는 형용사를 배당한다. (angry, cynical, anxious, suspicious, excited). 조별로 읽는 방법을 의논하게 하고, 한 사람을 뽑아 읽힌다.

Widowhood

Catherine Woods

She's over it by now, they say.
How can they tell?
She's over it by now,
And doing well.

Though I am still frozen,
And thawing is hell,
She's over it by now, they say.
And doing well.

과부신세

그녀는 이제 한 물 갔어, 사람들이 말하네.
그들이 어떻게 알까?
이제 그녀는 한 물 갔어.
그런데도 잘 해 나간다네.

아직 난 얼어붙어 있지만,
그래서 녹는 게 나에겐 지옥이지만
사람들은 말하네, 그녀는 한 물 갔다고,
그런데도 그녀는 잘 해 나간다네.

[활용방법]

이 방법은 상급 수준의 학생들에게 적당한 방법이다. 서로 상이한 어조를 드러내 보여주는 작품을 비교해서 읽어 보아야 제대로 어조 연습이 가능해진다.

[낭송연습 1] 어조에 유의하여 다음 시를 낭송해보자.

Richard Cory

Edwin Arlington Robinson

Whenever Richard Cory went down town,
We people on the pavement looked at him:
He was a gentleman from sole to crown,
Clean favored, and imperially slim.

And he was always quietly arrayed,
And he was always human when he talked;
But still he fluttered pulses when he said,
"Good-morning," and he glittered when he walked.

And he was rich - yes, richer than a king -
And admirably schooled in every grace;
In fine we thought that he was everything
To make us wish that we were in his place.

So on we worked, and waited for the light,
And went without the meat, and cursed the bread;
And Richard Cory, one calm summer night,
Went home and put a bullet through his head.

[낭송연습 2] 다음 시를 어조에 유의하여 낭송해보자.

When I Was One-and-Twenty

A. E. Housman

When I was one-and-twenty
I heard a wise man say,
"Give crowns and pounds and guineas
But not your heart away;
Give pearls away and rubies
But keep your fancy free."
But I was one-and-twenty,
No use to talk to me.

When I was one-and-twenty
I heard him say again,
"The heart out of the bosom
Was never given in vain;
'Tis paid with sighs a plenty
And sold for endless rue."
And I am two-and-twenty
And oh, 'tis true, 'tis true.

[낭송연습 3] 어조에 유의하여 다음 시를 낭송해보자.

When You Are Old

William Butler Yeats

When you are old and grey and full of sleep,
And nodding by the fire, take down this book,
And slowly read, and dream of the soft look
Your eyes had once, and of their shadows deep;

How many loved your moments of glad grace,
And loved your beauty with love false or true,
But one man loved the pilgrim Soul in you,
And loved the sorrows of your changing face;

And bending down beside the glowing bars,
Murmur, a little sadly, how Love fled
And paced upon the mountains overhead
And hid his face amid a crowd of stars.

11. 역할극

[학습활동]

대화 형식으로 된 시를 선택한다. 시에 등장하는 인물의 역할을 분담한다. 이를테면 남학생에게 남자 역을 여학생에게 여자 역을 하게 한다. 따옴표 밖의 부분은 교사가 읽어준다. 예) He said, She said 등. 각 인물이 맡은 대사의 어조를 살려 연기하듯 읽도록 지도한다.

Goodbye[7)]

Alan Maley

"Don't lie," he said.
"I try," he said.
"My eye," she said.
"Don't cry," he said.
"I'll die," she said.
"Oh my!" he said.
"Goodbye," she said.

안녕

"거짓말 마세요," 그녀가 말한다.
"노력하고 있어요," 그가 말한다.
"내 눈," 그녀가 말한다.
"울지 마세요," 그가 말한다.
"나 죽을 것만 같아요," 그녀가 말한다.
"아 저런!" 그가 말한다.
"안녕히," 그녀가 말한다.

---

7) Maley & Moulding, *Poem into Poem: Reading and Writing Poems with Students of English.* (Cambridge: Cambridge UP, 1985), p. 39.

[활용방법]

각 인물의 태도를 결정하는 일은 시 해석의 한 단계로서 대단히 중요하다. 조 편성은 등장인물의 수에 따라 달라진다.

12. 받아쓰기

[학습활동]

시를 큰 소리로 읽어주거나 녹음된 것을 들려준다. 학생들이 개별적으로 듣고 기억한 단어나 구를 기록하게 한다. 짝끼리 적은 것을 맞추어 빠진 부분을 보충하게 한다. 시를 한 번 더 들려준다. (2)와 (3)의 활동을 반복하게 한다. 전체 활동: 한 학생이 다른 학생들이 말한 것을 흑판에 기록하게 한다. 한 줄씩 확인하면서 시를 완성시킨다.

The Night Has a Thousand Eyes

Francis William Bourdillon

The night has a thousand eyes,
　　And the day but one;
Yet the light of the bright world dies
　　With the dying sun.

The mind has a thousand eyes,
　　And the heart but one;
Yet the light of a whole life dies
　　When love is done.

[활용방법]

듣기 훈련에 적합한 방법이다. 시는 소리 내어 읽을 때 비로소 시가 된다. 문자로 기록된 시는 음악의 악보와 같다. 대화 형식으로 된 작품에 적용될 수 있는 방법이다. 기억의 조각들을 하나씩 모자이크처럼 맞추어 나가게 한다. 반복해서 들려주는 동안에 시를 암기하게 된다. 시와 친숙해지는 최상의 방법은 그 시를 암기하는 것이다. 학생들이 시를 완성하기 전 단계에 듣기를 중단시키고 미완성된 부분을 채워보게 하는 방법도 고려해 볼 수 있을 것이다.

[낭송연습 1] 다음 시를 자지고 받아쓰기 방식으로 듣기 연습을 해보자.

Remember

Christina Rossetti

Remember me when I am gone away,
Gone far away into the silent land;
When you can no more hold me by the hand,
Nor I half turn to go yet turning stay.
Remember me when no more day by day
You tell me of our future that you plann'd:
Only remember me; you understand
It will be late to counsel then or pray.
Yet if you should forget me for a while
And afterwards remember, do not grieve:
For if the darkness and corruption leave
A vestige of the thoughts that once I had,
Better by far you should forget and smile
Than that you should remember and be sad.

[낭송연습 2] 다음 시를 자지고 받아쓰기 방식으로 듣기 연습을 해보자.

Never More Will the Wind

H. D. (Hilda Doolittle) (1886-1961)

Never more will the wind
cherish you again,
never more will the rain.

Never more
shall we find you bright
in the snow and wind.

The snow is melted,
the snow is gone,
and you are flown:

Like a bird out of our hand,
like a light out of our heart,
you are gone.

[해설] 이 시는 사랑하는 이가 없으니 세상이 너무나 달라졌음을 보여준다. 만물이 공허하다; 바람, 비, 눈도 텅 비었다. 어디를 보나 풍경은 고독과 부재를 이야기해 준다. 시인은 이러한 공허감을 독자와 함께 느끼고자 한다.

13. 암송

[학습활동]

암송하기에 좋은 짧은 시를 선택한다. 의미 단위로 나누어 시를 익힌다.

앞에 제시된 다양한 방법으로 시가 외워질 때까지 개별활 동 또는 집단 활동을 통해 연습한다.

He Wishes for the Cloths of Heaven

William Butler Yeats (1865-1939)

Had I the heavens' embroidered cloths,
Enwrought with golden and silver light,
The blue and the dim and the dark cloths
Of night and light and the half-light,
I would spread the cloths under your feet:
But I, being poor, have only my dreams;
I have spread my dreams under your feet;
Tread softly because you tread on my dreams.

[활용방법]

시를 이해하는 최선의 방법은 암기하는 것이다. 기억해 둘 만한 명시들은 수없이 많다. 좋은 시는 외워서 음미할수록 깊은 맛이 새록새록 우러나게 마련이다. 시의 운율과 압운은 기억을 돕는다. 또한 암기의 정확도를 확인하는 수단을 제공한다. 학생들의 감정에 맞는 다양한 주제의 시를 기억하여 암송하게 함으로써 시를 즐기게 하고 삶의 의미를 더욱 풍부하게 할 수 있다.

[암송연습 1] 다음 시를 외워서 낭송해보자.

Once I Saw a Little Bird

Once I saw a little bird
Come hop, hop, hop.
And I cried, "Little bird,
Will you stop, stop, stop?"

I was going to the window
To say, "How do you do?"
When he shook his little tail
And away he flew.

[암송연습 2] 다음 시를 외워서 낭송해보자.

Lost

Carl Sandburg

Desolate and lone
All night long on the lake
Where fog trails and mist creeps,
The whistle of a boat
Calls and cries unendingly,
Like some lost child
In tears and trouble
Hunting the harbor's breast
And the harbor's eyes.

제3장

시 읽기 지도

존 스튜어트 밀은 웅변은 듣고 시는 엿듣는다고 말했다. 버그만 등은 재미있는 비유로써 이 말을 쉽게 풀어 설명한다(Bergman & Epstein 9). 우리는 어쩌다 우연히 전화기를 들었을 때 혼선이 되어 남의 전화통화 내용을 엿듣게 되는 경우가 있다. 처음에는 무슨 말인지 못 알아듣는다. 수화기를 내려놓을까 하다가 통화내용 중에서 관심을 끌 만한 내용이 들려오면 계속해서 엿듣게 된다. 드문드문 들려오는 단어들을 모아 추리력을 발동하면 대화 내용을 이해할 수 있게 된다. 시도 마찬가지다. 처음 읽을 때는 도무지 무슨 뜻인지 모르다가 그 의미가 서서히 드러난다. 시는 전화 통화를 엿듣는 것보다 유리한 조건을 제공한다.

시는 여러 번 반복해서 읽어야 그 의미가 드러난다. 물론 한 번 읽어서 이해할 수 있는 쉬운 시도 있다. 그러나 대부분의 시는 여러 번 읽어야 이해가 가능하다. 읽을 때마다 깊은 맛이 우러나는 시, 그 때마다 전에는 몰랐던 의미가 새롭게 드러나는 시가 좋은 시이다. 특히 외국어로서 영어를 공부하는 학생들의 경우는 아무리 쉬운 작품이라도 읽고 또 읽어야 한다. 영시를 읽을 때는 조급하게 생각하지 말자. 그리고 모르는 단어가 있으면 언제든지 사전을 찾아 정확한 개념을 파악하면서 읽어야 한다. 영시를 읽을 때는 영영사전을 사용하자.

시를 읽고 그 시에 관한 토론을 진행하기 위해서는 다음과 같은 의문을 가져 보는 것이 도움이 된다.

1) 이 시의 리듬은 규칙적인가 불규칙적인가? 리듬에 변화가 있는가? 변화가 있다면 어느 부분에 있는가? 그 이유는 무엇이라 생각하는가?
2) 이 시에서 누가 말을 하는가? 시인인가, 아니면 다른 사람인가? 혹은 화자가 한 사람이 아니라 여러 명인가?
3) 이 시에는 이야기의 요소가 들어 있는가? 있다면 어떤 순서로 이야기나 사건이 전개되는가?
4) 이 시의 주제는 무엇인가? 이 시의 제목과 내용은 어떤 연관성을 맺고 있는가?
5) 이 시에는 어떤 감각적 요소가 들어 있는가? 이 시의 중심 심상은 무엇이며 그 심상은 주제와 어떤 관련성을 맺고 있는가?
6) 이 시의 비유법을 찾아내어, 시적 정서를 표현하는 데 얼마나 적합한지 살펴보라. 또한 그 비유가 얼마나 참신한 비유인지 아니면 진부한 비유인지 설명해 보라.
7) 이 시에서 화자의 긍정적 태도와 부정적 태도를 나타내는 표현들을 찾아내서 목록을 만들어 보라. 화자의 태도는 전체적으로 긍정적인가 부정적인가? 이 시의 어조는 진지한가, 반어적인가, 냉소적인가, 교훈적인가, 혹은 해학적인가?
8) 이 시에는 두 가지 이상의 의미로 해석될 수 있는 애매한 단어나 구문, 또는 문장이 있는가? 있다면 어떤 의미를 갖는가?
9) 이 시에서 어느 부분이 가장 마음에 드는가? 그 이유는 무엇인가?
10) 이 시는 통일성(unity)과 일관성(coherence)을 가지고 있는가? 만약 일관성이 없다면 어떤 점에서 일관성이 없다고 생각하는가?
11) 이 시의 내용에 공감하는가? 이 시는 나의 인생 경험과 어떤 상관성

을 가지고 있는가?

시는 언어예술이다. 시의 언어는 우리가 일상생활에서 사용하는 언어와 다르다는 이론이 있다. 실제로 시의 언어가 일상적 언어와 다른 측면이 분명히 있다는 것도 사실이다.[1] 그러나 그 차이는 본질적인 차이가 아니라 정도의 차이에 지나지 않는다. 시를 가르치는 교사는 시의 언어가 일상생활의 언어와 다르지 않다는 전제에서 출발해야 한다. 그리고 가능한 한 시에만 쓰이는 특수한 어법이 되도록 적게 포함된 작품을 학습 자료로 선정하면 된다.

언어는 시인들의 전유물이 아니다. 시인들은 우리가 일상생활에서 사용하는 어휘와 문장구조를 사용하여 아름다운 예술 작품을 창조해낸다. 그렇다면 시인들은 어떻게 해서 우리가 날마다 사용하는 똑 같은 언어로써 아름다운 예술품을 만들어낼 수가 있을까? 시인들은 일상생활의 언어를 예술적인 언어로 만드는 예술가들이다. 언어를 예술적으로 만드는 방법이란 결국 적절한 어휘를 선택하고 배열하여 문장으로 만드는 방법이 될 것이다. 다시 말해서 어떤 단어를 선택하고 선택된 단어를 어떤 순서로 배열하는가 하는 문제이다.

시는 단어로 구성되어 있다. 실제로 작품에서 사용되는 언어의 특징을 살펴보면 시인들이 어떻게 우리가 일상생활에 사용하는 언어를 가지고 아름다운 예술품을 만들어 내는가 하는 물음에 대한 해답을 얻을 수 있을 것이다. 시인들이 시어를 선택하는 데는 여러 가지 기준이 있을 수 있다. 시인들은 단어의 운율적 자질, 감각적 자질, 함축적 자질, 그리고 전체 작품과의 유기적 관련성을 고려하여 시어를 선택한다.[2]

---

1) 김진우, 『시와 언어』 (서울: 한국문화사, 1998), pp. 62-71 참조.
2) 김진우는 시어 선택의 기준을 집약성, 운율성, 유기성, 심미성, 정확성의 다섯 가지로 설명한다. 김진우, 『시와 언어』, pp. 193-216 참조.

1. 음운(音韻)의 특성 알아보기

단어 선택의 첫째 기준인 운율적 자질이란 각각의 단어가 가진 음운적 성질을 의미한다. 이 책의 제1장에서 이미 설명한 바와 같이, 한 단어의 음운적 성질은 그 단어에 포함되어 있는 음소와 강세로 이루어진다. 영어의 자음과 모음은 각각의 음운적 특색을 갖고 있다. 이를테면 폐쇄음은 일반적으로 답답한 느낌을, 마찰음은 껄끄러운 느낌을, 유음이나 비음은 조화롭고 부드러운 느낌을, 치찰음은 고요하고 은밀한 느낌을 준다. 그리고 전설모음은 밝은 느낌을, 후설모음은 어두운 느낌을, 장모음은 장엄하고 유연한 느낌을, 그리고 단모음은 경쾌하거나 경박한 느낌을 준다. 단어의 강세는 시행의 율격을 결정한다. 시인들은 각각의 단어가 가진 음운적 자질을 고려하여 단어를 선택하고, 선택한 단어를 적절히 배열하여 율격, 압운, 두운, 모운 등으로 이루어진 시의 리듬을 만들어낸다.

[학습활동]

교사는 음소의 특성이 두드러진 작품을 제시하고 각각의 음소가 가진 일반적 특징을 학생들에게 설명해준다. 학생들을 소집단으로 나누어 선정된 시를 제시하고, 어떤 음소가 두드러지게 사용되어 있는지 조사한다.

그 다음 두드러진 음소가 각기 작품의 내용과 어떤 관련을 맺고 있는지 살펴본다. 작품에 나타난 율격, 각운, 두운 등을 분석하여 시의 리듬을 파악한다. 각 집단의 대표가 조사한 내용을 전체 학급에 발표한 후 전체 토론을 한다.

Sonnet XXX

William Shakespeare

When to the sessions of sweet silent thought
I summon up remembrance of things past,
I sigh the lack of many a thing I sought,
And with old woes new wail my dear time's waste;
Then can I drown an eye, unused to flow,
For precious friends hid in death's dateless night,
And weep afresh love's long-since-cancelled woe,
And moan th' expense of many a vanished sight;
Then can I grieve at grievances foregone,
And heavily from woe to woe tell o'er
The sad account of fore-bemoanèd moan,
Which I new pay as if not paid before.
　But if the while I think on thee, dear friend,
　All losses are restored and sorrows end.

[Note] *session*: a place for sitting, meeting, a court of justice; *expense*: loss, money expended; *grieve*: feel grief at; *grievance*: distress or pain; *heavily*: with sorrow; *tell*: count; *bemoan*: weep or express sorrow; *account*: statement of moneys received and expended

감미롭고 고요한 명상의 궁전으로
지나간 일들의 기억을 불러 올 때면,
나는 갈구하던 많은 것들을 갖지 못함을 한숨짓고,
옛 비애로 귀중한 시간을 낭비한 것을 새삼 한탄하노라.
그리고 죽음의 끝없는 밤 속에 숨어 있는 벗들을 위하여
메말랐던 내 눈을 눈물로 적실 수 있고,
오래 전에 잊혀진 비련(悲戀)을 다시 슬퍼하고,

많은 사라진 모습들의 상실을 탄식하노라.
그러면 지나간 슬픔을 슬퍼할 수 있고,
예전에 슬퍼한 슬픔에 대한 슬픈 사연을
슬픈 마음으로 하나하나 헤아려
전에 지불한 셈을 아니 한 듯이 다시 지불하노라.
  그러나 벗이여, 그 때 그대를 생각하면,
  모든 상실은 회복되고 슬픔은 끝나도다.

시인은 지난날의 슬픈 추억을 되새기면서 슬픔에 잠겨 있다. 지난날 이루지 못한 일들, 시간의 낭비, 친구의 죽음, 실연의 아픔, 지금은 사라진 모습들, 이 모든 것이 새삼 서글퍼진다. 그러다가 한 친구를 생각하면 상실의 아픔이 치유되고 슬픔이 사라진다고 말한다. 이 작품의 12 행까지는 조용하고 슬픈 분위기가 지배하다가 마지막 2 행에서 슬프고 어두운 분위기는 밝은 분위기로 반전된다. 시인은 적절한 음운 구조를 사용하여 이러한 내용과 분위기를 매우 효과적으로 묘사하고 있다.

처음 세 줄에는 치찰음(sibilant) /s/와 비음(nasals) /m/, /n/, /ŋ/이 조용한 명상적 분위기를 압도한다. 그리고 넷째 줄에서 woes, wail, waste는 두운 /w/와 이중모음이 어우러져 울부짖는 소리를 냄으로써 극도로 슬픈 분위기를 자아낸다. 그 다음 4행은 /n/, /l/, 이중모음, 장모음 등을 사용하여 친구의 죽음과 실연의 슬픔을 표현하고 있다. 여섯 째 줄의 "hid in death's dateless night"라는 표현에서 폐쇄음 /d/의 두운과 자운은 죽음의 세계의 어둡고 답답한 느낌을 매우 효과적으로 묘사하고 있다. 그 다음 4 행에서도 앞에 나온 음운 구조를 계속 사용함으로써 슬픈 분위기를 강화한다. 특히 "from woe to woe"와 "fore-bemoaned moan"은 소리와 의미의 완벽한 조화를 보여준다.

마지막 두 줄에서 분위기는 반전된다. 이 부분에서 시인은 두 단어를 제외하고는 단음절어를 사용하여 경쾌한 리듬을, 그리고 if, think, thee, dear 등에 포함된 높은 전설모음을 사용하여 밝은 분위기를 만들어낸다.

[활용방법]

하급 학년의 학생들에게는 시의 운율에 관한 전문용어는 되도록 사용하지 않고 설명한다. 시의 율격구조가 시인들의 단어 선택을 위한 틀을 제공한다는 사실을 보여준다.

2. 단어의 강세 파악하기

단어를 운율적 자질 중 두 번째로는 강세를 고려해야 한다. 강세는 시의 율격을 결정하는 요인이 된다. 특히 규칙적인 리듬을 사용하는 정형시의 경우는 강세가 단어 선택의 결정적 요인이 된다. 그리고 선택한 단어의 강세가 주어진 리듬에 맞지 않을 경우에는 어순을 바꾸어 리듬을 맞춘다.

[학습활동]

정형시의 형태로 된 짧은 시를 선택한다. 학생들을 소집단으로 나누고 시를 제시한다. 시의 운율 구조가 단어 선택에 어떠한 영향을 주는지 살펴본다. 시의 문장 구조가 산문의 문장 구조와 어떻게 다른지 조사한다.

I Wandered Lonely as a Cloud

William Wordsworth

I wandered lonely as a cloud:
That floats on high over vales and hills,
When all at once I saw a crowd,
A host of golden daffodils;
Beside the lake, beneath the trees,
Fluttering and dancing in the breeze.

Continuous as the stars
That shine and twinkle on the Milky Way,
They stretched in never-ending line
Along the margin of a bay:
Ten thousand saw I at a glance,
Tossing their heads in sprightly dance.

The waves beside them danced; but they
Out-did the sparkling waves in glee:
A poet could not but be gay,
In such a jocund company:
I gazed - and gazed - but little thought
What wealth the show to me had brought:

For oft, when on my couch I lie
In vacant or in pensive mood,
They flash upon that inward eye
Which is the bliss of solitude;
And then my heart with pleasure fills,
And dances with the daffodils.

수선화

골짜기와 산 위에 높이 떠가는
구름처럼 외로이 헤매이다가,
나는 문득 보았네, 한 무리의
수많은 황금빛 수선화가
호수가 나무 아래서
미풍에 한들한들 춤추는 것을.

은하수에서 반짝반짝
빛나는 별들처럼 잇달아,
호만(湖灣) 따라 수선화가
한없이 줄지어 피어 있었네.
나는 보았네, 일만 송이가
고개 들고 경쾌하게 춤추는 것을.

호수 물도 반짝이며 춤추었으나,
수선화가 물결보다 더 환희로와:
이렇게 기쁜 벗들 함께 있으면
시인도 어찌 아니 즐거우리요!
보고 또 보았으나, 이 광경이
내게 무슨 보물 될지 몰랐었더니.

이따금 멍하니 생각에 잠겨
자리에 나 홀로 누웠노라면,
고독의 축복인 마음의 눈에
수선화가 반짝하고 떠오른다오;
그러면 내 마음 기쁨에 넘쳐
수선화와 더불어 춤을 춘다오.

[활용방법]

정형시는 엄격한 운율 구조에 의해 단어 선택이 제약을 받는다. 영어에는 동의어가 많다. 이 점은 시의 운율을 맞추는 데 유리한 조건이 된다. 시의 율격과 압운을 맞추기 위해 시인들은 문법 규칙을 깰 때가 많다. 어떤 문법

규칙을 시인들이 자주 어기는지 알아보자.[3)]

3. 시어의 감각적 요소 파악하기 (I)

단어 선택의 두 번째 기준은 감각적 자질이다. 시인들은 추상적 단어보다 감각적 자질이 두드러진 구상적(具象的)단어를 선호한다. 구상어는 사실적이고 감각적인 경험을 의미하는 단어이다. 시는 추상어를 싫어한다. 이 말은 시에 추상어가 전혀 사용되지 않는다는 의미로 한 말은 아니다. 시에는 추상어가 사용되기도 한다. 그러나 시에 사용되는 추상어는 비유법 등을 통해 문맥 속에서 구체적이고 감각적인 자질이 부여되는 경우가 많다. 이를테면 워즈워스의 무지개에 관한 시에서 "natural piety"는 무지개를 보고 가슴이 뛰는 정서반응을 의미하며, 에이츠의 「이니스프리 호도」에서 "peace"는 풀잎에서 떨어지는 이슬방울에 비유되어 있다. 시인들은 이처럼 추상적 개념마저도 구체적인 감각적 자질을 부여한다.

가장 구상적인 단어는 물론 소리와 몸짓을 모방한 의성어와 의태어이다. 감각적인 경험은 우리의 오관(五官)을 통해 얻어진다. 이러한 감각경험을 의미하는 단어들은 시적 심상(心象)을 창조하는 데에 기여한다.

[학습활동]

의성어와 의태어가 많이 들어 있는 작품을 선택한다. 학생들을 소집단으로 나누고 시를 제시한다. 시에 들어 있는 의성어와 의태어의 목록을 만들고 영영사전을 사용하여 각 단어의 의미를 파악하게 한다. 의성어는 소리를, 의태어는 동작을 통해 연습시킨다.

---

3) 김진우, 『시와 언어』, pp. 62-72 참조.

Little Trotty Wagtail

John Clare (1793-1864)

Little trotty wagtail he went in the rain,
And twittering, tottering sideways he ne'er got straight again.
He stooped to get a worm, and looked up to get a fly,
And then he flew away ere his feathers they were dry.

Little trotty wagtail he waddled in the mud,
And left his little footmarks, trample where he would.
He waddled in the water-pudge, and waggle went his tail,
And chirrupt up his wings to dry upon the garden rail.

Little trotty wagtail, you nimble all about,
And in the dimpling water-pudge you waddle in and out;
Your home is nigh at hand, and in the warm pig-stye,
So, little Master Wagtail, I'll bid you a good bye.

[Note}

trot: go briskly or busily

twitter: make a lot of short high sounds; talk very quickly and nervously in a high voice.

totter: walk or move unsteadily from side to side as if you are going to fall over

waddle: walk with short steps, swinging from one side to another like a duck

trample: step heavily on something so that you crush it with your feet

waggle: move something up and down or from side to side with short quick movements

chirrup: chirp=make short high sounds; speak in a cheerful, high voice

nimble: move nimbly; *dimple*: make dimples or ripples

water-pudge: puddle; a small pool of muddy water

작은 종종걸음 할미새

작은 할미새가 종종걸음으로 빗속으로 나가서,
재잘거리며, 옆으로 비틀거리며 바로 서지 못했다.
몸을 굽혀 벌레를 잡다가, 파리를 잡으려고 쳐다보다가,
그리고는 깃털이 마르기 전에 포드닥 날아가 버렸다.

작은 종종걸음 할미새는 진흙 속에서 어기적어기적 걸었고,
쿵쿵거리며 다니는 곳마다 작은 발자국을 남겼다.
물웅덩이 속에서 어기적거렸고, 꼬리를 살래살래 흔들었고,
짹짹거리며 정원 난간에 앉아 날개를 말렸다.

작은 종종걸음 할미새야, 너는 날래게 돌아다니고,
잔물결 이는 물웅덩이 속을 어기적어기적 들락거린다;
너의 집은 가까운 곳에, 따뜻한 돼지우리 속에 있다,
그러니, 작은 할미새 도련님, 그만 집으로 돌아가거라.

[활용방법]

의성어와 의태어는 동요나 동시에서 쉽게 찾을 수 있다. 사전을 찾아 의성어와 의태어 목록을 만들어본다. 영어와 한국어의 의성어와 의태어를 비교해보자.

4. 시어의 감각적 요소 파악하기 (II)

시는 감각에 호소하여 정서를 환기시키는 글이다. 필립 시드니는 "시는 가르치고 즐거움을 주려는 의도를 가진 말하는 그림이다"라고 말했다. 전통적으로 시인들은 그림이나 사진처럼 감각경험을 직접적으로 전달하는 방법을 모색해 왔다. 시인은 색채나 소리나 동작이 아니라 언어로써 감각경험을 전달해야만 한다.

이처럼 감각경험을 직접적으로 기록하는 언어를 심상(心象)이라 한다. 시의 언어는 상상력을 자극하여 우리의 마음속에 구체적 감각인상을 재생해낸다. 심상은 "상상력을 통해서 재생된 감각경험"(Kreuzer 120)이다. 시적 심상은 시각 심상(visual image), 청각 심상(auditory image), 후각 심상(olfactory image), 미각 심상(gustatory image), 촉각 심상(tactile image), 공감각 심상(synesthetic image)으로 구분된다. 시인은 언어로써 시각적인 형태와 색채뿐만 아니라 소리와 맛과 냄새와 질감을 재생하여 정서를 환기시킨다. 훌륭한 시인은 단 몇 마디의 말로써 전달하고자 하는 감정을 정확하게 독자에게 제시하는 심상을 선택한다.

시는 심상과 진술을 동시에 사용한다. 진술은 사물에 대한 설명으로 정보를 전달하는 언어이며 심상은 사물을 직접 제시하는 언어이다. 심상만으로 이루어진 시는 거의 없다. 시의 모든 부분이 다 시적이라 말할 수 없는 이유가 바로 여기에 있다. 20세기 초의 사상파 시인들(Imagists)은 시에서 진술을 배제하고 심상만을 제시하려는 극단적인 시도를 했다. 일본의 하이쿠(haiku) 또한 이런 종류의 시이다.

In a Station of the Metro

Ezra Pound

The apparition of these faces in the crowd:
Petals on a wet, black bough.

지하철역에서

군중들 사이에서 홀연히 나타난 이 얼굴들:
축축한 검은 가지의 꽃잎들.[4)]

이 시는 일체의 산문적 진술이 없이 이미지만으로 이루어진 시이다. 시인은 지하철역에서 쏟아져 나오는 사람들의 창백한 얼굴과 젖은 나뭇가지에 핀 꽃잎을 병치시키고 있다. 소위 필립 휠라이트가 말한 병치은유의 한 예이다. 처음에는 60행에 달하는 시였는데, 여러 달 동안 줄이는 작업을 한 끝에 단 두 줄만 남게 되었다고 한다(Bergman and Epstein 103). 이창배 교수는 "색채와 윤곽 면에서 얼굴들과 꽃잎들이 일치하고 배경화로서의 군중과 검은 가지의 상관성이 완벽하다"(이창배 286)고 평가한다.

4) 이창배, 『현대 영·미시 해석』, (서울: 탑출판사, 1995), p. 286.

The Great Figure

William Carlos Williams

Among the rain
and lights
I saw the figure
in gold
on a red
fire truck
moving
tense
unheeded
to gong clangs
siren howls
and wheels rumbling
through the dark city.

큰 글자

나는 비와
불빛 속에서
붉은 색
불자동차의
금박
글자가
종소리나
사이렌 울음
바퀴 구르는 소리에
무관심한 채
검은 도시를 뚫고
팽팽하게
질주하는 것을 보았다.

시인은 이 시를 하나의 문장으로 구성함으로써 단일한 심상을 묘사하고 있음을 강조하고 있다. 이 시는 계속해서 움직이고 있는 심상을 묘사하고 있다. 불자동차는 비와 불빛을 빠져나와 다시 도시의 어둠 속으로 질주하고 있다. 시인은 마치 우리가 실제로 움직이는 물체를 보고 있는 것처럼 생생하게 기록하고 있다.

파운드의 "지하철역에서"와 윌리엄즈의 "큰 글자"는 둘 다 정지해 있거나 움직이고 있는 단일 심상을 마치 한 폭의 그림처럼 제시한 시이다. 이들 시에는 이미지만 제시되어 있다. 이처럼 심상의 의미를 설명하는 일체의 산문적 진술이 배제하고서도 시가 될 수 있을까? 물론 풍경화 자체의 아름다움만으로도 충분히 의미 있는 작품이라 할 수는 있다. 그러나 이러한 그림이 시인이 의도한 정서를 정확하게 전달한다고 말할 수는 없을 것이다. 20세기 초 이미지스트들은 그렇다고 믿었다. 엘리엇의 "객관적 상관물" 이론은 이들의 신념을 대변한다: "예술의 형태로 정서를 표현하는 유일한 방법은 '객관적 상관물'을 찾는 것이다; 다시 말해서, 특정한 정서의 공식이 되는 한 벌의 대상, 하나의 상황, 일련의 사건들을 찾는 것이다; 감각경험으로 끝나는 외부의 사실들이 주어지면, 그 정서가 즉각적으로 환기된다."[5] 비록 그들이 이러한 믿음을 갖고 있었지만, 파운드의 "지하철 역에서"처럼 이미지만 제시하는 극단적 실험을 한 작품은 그리 많지 않다.

5) T. S. Eliot, *Selected Essays* : "The only way of expressing emotion in the form of art is by finding an 'objective correlative'; in other words, a set of objects, a situation, a chain of events which shall be the formula of that particular emotion; such that when the external facts, which must terminate in sensory experience, are given, the emotion is immediately evoked."

Lying in a Hammock at William Duffy's Farm in Pine Island, Minnesota

James Wright (1927-1980)

Over my head, I see the bronze butterfly,
Asleep on the black trunk,
blowing like a leaf in green shadow.
Down the ravine behind the empty house,
The cowbells follow one another
Into the distances of the afternoon.
To my right,
In a field of sunlight between two pines,
The droppings of last year's horses
Blaze up into golden stones.
I lean back, as the evening darkens and comes on.
A chicken hawk floats over, looking for home.
I have wasted my life.

미네소타주의 파인 섬에 있는 윌리엄 더피의 농가에서 그물침대에 누워

내 머리 위엔, 청동색 나비가
검은 줄기에 잠든 채,
초록 그늘에서 나뭇잎처럼 날리고 있다.
빈집 뒤 계곡에서는
흰장구채꽃이 하오의 풍경 속에
멀리까지 잇달아 피어 있다.
내 오른쪽엔
햇빛 비친 들판의 두 그루 소나무 사이에
지난 해 말들이 흘려놓은 말똥들이
굳어져 황금색 돌처럼 반짝이고 있다.
저녁 땅거미가 내릴 때, 나는 뒤로 몸을 기댄다.
말똥가리 한 마리가 떠돌며, 집을 찾는다.
나는 지금까지 내 인생을 낭비하였다.

흔히 시는 심상과 그 심상에 의미를 부여하는 진술로 이루어진다. 시인은 심상을 제시하고 그 심상의 의미를 명상한다. 위의 시에서 시인은 일련의 심상을 보여주고 나서 마지막 행에서 그가 제시한 심상들에 의미를 부여하고 있다. 이 시의 마지막 행은 얼핏 보면 자연을 관찰하는 것이 시간 낭비라고 말하는 것처럼 보인다. 그러나 실은 그와 정 반대의 의미를 갖는다: 즉 자연의 아름다움을 관찰하는 것 이외의 모든 행위는 시간 낭비라는 말이다. 시인은 이 시에서 지금까지 자신이 주변 세계에 대하여 너무 무관심하게 살아 왔구나 하는 서글픈 깨달음을 표현하고 있다.

시인은 먼저 구체적인 풍경의 세부를 제시한다: 나비는 일반화된 나비가 아니라 검은 나무줄기에 앉아 잠든 것 같은 "청동색 나비"이다. 또한 새는 막연한 새가 아니라 집을 찾아 떠도는 말똥가리이다. 이처럼 구체적 세부 묘사로써 선명한 심상을 제시하면서 "자연은 참으로 아름답다!"라는 직설적인 진술 대신에 "인생을 낭비하였다"라고 하는 말로 자연미가 주는 정서적 충격을 간접적으로 표현하고 있다.

[학습활동]

선명한 심상이 들어있는 짧은 서정시를 선택한다. 학생들을 소집단으로 나누어 시를 제시한다. 시에 나타난 감각적 요소를 기록한다. 다섯 가지 감각 (시각, 청각, 후각, 미각, 촉각)과 관련된 단어들의 목록을 작성한다. 어떤 감각의 요소가 두드러지게 나타나 있는지 확인한다.

심상의 종류	관련된 단어(또는 구문)	느낌
시각 심상		
청각 심상		
후각 심상		
미각 심상		
촉각 심상		

각각의 심상이 주는 느낌을 적어본다. 이들 심상들 사이에 어떤 관계가 있는지 조사한다. 그리고 시인이 표현하고자 하는 정서 또는 주제와의 상관성에 대해 토론한다.

[활용방법]

학생들에게 시에서 감각경험의 중요성을 인식시킨다. 시에서 흔히 시각심상이 지배적으로 나타나지만 그것이 전부는 아니다. 학생들에게 다른 심상이 사용된 작품을 예로 들면서 이점을 주지시킬 필요가 있다. 위의 작품처럼 단일한 시각심상이 제시될 경우 학생들에게 그 심상을 그림으로 그리게 하는 것도 작품 이해에 도움이 될 것이다.

[읽기연습 1] 다음 시를 읽고 감각적 요소를 종합하여 마음속에 심상을 상상해보고, 그림으로도 그려보자.

The Eagle: A Fragment

Alfred, Lord Tennyson

He clasps the crag with crooked hands;
Close to the sun in lonely lands,
Ringed with the azure world, he stands.

The wrinkled sea beneath him crawls;
He watches from his mountain walls,
And like a thunderbolt he falls.

독수리: 단편

그는 구부러진 두 손으로 절벽을 움켜쥔다;
외로운 땅에서 태양 가까이
푸른 세계에 둘러싸인 채, 그는 서 있다.

그의 발밑에 주름진 바다가 기어간다;
그는 산 성벽(城壁)에서 망보고 있다가

번개처럼 떨어진다.

[읽기연습 2] 다음 시에는 어떤 감각경험이 주로 묘사되어 있는가?

To ________

P. B. Shelley

Music, when soft voices die,
Vibrates in the memory;
Odours, when sweet violets sicken,
Live within the sense they quicken;

Rose leaves, when the rose is dead,
Are heap'd for the belovèd's bed:
And so thy thoughts, when thou art gone,
Love itself shall slumber on.

______ 에게

음악은 부드러운 음성이 죽을 때,
기억 속에서 진동하고;
향기는 아름다운 제비꽃이 시들 때,
그 꽃이 자극한 감각 속에 살아남는다;

장미 꽃잎은 장미가 죽을 때,
떨어져 쌓여 사랑하는 이의 잠자리가 되듯이:
사랑은 그대가 가고 나면,
그대 생각을 하며 잠들리라.

[Note] 이 시는 시각 심상, 청각 심상, 그리고 후각 심상을 사용하여 "영원한 사랑"이라는 주제를 표현한 작품이다. 마지막 행은 유추(analogy)에 의해 각 심상을 연결하여 전체 작품에 통일성과 일관성을 부여하고 있다.

5. 단어의 의미 파악하기(1)

단어 선택의 세 번째 기준은 단어의 함축적(含蓄的) 자질이다. 시는 말의 경제원칙을 극대화하여 최소한의 언어 속에 최대의 의미를 압축시킨 글이다. 시인들은 제한된 언어 속에 의미를 압축시키기 위해서 불필요한 단어를 생략하거나 정서적 의미가 농축된 단어나 복합적 의미를 가진 단어를 즐겨 사용하는 경향을 보인다.

하나의 단어는 두 가지 의미, 즉 일차적 의미(primary meaning)와 이차적 의미(secondary meaning)를 갖는다. 일차적 의미는 사전에 정의된 개념을 말하는데, 외연적 의미(denotation), 사전적 의미, 개념적 의미 또는 지시적 의미라 불리기도 한다. 이차적 의미란 사전에 기록되어 있지 않은 언외의 의미로서, 내포적 의미(connotation), 연상적 의미, 또는 함축적 의미로 불리기도 한다.

영어의 경우 대부분의 단어는 하나 이상의 일차적 의미를 갖고 있다. 예를 들면 "bank"는 "강둑"과 "은행"이라는 두 가지 의미를 갖는다. 사용 빈도가 높은 단어의 경우에는 심지어 20여 가지의 서로 다른 의미로 쓰이기도 한다.[6] 이처럼 한 단어가 여러 가지 의미를 갖고 있지만 일상생활에서 혼란을 초래하지 않는 이유는 단어가 사용되는 문맥이 그 단어의 의미를 결정해 주기 때문이다. 그렇다고 해도 영어 학습자가 문맥에 맞는 단어의 의미를 사전에서 찾는 일은 결코 쉬운 일은 아니다.

"사전을 사용하라. 사전은 비평가들보다 낫다." 이 말은 Elizabeth Bishop이 학생들에게 한 말이다. 시인이 가장 적당한 단어를 찾느라 고심한다면, 독자는 적어도 그 단어의 의미를 알려고 노력해야 한다. 사전은 시를 읽을 때 확실한 아군이다. 우리가 일 세기 이전에 쓴 시를 읽는다면, 사전은 필수적이다.

---

6) 예를 들면 The Shorter Oxford English Dictionary에서 "good"이라는 단어는 명사일 때 5 가지, 형용사일 때 19 가지의 다른 의미를 가진 것으로 등록되어 있다.

단어의 의미는 변한다.

엘리자베스조 시인 Goerge Gascoigne이 "O Abraham's brats, O brood of blessed seed"라 말했을 때, "brats"라는 단어는 짜증이나 경멸의 의미를 함축하고 있지 않았다. 17세기 시인 Andrew Marvell이 사용한 "vegetable love"라는 표현은 채소 같은 사랑이라는 의미가 아니라 "성장하는 사랑(vegetative or growing love)"이라는 의미로 사용되었다. Anne 여왕(1702-14)이 막 완공된 세인트 폴 대성당을 보고 "awful, artificial, and amusing"이라 말했을 때, 건축가 Christopher Wren은 기쁘고 고마워서 어쩔 줄을 몰랐다 한다. 여기서 형용사 "awful"은 "경외감을 자아내게 하는(awe-inspiring)"이라는 의미로, "artificial"은 "솜씨가 뛰어난(artful)"이라는 의미로, 그리고 "amusing"은 "깊은 생각에 잠기게 만드는(stimulating to muse upon)"이라는 의미로 사용되었기 때문이었다. (Kennedy 58)

시를 읽을 때 모든 단어의 의미를 사전에서 찾을 필요는 없겠지만, 의미를 잘 모르겠거나 그 동안 의미가 변했으리라 생각되는 단어가 있으면 반드시 사전을 찾아 정확한 개념을 확인해야 한다. 대부분의 영영사전은 시를 읽는 데 도움이 되겠지만, 특히 OED는 지난 세월 동안 변천해온 단어의 개념과 용례를 기록하고 있어서 많은 도움을 준다.

시는 단어의 구상적 의미를 환기시켜주는 역할을 한다.

에머슨은 *Nature*에서 다음과 같이 설명했다: "윤리적 혹은 지적인 의미로 사용되는 모든 단어는 그 어원을 추적해보면 어떤 물질적 형상에서 유래한 것임을 알 수 있다. 'Right'는 'straight', 'wrong'은 'twisted'라는 의미에서 나온 단어이다; 'spirit'는 원래 'wind'의 의미를, 'transgression'은 '경계선을 넘는 것(the crossing of a line)'이라는 의미를, 'supercilious(super+cilium=eyebrow)'는 '눈썹을 치켜 올리는(raising an eyebrow)'이라는 의미를 갖고 있다." 이러한 구상적 의미는 사전에 기록된 단어의 어원을 보면 알 수 있다. 이를테면 "squirrel"의 어원적 의미는 "그림자 꼬리(shadow-tail)"이고, "daisy"의 어원적 의미는 "낮의 눈(the day's eye)"이다. (Kennedy 58-9)

다음 시는 비교적 단순하고 직설적인 작품이지만, 독자가 몇몇 단어의 사전적(어원적) 의미를 알아야 전체적인 의미를 파악할 수 있다. 가장 중요한 단어는 제목으로 쓰인 'aftermath'와 'rowen'이다. 이 시의 제목인 "aftermath"는 "후유증"이 아니라 "두 번째 베는 풀" 즉 "그루갈이"의 의미를 갖는다. "Aftermath"의 어원적 의미는 "after a mowing"이며, "rowen"은 "regain" 즉 "다시 베다"라는 의미에서 유래한 단어이다. 그리고 "fledged"는 "날다(fly)"라는 어원에서 나온 단어로서 "able to fly"라는 의미를 갖고 있다.

Aftermath

Henry Wadsworth Longfellow

When the summer fields are mown,
When the birds are fledged and flown,
  And the dry leaves strew the path;
With the falling of the snow,
With the cawing of the crow,
Once again the fields we mow
  And gather in the aftermath.

Not the sweet, new grass with flowers
Is this harvesting of ours;
  Not the upland clover bloom;
But the rowen mixed with weeds,
Tangled tufts from marsh and meads,
Where the poppy drops its seeds
  In the silence and the gloom.

[Note] *aftermath*: after mowing; *fledged*: able to fly; rowen: regain

그루갈이

여름 들판의 풀을 베고,
새들이 깃털이 돋아 날아가고,
　마른 잎들이 길에 뿌려지고 나면,
눈이 내리고,
까마귀 까옥까옥 울고,
우린 다시 한 번 풀을 베어
그루갈이를 거두어들인다.

이번에 우리가 거두는 것은
신선한 새 풀과 꽃이 아니요;
　고지의 클로버 꽃도 아니요;
잡초와 뒤엉킨 그루갈이이다.
고요와 어둠 속에서
양귀비가 씨를 흘리는 곳,
　습지와 목초지의 엉킨 덤불이다.

우리는 일상생활에서 여러 가지로 해석될 수 있는 단어의 사용을 되도록이면 피하려고 노력한다. 그러나 시인들은 그러한 단어의 사용을 오히려 즐기는 경향을 보인다. 왜냐하면 단어의 중의성(重義性)이 시적 효과를 높여주기 때문이다. 시인들은 최소한의 단어를 사용하여 최대의 의미를 압축하여 표현해야 하기 때문에 의도적으로 중의적인 단어를 사용한다. 단어의 중의성은 영어교육에서도 긍정적으로 작용하는 측면이 있다. 중의성은 시의 애매성(ambiguity)을 높인다. 다시 말해서 하나의 문장이나 한 편의 시는 여러 가지 의미로 해석될 수 있다. 시를 해석하는 데는 정답이 있을 수 없다. 이 점은 학생들이 시를 어렵게 생각하고 기피하는 경향을 조장할 수도 있지만, 교사가 지도하는 방법 여하게 따라 역으로 학생들로 하여금 적극적으로 토론에 참여하고자 하는 동기를 제공할 수도 있을 것이다.

[학습활동]

중의적인 단어가 많이 포함된 시를 선택한다. 중의어 목록을 만들고 각 단어의 의미를 모두 적는다. 그 중에서 같은 문맥에서 두 가지 이상의 의미로 해석될 수 있는 사례를 찾는다. 중의어가 작품의 의미에 기여한 바를 토론한다.

She Walks in Beauty

George Gordon Lord Byron (1788-1824)

She walks in beauty, like the night
  Of cloudless climes and starry skies;
And all that's best of dark and bright
  Meet in her aspect and her eyes:
Thus mellowed to that tender light
  Which heaven to gaudy day denies.

One shade the more, one ray the less,
  Had half impaired the nameless grace
Which waves in every raven tress,
  Or softly lightens o'er her face;
Where thoughts serenely sweet express
  How pure, how dear their dwelling-place.

And on that cheek, and o'er that brow,
  So soft, so calm, yet eloquent,
The smiles that win, the tints that glow,
  But tell of days in goodness spent,
A mind at peace with all below,
  A heart whose love is innocent!

그녀는 아름답게 걷는다

구름 한 점 없는 별이 총총한 밤하늘처럼
  그녀는 아름답게 걷는다.
어둠과 광명의 정수는 모두
  그녀의 얼굴과 눈 속에서 만나서:
하늘이 속되이 빛나는 낮에게 거절하는
  그런 부드러운 빛으로 무르익는다.

그늘이 한 점 더 많거나, 빛이 하나 모자랐더라면,
  온 새까만 머리카락마다 물결치는
혹은 부드러이 그녀의 얼굴을 밝혀 주는
  저 이루 말할 수 없는 우아함을 반이나 해쳤으리라,
그녀의 얼굴의 맑고 감미로운 사상은 표현해 준다
  그 사상의 보금자리가 얼마나 순결하며, 사랑스러운가를.

매우 상냥하고 침착하나 웅변적인
  그리고 저 뺨과 저 이마에서
사람의 마음을 사로잡는 미소, 훤히 피어나는 얼굴빛은
  말해 준다, 선량히 지냈던 시절,
지상의 모든 것과 화평한 마음,
  순진한 사랑의 심정을.

이 시는 바이런이 1814년 어느 날 무도회에서 검은 상복을 입은 처사촌 Robert John Wilmot 부인의 아름다움에 감명을 받아 쓴 작품이라고 한다. 우선 제목부터 여러 가지 의미로 해석될 수 있다. 여기서 "She walks in beauty"라는 말은 단순히 "그녀는 아름답게 걷는다"라는 의미만을 갖는 표현이 아니다. 이 말을 직역하면 "아름다움 속에서 걷다"가 된다. 이것은 그녀가 걸어 다니고 있는 장소가 아름답다는 의미이다. 그러나 사전에서 "walk in dirt"라는 표현은 "신에 진흙이 묻어 있어서 걸어 다니면서 온통

바닥에 진흙을 묻히다"라는 의미로 풀이되어 있다. 따라서 "She walks in beauty"라는 표현은 그녀 자신이 아름다움은 물론이고 그녀의 아름다움이 그녀가 걸어 다니는 세상을 아름답게 한다는 의미로도 해석된다. 다음은 이 시에 나오는 다중적 의미를 가진 단어와 그 단어들의 일차적 의미이다. 다음 단어들이 작품의 문맥에서 어떤 의미를 갖는지 생각해 보자.

clime:	region, climate, atmosphere
aspect:	the action of looking, the way of looking, countenance
mellow(v):	ripen, make soft, make slightly drunk
tender:	soft, delicate, gentle or sensitive, loving
heaven:	the sky, the abode of God, God, a place of supreme bliss
gaudy:	vulgarly colourful, splendid, very good
nameless:	obscure, unknown, unnamed, anonymous, inexpressible
grace:	attractiveness, beauty, elegance or refinement
wave:	move one's hand, brandish, move up and down, move to and fro, move in waves
lighten:	unload, become less heavy, descend, shine or burn brightly
sweet:	pleasing to the sense of taste, fragrant, melodious, charming or attractive, dearly loved, kind or good-natured
pure:	unmixed, homogeneous, faultless, innocent, chaste, simple, fine or excellent, sheer
dear:	noble, beloved, loving, lovable, highly esteemed, valuable
soft:	pleasant, not rugged, easy, not glaring, mild, not harsh, calm, tender, docile, foolish
win:	defeat, gain or acquire, attract, gain the affections
glow:	shine, emit bright light and heat without flame, burn with passion, make hot
below:	at a lower position, on earth, under the earth, downstairs, innocent: free from sin, naive or inexperienced, imbecile, harmless

[활용방법]

단어 자체는 두 가지 이상의 의미를 갖더라고 문맥 속에서 하나의 의미로만 해석될 경우도 있고, 문맥 속에서 두 가지 이상의 의미로 해석될 경우도 있다. 후자의 경우가 시의 의미를 풍부하게 만드는 데 기여하는 중의어이다. 문맥에 맞는 품사의 의미를 찾는다. 동사의 경우 자동사와 타동사를 구분하여 의미를 찾는다. 영시를 한국어로 번역하면 다의성을 파괴하는 결과를 초래한다. 이러한 관점에서 보면 시를 번역한다는 것이 얼마나 무모한 일인지 알 수 있다. 번역은 단지 문장구조를 파악하는 데 도움이 될 수 있을 뿐이다. 번역을 한 다음에는 반드시 중의성을 가진 단어의 의미를 설명해 주어야 한다.

6. 단어의 의미 파악하기(II)

단어의 이차적 의미는 주로 정서적 자질을 내포한다. 예를 들면 "home"의 일차적 의미는 "the place where one usually lives"이며, 이차적 의미는 "따뜻하고 위안을 주며 사랑이 있는 곳"이다. 시에서는 사전적 의미보다는 함축적 의미가 훨씬 더 중요시된다. 왜냐하면 시는 지식이나 정보의 전달이 아니라 정서를 환기하는 것을 목적으로 하는 글이기 때문이다. 따라서 시인들은 사전적 의미보다는 함축적 의미를 단어 선택의 기준으로 삼는다. 이 말은 일차적 의미가 중요하지 않다는 뜻이 아니다. 일차적 의미를 모르고서 이차적 의미를 안다는 것은 불가능하다. 시에서 일차적 의미는 이차적 의미의 토대가 되기 때문에, 일차적 의미를 정확하게 파악하는 것이 무엇보다도 중요하다. 특히 영어를 외국어로 학습하는 사람의 경우에 더욱 그러하다. 따라서 영어교사는 학생들에게 영영사전을 사용하여 단어의 일차적 의미를 정확하게 파악하도록 지도하여야 한다.

이차적 의미는 "home"처럼 어느 정도 객관성을 띠는 경우도 있지만 대체로 개인적 성격을 가질 때가 많다. 한 단어의 이차적 의미가 완전한 객관성을 확보하면 사전에 기록되어 일차적 의미로 정착되기도 한다. 이차적 의미는 개인의 경험에 따라, 그리고 그 단어가 사용되는 상황에 따라 얼마든지 달라질 수 있다. 그렇다면 시인들은 이처럼 불안정한 의미를 가지고 어떻게 의도한 정서적 의미를 독자의 마음속에 환기할 수 있을까? 그 대답은 이러하다. 즉, 시인들은 비교적 보편성을 가진 함축적 의미를 사용하기도 하지만, 개인에 따라 달라질 수 있는 단어의 이차적 의미를 문맥으로 통제한다. 즉 한 단어의 의미는 하나의 문장 또는 전체 작품 안에서 결정된다. 예를 들면 "장미"라는 단어는 "아름다움," "사랑," "고통," "열정," "요염," "유혹," "시기," 등 개인적 경험에 따라 여러 가지 이차적 의미를 가질 수가 있을 것이다. 그러나 이처럼 다양한 의미는 "a red rose," "a yellow rose," "a black rose," "a rose in June"처럼 수식어 하나만 붙어도 그 의미의 폭이 좁아진다. 그리고 이 단어가 완전한 문장 속에 들어가면 그 의미의 폭은 더욱 축소된다.

Gather roses while you may. (즐길 수 있을 때 즐겨라.)
Every rose has its thorn. (모든 장미에는 가시가 있다.)
Life is not always a bed of roses. (인생은 항상 편안하지만은 않다.)

이와 같이 문맥에 의해 생성된 이차적 의미는 오래 사용되다 보면 일차적 의미로 정착된다. 위의 예문들은 이미 사전에 수록되어 있고 "rose"의 개념에는 연상에 의해 이차적으로 생겨난 "ease," "comfort," "pleasure" 등의 의미가 기록되어 있다. 시인들은 객관성을 획득한 이차적 의미를 다시 사용하거나, 전혀 다른 문맥에 넣어 새로운 이차적 의미를 창조하기도 한다.

[학습활동]

특정한 소재("장미")를 다룬 짧은 작품을 선정한다. 학생들을 소집단으로 나누어 작품의 소재가 될 단어를 제시하고 영영사전을 사용하여 그 단어의 개념을 찾게 한다. 그 단어의 연상적 의미를 생각나는 대로 모두 적게 한다. 시를 제시하고, 소집단 내에서 연상적 의미가 어떻게 사용되어 있는지 확인시킨다. 각 조의 대표가 전체 학급에 발표하고 토론하게 한다.

To the Virgins, to Make Much of Time

Robert Herrick (1591-1674)

Gather ye rosebuds while ye may,
Old Time is still a-flying;
And this same flower that smiles to-day
To-morrow will be dying.

The glorious lamp of heaven, the sun,
The higher he's a-getting,
The sooner will his race be run,
And nearer he's to setting.

That age is best which is the first,
When youth and blood are warmer;
But being spent, the worse, and worst
Times still succeed the former.

Then be not coy, but use your time,
And while ye may, go marry;
For having lost but once your prime,
You may for ever tarry.

처녀들이여, 즐길 수 있을 때 즐겨라

장미꽃봉오리는 딸 수 있을 때 따라,
늙은 시간은 손살 같이 지나간다.
오늘 미소 짓는 이 꽃은
내일이면 시들어버린다.

찬란한 하늘의 등불인 태양은
높이 솟으면 솟을수록,
빨리 달리면 달릴수록,
그만큼 빨리 지고 만다.

청춘과 피가 뜨거운 젊은 날이
가장 좋은 시절이다.
지나고 나면, 점점 더 나빠져서,
시간은 앞서거니 뒤서거니 흘러간다.

그러니 수줍어 말고 즐겨라
할 수 있을 때 결혼을 하라
한 번 청춘을 잃어버리면,
영원히 그대로 머물리니.

[활용방법]

하나의 소재를 다룬 여러 편의 시를 같이 읽는 방법은 이차적 의미를 비교해 볼 수 있는 이점을 제공한다. 핵심적인 단어들의 개념을 반드시 영영 사전에서 확인한다. 단어의 의미가 어떻게 분화되고 변천해왔는가를 조사한다. 사전에 관용적 어법(숙어)으로 기록되어 있는 표현들의 기원을 찾아본다.

[읽기연습 1] 다음은 Robert Burns의 "Ye Banks and Braes"이다. 이 시에서 "rose"의 이차적 의미가 어떻게 사용되어 있는지 알아보자.

Ye banks and braes o' bonnie Doon,
    How can ye blume sae fair!
How can ye chant, ye little birds,
    And I sae fu' o' care!

Thou'll break my heart, thou bonnie bird
    That sings upon the bough;
Thou minds me o' the happy days
    When my fause Love was true.

Thou'lt break my heart, thou bonnie bird
    That sings beside thy mate;
For sae I sat, and sae I sang,
    And wist na o' my fate.

Aft hae I roved by bonnie Doon
    To see the woodbine twine,
And ilka bird sang o' its love;
    And sae did I o' mine.

Wi' lightsome heart I pu'd a rose,
    Frae aff its thorny tree;
And my fause lover staw the rose,
    But left the thorn wi' me.

[읽기연습 2] 다음은 William Blake의 "The Sick Rose"이다. 이 시에서 "rose"의 이차적 의미가 어떻게 나타나 있는지 알아보자.

The Sick Rose

William Blake.

O Rose, thou art sick!
The invisible worm
That flies in the night,
In the howling storm,

Has found out thy bed
Of crimson joy:
And his dark secret love
Does thy life destroy.

[Note] 이 시는 단 두 문장으로 된 짧은 작품이지만 해석하기가 결코 쉽지 않다. 이 시에서 장미가 갖는 이차적 의미는 블레이크의 다른 작품과 함께 읽어야 그 폭이 좁혀진다. 이 시에서 "진홍색 쾌락의 잠자리"는 병들지 않은 장미의 순수성 또는 순수한 사랑을 의미한다. 장미가 병이 들게 된 것은 제도화된 사랑 때문이다.

[읽기연습 3] Edmund Waller의 "Go, Lovely Rose," Robert Burns의 "A Red, Red Rose," W. B. Yeats의 "The Rose of Peace," Robert Frost의 "The Rose Family," Vachel Lindsay의 "The Rose of Midnight" 등 장미를 소재로 다룬 다른 작품들을 읽고 장미의 연상적 의미를 비교해 보자.

7. 단어의 유기적 관계 파악하기

단어 선택의 네 번째 기준은 전체 작품과의 유기적 관련성이다. 시는 하나의 유기적 전체를 이룬다. 시는 하나의 유기체이다. 유기체의 특징은 모든 구성 요소가 긴밀하게 연결되어 하나의 완전한 전체를 이루는 데 있다. 모든 단어는 결국 문장 구조 안에서 제 기능을 하며, 문장은 글의 단락 또는 시의 연 안에서 제 기능을 하며, 각각의 연은 전체 작품 속에서 제 기능을 하도록 되어 있다. 따라서 최종적인 단어의 선택은 전체 작품의 구조에 의해 결정된다. 이런 측면에서 시는 산문과 다르지 않다.

시든 산문이든 하나의 글을 구성하는 기본적인 원리는 동일하다. 단어가 모여서 구(phrase)가 되고, 구가 모여서 절(clause)이 되고, 절이 모여서 문장(sentence)이 된다. 그리고 문장이 여러 개 모여서 단락(paragraph)을 이룬다. 시의 경우에는 연(stanza)이라 불리지만, 무운시의 경우 verse paragraph라는 용어가 사용된다. 여러 개의 문장을 배열하여 하나의 단락을 구성하는 원리는 통일성과 일관성 그리고 연속성이다.

① **통일성**(unity): 하나의 단락은 반드시 하나의 주제(topic)를 다룬 문장들만으로 이루어져야 한다. 주제가 다른 문장은 별도의 단락으로 구성되어야 한다. 일반적으로 글을 쓸 때 제목을 달고 글의 주제를 여러 개의 소주제로 나눈다. 이 때 각각의 소주제가 단락의 주제가 될 수 있다.

② **일관성**(coherence): 단락 내에서 문장을 배열하는 데에도 원칙이 있다. 모든 글에는 시작과 중간과 끝이 있게 마련이다. 흔히 하나의 사건을 다룰 때 그 사건이 일어난 시간 순서대로 진술한다든지, 장면 묘사를 할 때는 왼쪽에서 오른쪽으로 또는 위에서 아래로 묘사한다든지 하는 일관된 원칙을 따른다. 논리적인 글은 인과율, 연역법, 귀납법, 삼단논법 등 논리 전개를 하는 어떤 원칙에 따라 구

성된다.

③ **연속성(continuity):** 하나의 글이 유기적 전체를 이루려면 한 문장과 다음 문장이 매끄럽게 연결되어야 한다. 문장과 문장 사이를 부드럽게 연결해주는 역할을 하는 말을 연결사(connectives)라 한다. 영어의 연결사는 and, but, however, in brief, then, in conclusion, therefore 등 수없이 많다.

이상 세 가지 원리 이외에도 하나의 글이 완전한 글이 되려면 완결성(completeness)을 가져야 한다. 마치 다루다 만 것 같은 느낌을 준다면 완성된 글이라 할 수 없을 것이다. 그리고 시의 경우에는 산문과 달리 운율의 구조가 문장을 배열하는 틀을 제공한다. 운율 구조가 논리적 일관성보다 우선시될 수도 있다.

[학습활동]

학생들을 3~4명의 소집단으로 나누고 유기적 구조를 설명하기에 적당한 열 줄 내외의 짧은 시를 제시한다. 먼저 시를 문장 단위로 나누고, 각 문장이 어떤 공통된 제재를 다루고 있는지 살펴본다. 각 문장에서 중요한 단어들을 모아 어떤 공통된 의미 연상을 일으키는지를 분석한다. 그리고 각 문장이 어떤 원리에 따라 배열되어 있는지 알아본다. 그 다음 어떤 연결어를 사용하여 문장과 문장을 매끄럽게 연결하고 있는지 조사한다.

Nothing Gold Can Stay

Robert Frost

Nature's first green is gold,
Her hardest hue to hold.
Her early leaf's a flower;
But only so an hour.
Then leaf subsides to leaf.
So Eden sank to grief,
So dawn goes down to day.
Nothing gold can stay.

자연의 첫 녹색은 황금이다,
지탱하기에 가장 어려운 색깔이다.
자연의 이른 새싹은 꽃이다;
그러나 한 시간도 채 못간다.
그리고 잎은 잎으로 내려간다.
그처럼 에덴은 슬픔에 잠겼다,
그렇게 새벽은 한 낮이 된다.
금빛인 것은 머물지 못한다.

이 시는 유기적 구조를 잘 보여주는 작품이다. 이 시의 주제는 무상(無常)이다. 이 세상 모든 것은 변한다. 그대로 머물러 있는 것은 아무것도 없다. 이 주제를 표현하는 데 필요한 단어는 green, gold, leaf, Eden, dawn 등이다. "자연의 첫 녹엽은 금이다": "green"의 일차적 의미는 초록색, 녹엽, 녹지, 공유지 등이다. 이 문맥에서는 "first green"은 이른 봄에 처음 피어나는 새싹을 의미한다. 그리고 "gold"의 일차적 의미는 금, 귀중한 것, 금화, 재화, 황금색 등인데, 이 문맥에서는 "황금색"과 "귀중한 것"이라는 이중적 의미를 갖는다. 자연의 새싹은 처음 돋아날 때는 노란 빛을 띠지만 금방 초록색으로 변한다. 그 다음 문장 "Then leaf subsides to leaf"에서 앞의 "leaf"는 "first green" 즉 황금색 새싹이고, 그 다음의 "leaf"는 녹색으로 변한 잎이다. 세 문장의 주어인 "leaf," "Eden," "dawn"은 각각 일년의 시작인 봄, 인류 역사의 시작인 에덴, 그리고 하루의 시작인 새벽을 의미한다. 게다가 "에덴"은 "gold"가 연상시키는 "황금시대"라는 의미와 연결되어 있다. 기독교 신화의 에덴은 세속신화의 황금시대에 해당한다.

문장을 배열하는 순서는 하루, 일 년, 인류 역사의 순서가 되거나 그 반대가 되어야 하지만, 이 작품에서는 각운 때문에 순서가 일부 바뀌어 있다. 세 문장의 동사 "subside"와 "sink to"는 모두 "go down to"와 같은 의미를 가지며, 높은 상태에서 낮은 상태로 "타락하다"라는 의미를 함축하고 있다.

이 시의 구성 원리는 세 가지 개별적인 사례를 열거한 다음 "금빛 물건을 오래 머물지 못 한다"라는 일반화로 끝을 맺는 귀납법이다. 그리고 but, then, so, so라는 연결사에 의해 연속성이 부여되어 있다. 이와 같이 이 시는 통일성과 일관성 그리고 연속성을 완벽하게 갖춘 하나의 유기적 전체를 이루고 있다.

[활용방법]

시의 유기적 구조를 파악하는 방법은 모든 작품에 적용된다. 다양한 작품을 읽고 글의 구성 원리를 확인해 두자. 시는 운율 구조에 의해 일관성이 다소 미흡할 수도 있다. 그러나 시를 산문으로 다시 쓸 때는 일관성의 원칙을 지켜서 쓰도록 해야 한다.

[읽기연습 1] 다음 시에는 어떤 원리에 따라 구성되어 있으며, 어떤 논리 적 모순이 들어 있는지 확인해 보자.

The Lost Doll

Charles Kingsley (1819-1875)

I once had a sweet little doll, dears,
  The prettiest doll in the world;
Her cheeks were so red and white, dears,
  And her hair was so charmingly curled.
But I lost my poor little doll, dears,
  As I played in the heath one day;
And I cried for her more than a week, dears,
  But I never could find where she lay.

I found my poor little doll, dears,
  As I played in the heath one day;
Folks say she is terribly changed, dears,
  For her paint is all washed away,
And her arms trodden off by the cows, dears,
  And her hair not the least bit curled;
Yet for old sakes' sake, she is still, dears,
  The prettiest doll in the world.

[읽기연습 2] 다음 작품의 구성 원리를 알아보자.

Music, when soft voices die,
Vibrates in the memory,
Odours, when sweet violets sicken,
Live within the sense they quicken.

Rose leaves, when the rose is dead,

Are heaped for the beloved's bed;
And so thy thoughts, when thou art gone,
Love itself shall slumber on.

(P. B. Shelley)

[읽기연습 3] 다음 작품의 구조를 파악해 보자.

To his Coy Mistress

Andrew Marvell (1621-1678)

Had we but world enough, and time,
This coyness, lady, were no crime.
We would sit down and think which way
To walk, and pass our long love's day;
Thou by the Indian Ganges' side
Shouldst rubies find; I by the tide
Of Humber would complain. I would
Love you ten years before the Flood;
And you should, if you please, refuse
Till the conversion of the Jews.
My vegetable love should grow
Vaster than empires, and more slow.
An hundred years should go to praise
Thine eyes, and on thy forehead gaze;
Two hundred to adore each breast,
But thirty thousand to the rest;
An age at least to every part,
And the last age should show your heart.
For, lady, you deserve this state,
Nor would I love at lower rate.

But at my back I always hear
Time's winged chariot hurrying near;
And yonder all before us lie
Deserts of vast eternity.
Thy beauty shall no more be found,
Nor, in thy marble vault, shall sound
My echoing song; then worms shall try
That long preserv'd virginity,
And your quaint honour turn to dust,
And into ashes all my lust.
The grave's a fine and private place,
But none I think do there embrace.

Now therefore, while the youthful hue
Sits on thy skin like morning dew,
And while thy willing soul transpires
At every pore with instant fires,
Now let us sport us while we may;
And now, like am'rous birds of prey,
Rather at once our time devour,
Than languish in his slow-chapp'd power.
Let us roll all our strength, and all
Our sweetness, up into one ball;
And tear our pleasures with rough strife
Thorough the iron gates of life.
Thus, though we cannot make our sun
Stand still, yet we will make him run.

8. 시적 비유 읽기

시적 비유는 시의 본질적 요소의 하나이다. 시는 고도로 압축된 표현을 사용한다. 의미를 압축하는 수단이 바로 비유법이다. 시의 언어가 일상어와 다른 점이 바로 비유를 통한 연상과 논리의 비약일 것이다. 시의 언어는 과학의 언어와 다르다. 과학적 진술은 감정의 개입을 엄격하게 배제하고 사실에 입각한 정보를 정확하게 전달하는 언어이지만, 시적 진술은 사실이 아니라 감정에 충실한 언어이다. 우리는 어떤 사람의 잠재적 가능성을 표현하기 위해 "그 사람은 가공하지 않은 다이아몬드이다"라는 비유를 사용한다. 과학의 관점에서 보면 사람이 다이아몬드일 수 없기 때문에 이 진술은 허위이다. 영국의 시인 번즈(Robert Burns)는 다음과 같이 사랑을 붉은 장미에 비유한다.

> O my Luve's like a red, red rose,
> That's newly sprung in June.

비유의 구성요건: 비유는 일종의 비교(comparison)이며, 이질적인 두 사물의 결합양식이다. 비유는 두 요소로 구성된다: 비유를 단순화하면 [A is B] 또는 [A is like B]의 형태가 된다. 일반적으로 A를 원관념(tenor), B를 보조관념(vehicle)이라 부른다. 원관념과 보조관념이라는 용어 대신에 주지(主旨)와 매체(媒體)라는 용어를 사용하기도 한다. 비유의 근거는 두 사물 사이의 유사성 또는 동질성이다. 그러나 동질성 못지않게 중요한 것은 두 사물 사이의 상이성 또는 이질성이다. 다시 말해서 비유는 이질적인 두 사물 사이의 유사성의 발견이다. 하나의 비유에서 동질성이 크면 클수록 재미없고 진부한 비유가 되고, 이질성이 크면 클수록 긴장감과 참신성이 생긴다. 시인은 외견상 유사성이 없어 보이는 두 사물 사이에서 유사성을 발견한다. 이질성을 극대화한 비유를 기상(奇想: conceit)이라 부른다.

비유의 종류: 대표적인 시적 비유는 직유와 은유이다. 직유(Simile)는 [A is like B] 형태의 비유이다. 직유에는 like 대신에 as, such~as, as if 등의 표현이 사용되기도 한다. 은유는 [A is B] 형태의 비유이다. 은유는 [A is B] 형태뿐만 아니라, the eye of a needle과 같이 [of + 명사구], night's candle (별)처럼 소유격의 형태를 사용하기도 한다. 그 밖의 비유법으로는 의인법(personification), 풍유(allegory), 상징(symbol), 과장법(hyperbole), 환유(metonymy), 제유(synedoche), 인유(allusion), 역설(paradox) 등이 있는데, 그 자세한 내용은 문학 이론서를 통해 공부해 둘 필요가 있다.7)

직유와 은유의 차이: 직유와 은유의 차이는 단지 연결어(like, as, 등)가 있고 없고의 차이가 아니다. 일반적으로 직유는 두 사물이 가진 한 가지 특징에 관해 언급한 것이다. 반면에 은유는 유사성이 한 가지에만 국한되지 않는다. "He eats like a pig"이라는 직유는 한 가지 측면, 즉 식사습관 면에서 비교한 것이다. 그러나 "He's a pig"라고 말하면, 그 사람은 외양뿐만 아니라 도덕적으로도 돼지를 닮았다는 것을 의미한다. (Kennedy 121)

다음은 은유의 기능에 대해 설명한 글이다.

How Metaphors Enlarge a Poem's Meaning

Poems have the particular power of helping us see one thing by pointing out another. One of the most distinctive ways poems manage this feat is by calling a thing by a different name, in other words, by creating a metaphor. Paradoxically, by connecting an object to something else, a metaphor can reveal interesting aspects of the original thing we might either never have noticed or have considered unimportant.

Usually we can see the main point of a good metaphor immediately, but in interpreting a poem, the practical issue sometimes arises on how far to

7) Bergman and Epstein (1983), pp. 125-190. 김진우, 『시와 언어』 (서울: 한국문화사, 1998), pp. 318-344. 최영승 『영미시의 감상과 이해』 (인천: 우용출판사, 2002), pp. 79-138. 김준오, 『시론』 (서울: 도서출판 삼영사원, 2007), pp. 174-256.

extend a comparison. All readers recognize that metaphors enlarge meaning, but they also know that there is always some limit to the comparison and that in most poems the limit remains unstated. If at the dinner table a big brother calls his kid brother "a pig," he probably does not mean to imply that the child has a snout and a kinky tail. Most metaphors have a finite set of associations—even insults from a big brother.

If you plan an essay on a highly metaphorical poem, it is often useful to examine the key comparison or comparisons in the poem. Jot down the major metaphors (or similes). Under each comparison make a two-column list—one marked "true," the other "false." Now start exploring the connections between the object the poem presents and the thing to which it is being compared. What aspects of the comparison are true? Make this list as long as possible. In the second list write the aspects that the two objects do not truly share; this list soon sets the limits of the metaphorical connections. In poems in which the metaphor is rich and resonant, the "true" list will be much longer than the "false" list. In other poems, those in which the metaphor is narrowly focused on only limited connections between the two objects, the "false" list will quickly outpace the "true" list. Finally, once you have listed the key comparisons in the poem, see if there is any obvious connection between all the metaphors or similes themselves. Do they have something in common? Are all of them threatening? Inviting? Nocturnal? Exaggerated? Their similarities, if any, will almost certainly be significant.

Don't spend more than a few minutes on each list. The object is not to list every possible connection, but only to determine the general scope of the metaphor and its implications. If the poem has a central metaphor, its scope and function should now be clear. (Kennedy, *An Introduction to Poetry*, pp. 139-40)

隱喩는 시의 의미를 확장한다.

시는 하나의 사물을 가리키면서 다른 사물을 보여주는 특별한 힘을 가지고 있다. 시가 이런 묘기를 부리는 가장 분명한 방법의 하나는 어떤 사물을 다른 이름으로 부르는 것, 즉 은유를 창조하는 것이다. 역설적으로 하나의 사물을 다른 것과 연결함으로써 은유는 우리가 보지 못했거나 중요시하지 않았던 사물의 흥미로운 본래의 양상을 드러내 보여준다.

훌륭한 은유는 흔히 핵심적 의미를 즉각적으로 보여주지만, 시를 해석할 때는 어디까지 비유를 확대하느냐 하는 실제적 문제가 대두된다. 모든 독자는 **은유가 의미를 확장한다**는 것을 알고 있으며, **비유에는 어떤 한계가 있다는 것**과 대부분의 시에서 그 한계는 언급되어 있지 않다는 사실을 알고 있다. 만약 저녁 식탁에서 큰형이 막내 동생을 돼지라 부른다면, 형은 동생이 돼지주둥이와 배배 꼬인 돼지꼬리를 갖고 있다는 의미로 그렇게 부르지는 않았을 것이다. 대부분의 은유는 일련의 유한한 연상적 의미를 갖고 있다—여기서 큰형은 동생을 모욕하려는 의도로 그러한 표현을 사용했다.

만약 은유가 풍부한 시를 분석하여 논문을 쓰려고 한다면, 그 시에 들어있는 중요한 은유를 분석하는 것이 도움이 된다. 중요한 은유(또는 직유)를 종이에 적어보라. 각 비유 아래에 두 단으로 된 목록을 만들고 한 단에는 "참(공통점)"이라고, 다른 단에는 "허위(차이점)"라고 표기하라. 자 이제 시가 제시하는 사물과 그것의 비교 대상물 사이의 관계를 찾아보라. 비유의 어떤 측면이 "참"인가? 가능한 한 "참"의 목록을 길게 써보라. 둘째 목록에는 두 사물이 공유하고 있지 않은 특징을 기록하라. 이 목록은 곧 은유적 관계의 한계를 분명히 보여줄 것이다. 은유가 풍부하고 공명효과를 보이는 시에서는 "참"의 목록이 "허위"의 목록보다 훨씬 더 길어질 것이다. 그와는 반대로 은유가 두 사물이 가진 유한한 관계에만 좁게 집중된 시의 경우에는 "허위" 목록이 "참"목록보다 길어질 것이다. 마지막으로 주요 은유 목록을 완성한 다음 이 은유(직유)들 사이에 어떤 분명한 관련성이 있는지 살펴보라. 은유가 모두 위협적인가? 아니면 모두 밤과 관련된 것인가? 아니면 모두 과장된 것인가? 여러 비유 상호간에 어떤 공통점이 있다면, 그 공통점은 분명히 의미 있는 특징이 될 것이다.

각각의 목록에 이삼분 이상의 시간을 할애하지 말라. 우리의 목표는 모든 관계를 열거하는 것이 아니라 은유와 그 함축적 관계의 일반적 범위를 확인하는 것이다. 중심 심상이 있다면 그 범위와 역할은 이제 분명해질 것이다.

다음 시를 읽고 은유가 어떤 기능을 하는지 살펴보자.

Watermelons

Charles Simic

Green Buddhas
On the fruit stand.
We eat the smile
And spit out the teeth.

시인은 과일 판매대 위에 놓인 둥근 수박을 부처님 얼굴에 비유한다. 먹음직하게 잘라 놓은 수박 조각은 부처님의 미소가 된다. 그리고 미소 짓는 붉은 속살에 박힌 수박씨는 부처님 입 속에 들어 있는 치아에 비유한다. 그래서 "미소를 먹고 / 이빨을 뱉어 낸다"고 표현한다. 시인은 수박을 보고 수박을 먹는 즐거움을 표현하기 위해 수박을 부처님 얼굴로 변형시키고 있다. 이 시는 "Watermelons are green Buddhas"라는 하나의 중심 은유로 구성되어 있다. 시의 제목인 "Watermelons"가 이 은유의 원관념이며, "Green Buddhas"가 보조관념이다. 흔히 원관념은 추상개념이 사용되고 보조관념은 구체적 감각인상을 전달하는 심상으로 이루어지지만, 이 작품의 은유는 두 요소가 모두 구체적 심상으로 이루어져 있다. 그리고 이 중심 은유에서 "The cut wedges are his smiles"와 "The seeds are his teeth"라는 하위 은유를 발전시키고 있다.

To-morrow, and to-morrow, and to-morrow,
Creeps in this petty pace from day to day,
To the last syllable of recorded time;
And all our yesterdays have lighted fools
The way to dusty death. Out, out, brief candle!

Life's but a walking shadow, a poor player,
That struts and frets his hour upon the stage,
And then is heard no more. It is a tale
Told by an idiot, full of sound and fury,
Signifying nothing. (*Macbeth*, V. v. 19-28)

내일 그리고 내일 그리고 내일이
기록된 시간의 마지막 음절을 향하여
이 작은 발걸음으로 나날이 기어간다;
그리고 모든 우리의 어제는 바보들에게 먼지 나는
죽음의 길에 불을 밝혀주었다 꺼져라, 꺼져라, 짧은 촛불이여!
인생은 단지 걸어 다니는 그림자요, 한낱 어설픈 연기자일 뿐,
무대 위에서 자기 시간을 뽐내며 걷고 짜증내며 보낸 후
더 이상 아무 소리도 들리지 않는다. 인생은
무의미한 소음과 노기로 가득 찬
천치가 말해주는 한 토막의 이야기.

위의 인용은 유명한 맥베스의 독백인데, 한 편의 독립된 시로서도 손색이 없다. 셰익스피어는 타의 추종을 불허할 만큼 은유의 발전에 기여했다. 그는 은유의 가치와 위력을 대담하게 보여주었다. 그는 언어와 시에 대한 천재적인 통찰력을 보여주었고, 은유를 응용하여 환유, 제유, 기상 등을 만들어냈다.[8)] 위에 인용한 구절은 모두가 은유로 이루어져 있다. 셰익스피어는 <인생은 연극이다>라는 은유를 근간으로 삼아 이 작품 전체를 하나의 확장된 은유(extended metaphor)로 만들어 놓았다. 우선 처음 세 줄은 시간을 작은 벌레에 비유한 은유이다. 그 다음 문장에는 다섯 개의 은유가 들어있다: "모든 우리의 어제들"이 바보들에게 죽음으로 가는 길에 "불을 밝혀주었다"라는 표현은 의인화이다; 인간은 모두 바보들에 비유되어 있다; 인생은 죽음으로 가는 먼지 나는 길에 비유되어 있다; 그리고 "기록된 시간" 역시 인생

8) 김진우, 『시와 언어』 (서울: 한국문화사, 1998), pp. 122-124,

을 의미하는 은유이다; “기록된 시간의 마지막 음절”은 죽음의 순간을 의미하는 은유이다. 그 다음의 “꺼져라, 꺼져라, 짧은 촛불이여!” 역시 은유이다. 여기에는 두 개의 은유가 들어있다: 그는 한 인간의 일생을 초 한 개가 타는 데 걸리는 시간에 비유하고 있다. 그리고 그 촛불이 꺼지는 것이 곧 죽음이다. 그 다음에 이 구절의 핵심적인 은유가 나온다. <인생은 걸어 다니는 그림자다>라는 은유와 <인생은 연기자다>라는 은유가 잇달아 제시되어 있다. 그리고 마지막으로 인생이라는 연극의 내용을 백치가 들려주는 이야기에 비유한다. 시인은 인생이 바보가 들려주는 이야기처럼 “소음과 노기”로만 가득 차 있을 뿐 아무런 의미가 없다는 말로 이 작품을 끝맺는다. 이 작품에는 11개의 작은 은유들이 유기적으로 결합하여 <인생은 연극이다>라는 하나의 중심 은유를 만들어내고 있으므로, 이처럼 짧은 한 편의 시에 자그마치 12 개의 은유가 들어 있는 셈이다. 이 작품에는 그밖에도 여러 가지 비유들이 바탕에 깔려 있어 작품의 세부를 드러내는 데에 기여하고 있다. 왜 인생을 “기록된 시간”이라 표현했을까? 왜 인간을 바보라 말했을까? 인생이 연극이라면, 희곡 작품 또는 대본을 쓴 이가 있을 것이고, 우리들 각자는 그 연극의 주인공이라 할 수 있을 것이다. 배우는 주어진 대본을 앵무새처럼 지껄이는 어릿광대와 같으므로 바보에 비유되어 있다. 그리고 인생의 길이는 대본에 기록된 음절의 수로 계산된다. 이처럼 수많은 비유를 하나로 엮어 통일성과 일관성을 가진 유기적 구조를 만들어낸 것을 보면, 이 작품 하나만으로도 가히 셰익스피어의 천재성을 짐작하고도 남음이 있을 것이다.

[학습활동]

시의 은유와 직유에 대해 예를 들어 설명한다. 시적 비유가 들어 있는 짧은 작품을 선택한다. 시를 각 조별로 나누어주고 비유법을 찾는다. 이 때 비유의 구성요소인 원관념과 보조관념을 찾아내어 [A is (like) B]의 문장을 쓰게 한다. 시적 비유가 어떤 심상을 만들어내며, 시의 주제와 어떤 상관성이 있는지 연구한다. 각 조의 대표학생에게 발표를 시키고, 전체 학생들을 토론에 참여시킨다.

She Dwelt Among the Untrodden Ways

William Wordsworth (1770-1850)

She dwelt among the untrodden ways
Beside the springs of Dove,
A Maid whom there were none to praise
And very few to love:

A violet by a mossy stone
Half hidden from the eye!
—Fair as a star, when only one
Is shining in the sky.

She lived unknown, and few could know
When Lucy ceased to be;
But she is in her grave, and, oh,
The difference to me!

이 시는 워즈워스의 루시 시편들(Lucy poems) 중의 하나이다. 이 시에는 직유와 은유가 포함되어 있다. 각각의 비유를 문장 형식으로 써보자. 시인은 이 두 가지 비유를 사용하여 Lucy라는 여인의 성격을 구체화하고 있다. 루시는 어떤 인물인지 설명해보자. 그리고 시인은 제1연의 진술로써 은유에 의미를 부여하는 한편, 제3연의 진술로써 직유의 의미를 해석하고 있다. 이 시는 두 개의 심상을 중심으로 완벽한 대칭적 구조를 이루고 있다.

[활용방법]

비유는 언어의 본질이며 언어학습에서 중요한 부분이다. 다양한 비유를 익혀 평소의 대화에 사용할 수 있도록 연습시킨다. 다양한 비유법을 수집하여 종류별로 분류해 본다. 일상생활에 사용하는 언어에서 비유법을 찾아 목록을 만들게 한다. 어떤 것이 참신한 비유이며, 어떤 것이 진부한 비유인지 확인한다. 시적 비유를 모방하여 학생들 스스로 비유가 들어 있는 문장을 써보게 한다.

[읽기연습 1] 다음은 Emily Dickinson의 시 "Hope"이다. 이 시에 어떤 비유법이 사용되고 있는지 공부해보자.

Hope

Hope is the thing with feathers
That perches in the soul,
And sings the tune—without the words,
And never stops at all,

And sweetest in the gale is heard;
And sore must be the storm
That could abash the little bird
That kept so many warm.

I've heard it in the chillest land,
And on the strangest sea;
Yet, never, in extremity,
It asked a crumb of me.

[Commentary]

Dickinson defines hope with a metaphor, comparing it to a bird. Dickinson introduces her metaphor in the first two lines, "Hope is the thing with feathers/That perches in the soul." Throughout the entire poem, this metaphor develops through Dickinson's comparison of characteristics between hope and a bird, whatever is being said of the bird applies to hope, and the application to hope is Dickinson's point in this poem. It is obvious that a bird "sings the tune," but Emily's version of a bird, "sings a tune—without the words, and never stops at all." In the soul where this bird has perched on, sings wordlessly and without pause. Like the bird, hope comes from one's soul, and "never stops at all," meaning that an individual does not stop hoping. Like the tune without words, hope also is not a matter of words. It is a feeling about the future both of desire and expectation.

The development of this metaphor continues as Dickinson describes how the bird reacts to hardships. A storm must be impossibly brutal to "abash the little bird." The bird continues to survive as it can be found everywhere. The "chillest land" to the "strangest sea," symbolizes hope's presence under the worst and most threatening circumstances.

Hope reacts in the same way. For hope to be "abashed," "sore must be the storm," or fatal must be the hardship. "That kept so many warm" is an appropriate characteristic of hope and a bird. Similar to a bird's constant and comforting melodies, hope's constant reassurance "has kept so many warm" in times of hardships.

[읽기연습 2] 다음 시는 A. E. Housman의 "With Rue My Heart Is Laden" 이다. 이 시에는 어떤 비유가 사용되어 있는지 공부해보자.

With Rue My Heart Is Laden

With rue my heart is laden
  For golden friends I had,
For many a rose-lipt maiden
  And many a lightfoot lad.

By brooks too broad for leaping
The lightfoot boys are laid;
The rose-lipt girls are sleeping
In fields where roses fade.

9. 시의 화자(speaker) 찾기

시에도 산문의 경우처럼 말하는 사람이 있다는 사실을 알아야 한다. 일인칭으로 되어 있는 서정시라 할지라도 시인이 곧 화자라고 생각하면 안 된다. 시를 읽을 때는 먼저 누가, 누구에게, 무슨 일로 말을 하고 있는지 아는 것이 중요하다. 그리고 시의 작중 화자가 하는 말을 듣는 사람은 작품 속에 나와 있을 수도 있고 나오지 않을 수도 있다. 듣는 사람이 따로 없는 경우에는 독자가 듣는 사람이 된다.

[학습활동]

구체적 상황이 포함된 짧은 시를 선택한다. 학생들을 소집단으로 나누어 작품을 주고 다음 질문에 답하게 한다: ① 누가 말을 하는가? ② 누구에게 말을 하고 있는가? ③ 작중 화자는 무슨 일로 말을 하고 있는가? 소집단별로 연구한 것을 전체 학급에 발표시킨다.

Mother, I Cannot Mind My Wheel

Walter Savage Landor (1775-1864)

Mother, I cannot mind my wheel;
  My finger ache, my lips are dry:
Oh! if you felt the pain I feel!
  But oh, who ever felt as I?

No longer could I doubt him true;
  All other men may use deceit:
He always said my eyes were blue,
  And often swore my lips were sweet.

엄마, 난 물레질을 할 수가 없어요;
  손가락이 아프고, 입술이 메말랐어요:
아! 엄마가 내 고통을 느낄 수만 있다면!
  그러나 아, 누가 내 고통을 느꼈으랴?

그 사람의 진실됨을 의심할 수가 없었어요;
  다른 사내들이 모두 속임수를 쓴다 해도:
그는 언제나 내 눈이 파랗다고 말했어요,
  그리고 종종 내 입술이 달콤하다고 말했어요.

첫 문장에서 우리는 딸이 어머니에게 말하고 있음을 알 수 있다. 딸은 물레질을 하면서 손가락이 아프고 입술이 메말라서 도무지 일이 손에 잡히지 않는다고 하소연한다. 우리는 딸이 이렇게 안절부절 못하는 진짜 이유를 제 2연에 가서야 알게 된다. 딸은 애인에게서 버림을 받았다. 실연의 아픔이 특별히 고통스러운 이유는 그녀가 애인을 철석같이 믿었기 때문이다. 딸은 애인의 진실성을 의심하지 않았다. "다른 남자들이 모두 속일지라도" 그 사람만은 정직하다고 믿고 있었다. 더욱이 그는 그녀의 눈과 입술이 아름답다고 입에 침이 마르도록 칭찬했었다. 이 시의 작중 화자는 젊고 순진한 처녀다. 시인은 이 시에서 실연의 고통을 처음 경험한 처녀를 실감 나게 묘사하고 있다.

[활용방법]

시도 다른 언어 사용과 마찬가지로 말하는 사람이 있고 듣는 사람이 있음을 주지시킨다. 작중 화자가 처한 상황(시적 상황)에 대해 산문적인 언어로 설명하게 한다. 다양한 상황이 들어 있는 여러 작품을 제시하고 동일한 활동을 하게 한다.

[읽기연습 1] 다음 시의 화자는 어떤 인물인가?

25th High School Reunion

Linda Pastan (1931-)

We come to hear the endings
of all the stories
in our anthology
of false starts:
how the girl who seemed
as hard as nails
was hammered into shape;
how the athletes ran
out of races;
how under the skin
our skulls rise
to the surface
like rocks in the bed
of a drying stream.
Look! We have all

turned into
ourselves.

10. 이야기 줄거리 파악하기

여러 종류의 시들 중에는 이야기를 하는 시가 있다. 흔히 이야기는 산문으로 쓰는 것으로 생각하지만, 고대 그리스와 로마 시대에는 위대한 영웅들의 모험담, 민족의 기원과 역사 등을 시로 읊었다. 고대 사회에서 시는 일종의 연예였다. 이른바 방랑시인(bard)들이 떠돌아다니면서 영웅담을 들려주었다. 후일에 필경사들이 이 이야기 시들을 기록하여 오늘날까지 보존될 수 있었다. 중세기 영국에서는 서민들의 애환을 이야기한 민요시가 구전에 의해 전승되고 있었는데, 18세기에 Thomas Percy가 민요시를 수집하여 책[9]으로 출판함으로써 문자로 기록되었다. 글을 몰랐던 방랑시인들이 시를 암송할 수 있었던 것은 기억하기 좋은 리듬과 반복적으로 사용하는 정해진 문구(formula)가 있었기 때문이었다.

시의 장르 중에서 이야기의 요소가 지배적인 것은 서사시와 민요시이다. 그리고 동요와 동시 역시 설화적 요소가 두드러진다. 우리가 즐겨 읽는 짧은 서정시들 중에도 정도의 차이는 있으나 설화적 요소가 포함되어 있다.

[학습활동]

이야기가 포함된 짧은 시를 선택한다. 학생들을 소집단으로 편성하여 시를 나누어 준다. 시에 내용을 정리하여 이야기를 하게 한다. 이야기를 산문으로 쓰게 하여 집단별로 발표시킨다.

---

9) Thomas Percy, *Reliques of Ancient English Poetry* (1765)

Mary had a little lamb

Mary had a little lamb,
little lamb,
little lamb.
Mary had a little lamb,
Its fleece was white as snow.

Everywhere that Mary went,
Mary went,
Mary went.
Everywhere that Mary went,
The lamb was sure to go.

It followed her to school one day,
school one day,
school one day.
It followed her to school one day,
Which was against the rules.

It made the children laugh and play,
laugh and play,
laugh and play.
It made the children laugh and play,
To see a lamb at school.

[산문]

Mary had a little lamb whose fleece was white as snow. The lamb followed wherever Mary went. One day it followed her to school, which was against the school law. When the children saw the lamb at school, they laughed and played with it.

시의 설화적 요소는 동요나 동시처럼 단순한 것에서부터 민요시와 장편 서사시에 이르기까지 다양하다. 설화시도 단편소설이나 장편소설처럼 배경, 등장인물, 대화, 갈등 등의 요소를 가지고 있으나, 소설과는 달리 이들 요소가 압축된 형태로 나타난다. "Sir Patrick Spence"와 같은 구전 민요시의 경우 주인공이 어디서 어떻게 살았는지 자세히 설명하지 않는다. 이런 이야기 줄거리가 소설에서는 중요하지만 시에서는 중요치 않다. 시는 다만 그가 충성스럽고 용감한 신하였다는 것만 부각시킨다. 긴 서사시에는 자세한 세부가 묘사되지만, 비교적 짧은 민요시는 이야기를 처음부터 시작하지 않고 흔히 중간에서 시작하며, 영화처럼 장면이 급격히 전환되고, 이야기의 흐름을 이어주는 데 필요한 장면들이 생략된다. 예를 들면, "Sir Patrick Spence"에서 난파 장면은 생략되고 침몰한 배 위에 모자가 떠있는 장면만 보여준다. 그리고 아주 짧은 시의 경우에는 절정만 보여주기도 한다. 연속성을 보여주는 것은 시의 리듬과 음악적 요소뿐이다. 나머지 부분은 독자가 상상력으로 채워 넣어야 한다.

[활용방법]

첫 단계에는 비교적 쉬운 동시로 시작하여 점차 길고 복잡한 설화시 형태에 익숙해지도록 연습시킨다. 학생들이 상상력을 동원하여 이야기의 줄거리에서 생략된 부분은 보충하게 한다. 잘 알려진 일화나 역사적 사건을 다룬 시의 경우 출전을 찾아보게 하는 것도 문화를 공부하는 중요한 과정이 된다. 이야기 줄거리 파악하기는 읽기와 쓰기를 동시에 연습하는 데에 좋은 방법이다.

[읽기연습 1] 다음 시를 읽고 줄거리를 이야기해보자.

I Saw a Ship A-sailing

I saw a ship a-sailing,
A-sailing on the sea.
And, oh, but it was laden
With pretty things for thee.

There were comfits in the cabin,
And apples in the hold;
The sails were made of silk
And the masts were all of gold.

The four-and-twenty sailors
That stood between the decks,
Were four-and-twenty white mice
With chains about their necks.

The captain was a duck
With a packet on his back,
And when the ship began to move
The captain said, "Quack! Quack!"m

(Nursery rhyme)

[읽기연습 2] 다음 전통적 민요시(ballad)를 읽고 줄거리를 이야기해보자.

Sir Patrick Spence

The King sits in Dumferling town
  Drinking the blood-red wine:
"O where will I get a good sailor
  To sail this ship of mine?"

Up and spake an elder knight
  Sat on the king's right knee
"Sir Patrick Spence is the best sailor
  That sails upon the sea."

The King has written a long letter
  And signed it with his hand
And sent it to young Patrick Spence
  Was walking on the sand

The first line that Sir Patrick read
  A loud laugh laughed he;
The next line that Sir Patrick read
  A tear blinded his e'e.

"Oh who is this has done this deed
  And told the King of me
To send me out this time of year
  To sail upon the sea!"

"Make haste, make haste, my merry men all
  Our good ship sails the morn."
"O say not so, my master dear,
  For I fear a deadly storm.

"Late, late yestreen I saw the new moon
  With the old moon in her arm"
And I fear, I fear, my dear master
  That we will come to harm."

Oh loath, loath were the good Scots lords
  To wear their cork-heeled shoon* (shoes)
But long before the play was played
  Their hats they swam aboon*. (above)
O long, long may their ladies sit,
  With their fans into their hand
Or e'er they see Sir Patrick Spence
  Come sailing to the land.

O long, long may the ladies stand
  With their golden combs in their hair
Waiting for their own dear lords
  For they'll see them no mair*. (more)

Half o'er, half o'er by Aberdeen
  It's fifty fathoms deep
And there lies good Sir Patrick Spence,
With the Scots lord at his feet

패트릭 스펜스 경(卿)

국왕은 덤펄링 도읍에 납시어
빨간 포도주를 들며 이르기를
"짐의 선박으로 출항할
적격한 항해사들 어데서 구할꼬?

국왕의 우측에 자리를 한
나이 지긋한 벼슬아치가 일어나 대답하길
패트릭 스펜스 경이 항해에
최적임자임을 아뢰오.

국왕은 칙서(勅書)를 작성
손수 서명을 하여
바닷가를 소요중인
패트릭 스펜스경에게 전달했다.

패트릭 스펜스경 칙서의 첫 행을 보고
너털웃음을 웃다가
다음 행을 읽고 나니,
눈물이 앞을 가렸다.

오, 이 짓을 내게 권한 자 누군가?
이 못된 짓을 내게 권한 자 누군가?
이때가 어느 때라고
나보고 출항을 하라는 건가?

서두르게 서둘러, 내 명랑한 선원들아
우리 배는 아침에 출항일세.
안될 말씀이옵니다 대감,
폭풍이 염려되옵니다.

어젯밤 초승달이
묵은 달의 팔에 안겨 있었습니다.
그래, 대감, 염려되옵니다.
큰 재난을 당할까 저어합니다.

오, 우리 스코틀랜드 귀족들은
코르크 굽을 단 신발이 물에 젖을까 질겁을하고
하나 카드 놀음이 채 끝나기도 전에
그들의 모자가 물위에 둥둥 떠올랐다.

오, 오랫동안 마나님들 집에 앉아서
손에 부채를 들고서
행여 패트릭 스펜스경이
뭍으로 귀환하길 보고파 했다.

오랫동안 마나님들은 서서
금 빗을 머리에 꽂고서
대감님들 기다렸다.
다시 못 볼 그분들을

애버딘에 반도 채 이르기 전
50길 깊은 바다 밑에
훌륭한 패트릭 스펜스경이 누워 있노니
스코틀랜드 귀족들 발치에 두고.

[연습문제 3] Edgar Allan Poe의 "Annabel Lee"와 "The Raven"을 읽고 이야기 줄거리를 요약해보자. (작품은 영시자료에 있음)

11. 시의 어조 파악하기

시에서 작중 화자가 주제에 대한 느낌이나 태도를 나타내는 방법을 어조(語調)라 부른다.[10] 일상적 대화에서 목소리의 어조는 말하는 내용에 대한 우리의 태도나 느낌을 담고 있다. 동일한 표현이라도 말하는 방법에 따라 말하는 사람이 의도하는 의미가 달라진다. 우리는 기쁜 일이 있을 때 밝고 기운찬 목소리로 말을 하고, 슬픈 일이 있을 때는 슬픈 어조로 말을 한다. 때로는 말하는 내용과 정 반대의 의미를 가질 수도 있다. 할머니가 귀여운 손자를 보고 "그놈 참 밉게 생겼네!"라고 말할 때 그 말은 정말로 손자가 밉다는 뜻이 아니라 너무나 귀엽고 사랑스럽다는 의미를 담고 있다. 이처럼 우리가 일상적으로 사용하는 말은 말투에 따라 상대방에게 전달되는 의미가 달라진다. 시를 읽을 때도 작중 화자의 어조를 바르게 파악해야 그 의미를 제대로 해석할 수 있게 된다.

시의 어조는 진지한(sincere) 어조, 반어적(ironic) 어조, 교훈적(didactic) 어조, 해학적(comic)어조 등이 있다. 대부분의 경우 말하는 내용과 의도하는 의미가 일치하는 진지한 어조로 되어 있으나, 진지한 어조 가운데서도 기쁘거나, 슬프거나, 우울한 어조로 나타날 수 있으며, 반어적인 어조의 경우에도 그 태도가 냉소적 어조, 풍자적 어조 등으로 다양하게 나타날 수 있을 것이다. 물론 말이 아닌 글로 쓰여진 작품을 보고 목소리의 특징을 파악하기는 어려울 것이다. 그러나 시인들은 특징적인 리듬, 심상, 어휘선택, 등의 방법으로 저변에 흐르는 감정을 미묘하게 암시한다. 예를 들면, 반어적 어조의 경우 흔히 과장법을 사용하여, 교훈적 어조인 경우에는 화자의 말이 확신에 차 있다. 그리고 해학적 어조의 경우에는 쾌활한 리듬과 익살스런 이미지를 사용한다.

10) Bergman & Epstein, p. 221. "Tone is the way writers or speakers indicate their attitudes and feelings toward the subject."

[학습활동]

어조(tone)가 분명히 드러나는 짧은 시를 선택한다. 다섯 조로 나누어 어조를 나타내는 형용사를 제시한다: sincere, angry, cynical, anxious, suspicious, excited, nostalgic, cheerful, intimate. 시에서 화자의 긍정적 태도를 나타내는 단어와 부정적 태도를 나타내는 단어를 찾아 적는다. 토론을 통해 시의 어조를 확인한다. 어조를 확인한 다음 반드시 증거를 제시하게 한다. 어조에 따라 읽는 방법을 의논하게 하고, 한 사람을 차례로 읽힌다.

My Papa's Waltz

Theodore Roethke (1908-1963)

The whiskey on your breath
Could make a small boy dizzy;
But I hung on like death:
Such waltzing was not easy.

We romped until the pans
Slid from the kitchen shelf;
My mother's countenance
Could not unfrown itself.

The hand that held my wrist
Was battered on one knuckle;
At every step you missed
My right ear scraped a buckle.

You beat time on my head
With a palm caked hard by dirt,
Then waltzed me off to bed
Still clinging to your shirt.

내 아빠의 왈츠

당신의 숨결에 묻어나는 위스키 냄새는
어린 소년을 어지럽게 만들 정도였지요;
그러나 나는 죽을힘을 다해 매달렸지요:
이렇게 추는 왈츠는 결코 쉽지 않았어요.

우리는 부엌 선반에서 냄비들이
떨어질 때까지 뛰며 춤추었지요;
엄마의 얼굴에선
찡그린 표정이 가시질 않았어요.

내 손목을 잡은 손은
마디 하나가 망가져 있었지요;
당신이 스텝을 놓칠 때마다
내 오른 귀가 버클에 긁혔어요;

흙이 말라붙어 굳어진 손바닥으로
당신은 내 머리에다 박자를 맞췄지요,
그리고는 당신의 셔츠를 잡고 매달리는
나를 춤추며 데려가 침대에 뉘셨지요.

[Commentary 1]

This poem depicts a harsh father-son relationship; the description of the dancing is violent. The father "beat time" on the child's head and crashes around the room so much that "the pans / Slid from the kitchen shelf." The word "beat," is a clear indication of abuse, and the fact that the child is held still by a hand that is itself "battered" strengthens the sense that manual violence is the subject of the poem. No one would voluntarily use the word "beat" in the context of an adult's relationship to a child unless intending to suggest child abuse. The image of the father's belt buckle scraping the child's ear in the third stanza confirms that the father uses whatever tools are available to accomplish this beating.

The mother's stance contributes to this reading. She is guilty of not preventing her husband from beating her son; she looks on but doesn't interfere. Yet she doesn't condone it either, since we see that she looks on with a "countenance [that] / Could not unfrown itself." Her stern disapproval of what is going on seemes to be further evidence that the father is acting inappropriately with his child. In fact, the relationship between the mother and the father in this poem reveals exactly the dynamic that we understand as typical of abusive family situations: the ambivalence of one parent in effect permits the other to perpetuate abuse on the children.

Furthermore, the child doesn't appear to be enjoying himself in all of this. He describes the "waltz" as requiring him to hang on "like death"—hardly a positive description of something a little boy would welcome. The specter of "death" raised in a poem that contains the volatile word "beat" to describe the action of a father with his son was nearly conclusive proof for this reading of the poem. "Death" raises the threatening reminder that child-abuse all too often has fatal consequences. And if any doubts remain, the fact that the man is drunk tops it all off. The opening line of the poem emphasizes his drunkenness by drawing our attention to the "whiskey" on the father's breath as the very first detail we learn about him and his waltz. The combination of "whiskey" on a father's breath, a frowning mother, and a little boy nearly "dizzy" with all the things whizzing by his head can lead to only one obvious conclusion: this father, like so many others we've heard about on yet another drunken bender, is beating his son.

[Commentary 2]

A hard-working father comes home after a long day just in time for his son's bedtime. He doesn't even take time to clean up (he still has "a palm caked hard by dirt") because he wants to spend their few minutes together doing something really fun. So, he dances his son around the little house. The word "romped" in the second stanza signifies that this was a positive, playful experience, since it implies the kind of wild abandon of activity that small children love.

Envisioning a heavy, awkward man romping through the house with his small son, it is easy to see why a mother might frown at the spectacle. It's nearly time for bed, and the father is doing everything to get the son riled up rather than calmed down for sleep. The fact that the romping dance is even disrupting the order of the mother's "kitchen shelf" surely contributes to her frowning countenance. Although she seems to disapprove, she does nothing to stop this waltzing. This suggests that although she doesn't appreciate the disruptive qualities of the dance, she doesn't want to hinder the father-son bond the moment is creating. As for the belt buckle, a child, dancing with his father in his socks, would stand on the tops of his feet, and he would dance him awkwardly around the room while the child clings to his hands or holds fistfuls of the back of his shirt.

In such a posture, the boy's head would be at his father's waist-level, so that whenever his father "missed" a step or lost his balance, the boy's "right ear scraped a buckle" on the father's belt. The last two lines of the poem confirm that this is the relative position of father and son, as the boy recalls that his father "waltzed me off to bed / Still clinging to your shirt." In the context of this kind of dancing, the notion that the child is "clinging" to his father suggests both that he depends on his father and that he has a childish reaction to the threat that the dancing will end because of bedtime.

[활용방법]

어조에 따라 시를 읽는 방법이 달라지고, 시의 의미가 전혀 다르게 해석될 수 있다. 이 작품의 경우 왈츠에 대한 화자의 태도를 어떻게 이해하느냐에 따라 정 반대의 해석이 가능해진다. 즉 "아동 학대의 상징인 왈츠에 대한 혐오감과 공포반응"이라는 해석과 "아빠와 함께 추었던 왈츠에 대한 향수"라는 해석이 가능하다.

[읽기연습 1] 다음 시의 어조를 공부해 보자.

The Young Housewife

William Carlos Williams

At ten A. M. the young housewife
moves about in negligee behind
the wooden walls of her husband's house.
I pass solitary in my car.

Then again she comes to the curb
to call the ice-man, fish-man, and stands
shy, uncorseted, tucking in
strays ends of hair, and I compare her
to a fallen leaf.

The noiseless wheels of my car
rush with a crackling sound over
dried leaves as I bow and pass smiling.

[해설] 이 시의 화자는 너무 냉담하고 침착해서 그의 태도에 대한 단서를 찾으려면 그의 관찰을 자세히 뜯어보아야 한다. 시인은 여자가 네글리제(잠옷 위에 걸치는 얇고 예쁜 겉옷)를 입고 코르셋은 하지 않았다고 말한다. 그는 여자가 수줍어하며 흩날리는 머리카락을 쓸어 넣는 것을 목격한다. 이러한 묘사는 이 여자가 매력적임을 암시한다. (화자가 여인에게 매혹되었다는 것은 그가 집안에서 여인이 움직이는 모습을 본 후 재차 차를 타고 그 집 앞을 지나가면서 집 바깥에 나온 여인의 일거수일투족을 관찰하고 있다는 사실이 입증해준다. 그리고 지나가면서 고개를 숙여 인사를 한다.) 그렇지만 시인은 "저 아름다운 가정주부를 보라!"고 말하지 않는다. 그는 여인의 매력에 관해 열광적으로 말하지 않는다. 다만 그는 여인을 떨어진 나뭇잎에 비유한다. 이 시의 어조는 절묘하게 절제되어 있다.

[읽기연습 2] 다음 시의 어조를 공부해 보자.

Gloire de Dijon[11)]

D. H. Lawrence (1885-1930)

When she rises in the morning
I linger to watch her;
She spreads the bath-cloth underneath the window
And the sunbeams catch her
Glistening white on the shoulders,
While down her sides the mellow
Golden shadow glows as
She stoops to the sponge, and her swung breasts
Sway like full-blown yellow
Gloire de Dijon roses.

She drips herself with water, and her shoulders
Glisten with silver, they crumple up
Like wet and falling roses, and I listen
For the sluicing of their rain-dishevelled petals.
In the window full of sunlight
Concentrates her golden shadow
Fold on fold, until it glows as
Mellow as the glory roses.

[해설]

이 작품에서 시인은 여인의 아름다움에 대한 감탄을 절제 없이 표현한다. 그의 열정은 리듬과 비유를 과감하게 몰아간다. 그 결과는 쾌활하고(racy) 열정이 넘치는(ebullient) 어조로 나타나 있다. 비유는 역겨울 정도로 감각적이다. (창가에 빨래를 널고 있을 때 햇빛 비친 젖 가슴이 활짝 핀 노란 장미 같다고 묘사했다.) 시행이 다음 행으로 이어지는 것은 시인이 흥분에 들떠 있음을 나타낸다. 그리고 "shadow glows," "roses"의 "o" 소리는 경탄의 소리이다. 이 시는 처음부터 끝까지 명확한

11) Gloire de Dijon은 불어로 "디종의 영광(glory of Dijon)"을 의미한다. Dijon은 겨자로 유명한 프랑스 동부의 도시이다.

"wow"로 일관하고 있다. 시의 어조는 리듬과 모음의 배열에서 나온다.

[연습문제 3] 다음 시의 어조를 공부해 보자.

Success Is Counted Sweetest

Emily Dickinson (1830-1886)

Success is counted sweetest
By those who ne'er succeed.
To comprehend a nectar
Requires sorest need.

Not one of all the purple host
Who took the flag today
Can tell the definition,
So clear, of victory,

As he, defeated, dying,
On whose forbidden ear
The distant strains of triumph
Break, agonized and clear.

성공

성공은 한 번도 성공하지 못한 자에게
가장 달콤하게 여겨진다.
감로주의 맛을 이해하자면
최고로 쓰라린 결핍을 요한다.

오늘 깃발을 움켜쥔
왕군 중 어느 누구도
승리의 정의를

그토록 분명히 말하지 못한다.

패배하여—죽어가면서—
그 안 들리는 귀에
멀리서 터져 나오는
괴롭고 분명히 들리는 승리의 곡만큼.

[해설] 우리말에도 고진감래(苦盡甘來)란 말이 있고 서양에서도 "목이 말라야 물맛을 안다(Water is taught by thirst)"라는 말이 있다. 이 시는 이런 케케묵은 생각에 새로운 생명을 불어 넣은 시이다. 패배와 승리, 목마름과 물, 악과 선은 항상 보상의 원리를 내포하는 가치의 양극이다. 가난의 경험이 있는 자가 부의 진미를 이해할 수 있고, 패배한 자가 성공했을 때에 비로소 성공의 값어치를 이해할 수 있다. 그러나 시인은 이 시에서 승리보다 패배, 만족보다 좌절, 단순한 소유보다 고난의 소중함을 암시한다. 승리와 만족과 소유는 물질적인 결과인데, 그것보다는 패배와 좌절과 고난이 더 소중함은 거기에 정신적 고뇌의 과정이 따르기 때문이다. (이창배 90)

12. 시의 주제 파악하기

[학습활동]

학생들을 소집단으로 나누고 시를 제시한다. 시에서 중요하다고 생각되는 단어를 찾아 목록을 만든다. 목록에 포함된 단어들을 공통된 연상을 일으키는 단어군으로 나누고, 각 단어군에 맞는 연상적 의미를 적어본다. 각각의 단어군이 갖는 의미와 제목의 상관성을 찾아 시의 주제를 파악한다. 각 집단의 대표 학생이 파악한 주제를 발표하고 토론한다.

Dying

Emily Dickinson

I heard a Fly buzz—when I died—
The Stillness in the Room
Was like the stillness in the air—
Between the Heaves of Storm—

The Eyes beside had wrung them dry,
And Breaths were gathering sure
For that last Onset, when the King
Be witnessed— in the Room—

I willed my Keepsakes—signed away
What portion of me be
Assignable-and then it was
There interposed a Fly—

With Blue—uncertain, stumbling buzz—
Between the light—and me—
And then the Windows failed—and then
I could not see to see—.

내가 죽었을 때

내가 죽었을 때 한 마리 파리의 윙하는 소리를 들었다.
방안의 정적은
폭풍이 휘몰아치다 끊기는 사이의
공중의 정적 같았다.

옆에 있는 사람들은 눈물을 쥐어짜고,
그 마지막 떠남을 위하여 숨결들이
단호해진다. 그 때다, 내가 그 방에서
왕을 목격한 것은.

나는 유품을 유언했고, 내 소유 중에서
양도할 수 있는 것을

서명해서 넘겼다—그 때다
파리 한 마리가 끼어든 것은.

파랗게, 불확실하게, 비틀대는 윙 소리를 내며
빛과 나 사이에서.
그리고선 창문들이 꺼지고, 그리고선
나는 아무것도 볼 수가 없었다.

[해설] "우리가 죽을 때 의식이 끊어지는 순간을 상상한 이 시에서 디킨슨은 기독교 시인의 면모를 십분 보여주고 있다. <유품을 유언하고> 마지막 떠날 자세를 취하는 그 순간이 지극히 엄숙하고 평화롭다. 임종하는 사람들은 <눈물을 쥐어짜고> 숨소리가 거친 데 반하여 죽어가는 이는 조용히 신을 영접한다. 그의 평화로운 마음은 방 안의 정적의 묘사에 나타나 있다. 고요는 마치 폭풍이 휘몰아칠 때 간간이 끊어지는 순간들과 같다고 말하고, 평화로운 마음에서 의식이 점점 희미해지는 과정을 <한 마리 파리>의 윙하는 소리가 들려오는 것에 비유했다. 테니슨(Alfred Tennyson)은 이 순간을 <죽어가는 이의 눈에 유리창이 점점 희미한 4각형으로 되어가는 것이 비칠 때>라고 표현한 일이 있지만, 디킨슨은 그것을 주로 청각적 상상으로 포착하고 있음을 볼 수 있다. 4연의 <파랗게, 불확실하게, 비틀거리는 소리를 내며>의 시행은 마지막 꺼져가는 윙하는 소리를 색채와 동작으로 묘사한 시행인 바, 시인의 놀랍도록 섬세한 감각이 드러나 있다." (이창배 106)

[Commentary]

One of Dickinson's most famous poems, "I heard a Fly buzz" strikingly describes the mental distraction posed by irrelevant details at even the most crucial moments—even at the moment of death. The poem then becomes even weirder and more macabre by transforming the tiny, normally disregarded fly into the figure of death itself, as the fly's wing cuts the speaker off from the light until she cannot "see to see." But the fly does not grow in power or stature; its final severing act is performed "With Blue--uncertain stumbling Buzz--." This poem is also remarkable for its detailed evocation of a deathbed scene--the dying person's loved ones steeling themselves for the end, the dying woman signing away in her will "What portion of me be / Assignable" (a turn of phrase that seems more Shakespearean than it does Dickinsonian).

[활용방법]

시의 주제는 분명하게 진술되어 있는 경우보다는 작품의 세부에 함축되어 있는 경우가 더 많다. 시의 리듬, 심상, 어조, 비유 등을 종합적으로 분석해야 주제가 드러난다. 시의 주제 파악하기는 시를 활용하는 다른 모든 활동 시에도 공통으로 적용되는 활동이므로 항상 관심을 가져야 한다.

[읽기연습 1] 다음 시에서 심상과 진술이 어떻게 작용하여 주제를 드러내고 있는지 공부해 보자.

My Heart Leaps Up

William Wordsworth

My heart leaps up when I behold
   A rainbow in the sky:
So was it when my life began;
So is it now I am a man;
So be it when I shall grow old,
   Or let me die!
The Child is father of the Man;
And I could wish my days to be
Bound each to each by natural piety.

무지개

하늘에 무지개 보면
내 가슴은 뛰누나.
내 인생이 시작될 때도 그랬고,
어른이 된 지금도 그러하고,
내가 늙어서도 그랬으면,

아니면 차라리 죽으리라!
어린이는 어른의 아버지;
그리고 내 인생 나날이 자연에 대한
경건한 마음으로 이어지길 바라노라.

[해설] 이 시는 첫 2행에서 심상을 제시하는 동시에 그 심상이 일으키는 정서반응을 묘사하고, 나머지 부분은 의미를 부여하는 진술로 이루어져 있다. 마지막 행의 "natural piety"는 그 자체로는 추상적인 표현이지만 무지개를 볼 때 가슴이 뛰는 정서반응이라는 구체적 의미를 갖는다.

13. 번역하기

[학습활동]

학생들의 수준에 맞는 시를 선택한다. (시대적 배경, 작가의 전기, 시적 기교 등에 있어 까다롭지 않은 작품이라야 한다.) 교사가 작품 이해에 필요한 설명을 해준다. 시어의 의미 파악을 위해 영영사전을 사용하게 하는 것이 좋다. 세 명 1개조를 편성하여 한국어로 번역하게 한다. 축어역이 아니라 의역을 권한다. 전체 활동: 조별로 번역한 것을 서로 비교하며 토론하게 한다.

A Birthday

Christina Rossetti

My heart is like a singing bird
Whose nest is in a water'd shoot;
My heart is like an apple-tree
Whose boughs are bent with thick-set fruit;
My heart is like a rainbow shell
That paddles in a halcyon sea;
My heart is gladder than all these,
Because my love is come to me.

Raise me a dais of silk and down;
Hang it with vair and purple dyes;
Carve it in doves and pomegranates,
And peacocks with a hundred eyes;
Work it in gold and silver grapes,
In leaves and silver fleurs-de-lys;
Because the birthday of my life
Is come, my love is come to me.

생일

내 마음은 노래하는 새 같아요,
보금자리는 물오른 어린 가지에 있어요;
내 마음은 사과나무 같아요,
가지는 주렁주렁 과일로 휘어져 있어요.
내 마음은 무지개 조가비 같아요,
잔잔한 바다에서 노를 저어요;
내 마음은 이 모든 것보다 더 기뻐요,
내 사랑이 날 찾아 왔으니까요.

비단과 솜털로 상단(上壇)을 만들어 주세요,
거기에 다람쥐 털과 홍포(紅布)를 걸쳐 주세요,
비둘기와 석류를 새겨 주세요,
눈이 백 개 달린 공작새도 새겨 주세요;
금빛 은빛 포도송이를 수놓아 주세요,
잎새와 은빛 백합화도 수놓아 주세요;
내 일생의 생일이 왔으니까요,
내 사랑이 날 찾아 오셨으니까요.

[활용방법]

가능하면 원작의 행 구분과 순서를 살리려고 노력한다. 번역이 어려운 부분에 관해 집중적으로 토론시킨다. 시적 효과를 높이기 위해 여러 가지 표현 방법을 검토하게 한다. 흔히 시는 번역이 불가능하다고 말한다. 그러나 번역 연습을 통해서 무엇이 번역될 수 없는가를 보여줄 수 있는 이점이 있으며, 작품의 세부를 이해하는 데는 번역이 하나의 좋은 방법이 될 수 있을 것이다. 가능하다면 번역시화전 같은 것도 학생들의 관심을 끄는 데 도움이 될 것이다.

[번역연습 1] 다음 시를 우리말로 번역해보자.

She Sat and Sang

Christina Rossetti (1830-1894)

HE sat and sang alway
By the green margin of a stream,
Watching the fishes leap and play
Beneath the glad sunbeam.

I sat and wept alway
Beneath the moon's most shadowy beam,
Watching the blossoms of the May
Weep leaves into the stream.

I wept for memory;
She sang for hope that is so fair:
My tears were swallowed by the sea;
Her songs died in the air.

[번역연습 2] 다음 시를 우리말로 번역해보자.

A Daughter of Eve

Christina Rossetti

A fool I was to sleep at noon,
And wake when night is chilly
Beneath the comfortless cold moon;
A fool to pluck my rose too soon,
A fool to snap my lily.

My garden-plot I have not kept;
Faded and all-forsaken,
I weep as I have never wept:
Oh it was summer when I slept,
It's winter now I waken.

Talk what you please of future spring
And sun-warm'd sweet to-morrow:—
Stripp'd bare of hope and everything,
No more to laugh, no more to sing,
I sit alone with sorrow.

[번역연습 3] 다음 시를 우리말로 번역해보자.

Dream Land

Christina Rossetti

HERE sunless rivers weep
Their waves into the deep,
She sleeps a charmed sleep:
Awake her not.
Led by a single star,
She came from very far
To seek where shadows are
Her pleasant lot.

She left the rosy morn,
She left the fields of corn,
For twilight cold and lorn
And water springs.
Through sleep, as through a veil,
She sees the sky look pale,
And hears the nightingale
That sadly sings.

Rest, rest, a perfect rest
Shed over brow and breast;
Her face is toward the west,
The purple land.
She cannot see the grain
Ripening on hill and plain;
She cannot feel the rain
Upon her hand.

Rest, rest, for evermore
Upon a mossy shore;
Rest, rest at the heart's core
Till time shall cease:
Sleep that no pain shall wake;
Night that no morn shall break
Till joy shall overtake
Her perfect peace.

14. 번역시 비교하기

[학습활동]

교사는 동일한 시의 두 가지 번역을 준비한다. 시의 원문을 제시한다. 두 번역본을 대조하여 차이점을 찾아낸다. 한 행씩 원작과 비교하여 오역 여부를 확인하고 잘 된 번역을 선택한다.

Meeting at Night

The gray sea and the long black land;
And the yellow half-moon large and low;
And the startled little waves that leap
In fiery ringlets from their sleep,
As I gain the cove with pushing prow,
And quench its speed i' the slushy sand.

Then a mile of warm sea-scented beach;
Three fields to cross till a farm appears;
A tap at the pane, the quick sharp scratch
And blue spurt of a lighted match,
And a voice less loud, thro' its joys and fears,
Than the two hearts beating each to each!

<번역 1>
회색 바다와 캄캄한 긴 육지;
노오란 반달 커다랗고 낮게 걸렸다;
깜짝 놀란 잔물결 뛴다—
잠자다 깨어나 작은 물고리 이루며
내가 뱃머리 밀려 작은 만에 닿아
질퍽한 모래 속에 배 속도 껐을 때.

그 후엔 훈훈한 바다내음 풍기는 해변의 한 마일,
농장 나타나기까지 건너야 할 밭 셋.
창문 똑똑, 쇄악 긋는 소리,
그리고는 불붙은 성냥의 푸른 분출.
환희와 공포로 서로서로를 향해
두근거리는 두 심장보다 낮은 한 목소리.
(이명섭 역)

<번역 2>
잿빛 바다와 길고 검은 육지;
크고 낮게 걸린 노란 반달;
모래 진창에 뱃머리를 대고
속도를 죽여 후미에 닿을 때,
잠자다 깨어 작은 원으로
퍼져나가는 놀란 잔물결,

갯바람 훈훈한 긴긴 모래밭;
세 밭을 지나자 보이는 농장;
창문 노크 소리, 성냥 긋는 소리,
그리고 파랗게 이는 불꽃,
빈기움과 두려움에 숨죽인 음성
서로 만나 두근대는 두 개의 심장.

[활용방법]

번역본이 없을 경우 두 명의 학생에게 번역을 해 오게 한다. 단순한 의미의 전달, 운율과 심상, 어조의 전달 등 여러 수준이 있을 수 있다. 번역의 목적은 원작의 이해에 도움을 주는 데 있다는 것과, 번역시는 반드시 원작과 함께 제시되어야 한다는 사실을 주지시킬 필요가 있다. 번역은 제2의 창작이다. 원작에서 얻을 수 있는 것은 아이디어 밖에 없다.

[번역연습] 다음 시를 번역하여 서로 비교해보자.

Dover Beach
Matthew Arnold

The sea is calm tonight,
The tide is full, the moon lies fair
Upon the straits; on the French coast the light

Gleams and is gone; the cliffs of England stand,
Glimmering and vast, out in the tranquil bay.
Come to the window, sweet is the night air!
Only, from the long line of spray
Where the sea meets the moon-blanched land,
Listen! you hear the grating roar
Of pebbles which the waves draw back, and fling,
At their return, up the high strand,
Begin, and cease, and then again begin,
With tremulous cadence slow, and bring
The eternal note of sadness in.

Sophocles long ago
Heard it on the Agean, and it brought
Into his mind the turbid ebb and flow
Of human misery; we
Find also in the sound a thought,
Hearing it by this distant northern sea.

The Sea of Faith
Was once, too, at the full, and round earth's shore
Lay like the folds of a bright girdle furled.
But now I only hear
Its melancholy, long, withdrawing roar,
Retreating, to the breath
Of the night wind, down the vast edges drear
And naked shingles of the world.

Ah, love, let us be true
To one another! for the world, which seems
To lie before us like a land of dreams,
So various, so beautiful, so new,
Hath really neither joy, nor love, nor light,
Nor certitude, nor peace, nor help for pain;
And we are here as on a darkling plain
Swept with confused alarms of struggle and flight,
Where ignorant armies clash by night.

15. 번역하여 다시 영역하기

[학습활동]

16과 동일한 방법으로 영시를 한국어로 번역한다. 번역한 시를 다시 영어로 번역한다. 영역한 것을 원문과 대조하여 틀린 부분을 확인한다.

A Passing Glimpse

Robert Frost

I often see flowers from a passing car
That are gone before I can tell what they are.

I want to get out of the train and go back
To see what they were beside the track.

I name all the flowers I am sure they weren't;
Not fireweed loving where woods have burnt—

Not bluebells gracing a tunnel mouth—
Not lupine living on sand and drouth.

Was something brushed across my mind
That no one on earth will ever find?

Heaven gives its glimpses only to those
Not in position to look too close.

[Note] fireweed: 불 탄 자리에 나는 잡초; bluebell: 종 모양의 남빛 꽃이 피는 풀; 야생 히아신스; lupine:루핀; 콩과 루핀 속 식물의 총칭; drouth: drought (가뭄, 한발)

일별(一瞥)

나는 종종 지나가는 기차 안에서 꽃을 본다,
무슨 꽃인지 알기도 전에 기차는 지나간다.

나는 기차에서 내려 되돌아가고 싶어진다,
선로 가에 무슨 꽃이 있는지 보고 싶어진다.

꽃 이름을 읊어 보지만 자신이 없다;
숲이 불탄 자리에 즐겨 피는 잡초는 아닐 게다—

터널 입구를 장식하는 블루벨도 아니겠지—
메마른 모래밭에 사는 루핀도 아닐 것이다.

이 세상 누구도 알지 못 할 그 무엇이
내 마음을 스쳐 지나갔는가?

하늘은 너무 가까운 위치에서 보려는
사람에겐 일별을 결코 허락하지 않는다.

[활용방법]

이 방법은 교실활동보다 개별 활동에 적합하다. 국역 후 일정한 시간이 경과한 후 영역하는 것이 좋다. 틀린 부분은 그 이유를 생각해 본다. 그 이유로는 이해의 부족, 문화적 차이, 시인의 개성 등 여러 가지가 있을 수 있다.

16. 비교하기 I (두 편의 시)

[학습활동]

주제, 형태, 어휘, 등에서 유사한 두 작품을 선택한다. 자세히 읽고 공통점(유사한 점)과 차이점을 각각 세 가지씩 적게 한다. 전체 학생들 앞에서 조별로 발표하게 한다.

[작품 1] First Love

John Clare

I ne'er was struck before that hour
With love so sudden and so sweet.
Her face it bloomed like a sweet flower
And stole my heart away complete.

My face turned pale, a deadly pale.
My legs refused to walk away,
And when she looked what could I ail
My life and all seemed turned to clay.

And then my blood rushed to my face
And took my eyesight quite away.
The trees and bushes round the place
Seemed midnight at noonday.

I could not see a single thing,
Words from my eyes did start.
They spoke as chords do from the string,
And blood burnt round my heart.

Are flowers the winter's choice
Is love's bed always snow
She seemed to hear my silent voice
Not love appeals to know.

I never saw so sweet a face
As that I stood before.
My heart has left its dwelling place

And can return no more.

[작품 2] First Kiss

You leaned over and you kissed me
I felt my knees go weak
You leaned over and you kissed me
I couldn't even speak
You leaned over and you kissed me
With a passion flowing free
You leaned over and you kissed me
Sparks flew that we could see
You leaned over and you kissed me
A touch so soft and tender
You leaned over and you kissed me
A kiss I would remember
You leaned over and you kissed me
I'm sure I kissed you back
You leaned over and you kissed me
With the fire no kiss should lack
You leaned over and you kissed me
You left me wanting more
You leaned over and you kissed me
My soul you did explore
You leaned over and you kissed me
My heart no longer full of pain
You leaned over and you kissed me
Darling, kiss me once again

(by Gibs; from *Teenage Love Poems*)

[활용방법]

시의 어휘, 구조, 형태, 분위기, 메시지, 등장인물 등을 대조하여 공통점과 차이점을 찾게 한다. 반복해서 읽힘으로써 대조를 통해 시에 관해 더욱 분명한 인식에 도달할 수 있다. 동일 주제의 시를 찾아 자료를 모아야 한다.

17. 비교하기 II (시와 산문)[12]

[학습활동]

동일한 주제의 시와 산문 텍스트를 제시한다. 먼저 산문을 읽고 세부 사항을 간략하게 적게 한다. 그 다음 시를 읽게 한다. 시와 산문의 유사점과 치이점의 목록을 작성한다. 조별로 자성한 목록을 비교한다.

[산문] The Legend of Daedalus and Icarus

When the wings were ready, they strapped them to their arms. Before they took to the air, Daedalus warned his son, once again: "Do not fly too high. The sun will melt the wax on your wings."

They kissed and embraced. Daedalus launched himself into the air, Icarus following close behind. They climbed higher, and the wings held. Daedalus showed his son how to keep his direction, how to glide and turn, and for a while Icarus kept close.

From the land, now far below them, men looked up in amazement. Farmers stopped their ploughing, shepherds turned from their sheep. And as the two winged men flew out over the sea, the fishermen looked up from their boats, not believing what they saw. Sailors ran to the sides of their ships.

Then Icarus, confident now, flew past his father and higher and higher.... Daedalus tried to shout, but the strain of beating his wings made his voice faint. And soon the feathers began to drop, one by one, from Icarus' wings.

12) Maley & Duff 2.16: “Contrast III” (pp. 58-61).

The harder he beat his arms, the faster the feathers fell. Soon Icarus, too, was falling—plunging—towards the sea. As he fell, he shouted out his father's name. And his father shouted back: "Icarus. Where are you? Where....?" He did not hear the faint splash. Not even a ripple marked the place where Icarus had fallen.

[시 1] Musee des Beaux Arts

W. H. Auden

About suffering they were never wrong,
The Old Masters: how well they understood
Its human position; how it takes place
While someone else is eating or opening a window or just walking dully along;
How, when the aged are reverently, passionately waiting
For the miraculous birth, there always must be
Children who did not specially want it to happen, skating
On a pond at the edge of the wood:
They never forgot
That even the dreadful martyrdom must run its course
Anyhow in a corner, some untidy spot
Where the dogs go on with their doggy life and the torturer's horse
Scratches its innocent behind on a tree.
In Breughel's Icarus, for instance: how everything turns away
Quite leisurely from the disaster; the plowman may
Have heard the splash, the forsaken cry,
But for him it was not an important failure; the sun shone
As it had to on the white legs disappearing into the green
Water; and the expensive delicate ship that must have seen
Something amazing, a boy falling out of the sky,
Had somewhere to get to and sailed calmly on.

순수미술관

수난에 대해 결코 틀림이 없었다,
옛 스승들은: 그것이 인간의 처지라는 것을
그들은 얼마나 잘 이해하는지; 그것이 어떻게 생겨나는지도
다른 누군가는 먹거나 창문을 열거나 혹은 그냥
느리게 산보를 하고 있는 동안;
나이 든 사람들이 경의와 열정으로
기적적인 탄생을 기다릴 때, 그런 일이 일어나기를 원치 않고
숲가 연못에서 얼음을 타는 아이들이
언제나 있기 마련인 것을:
그들은 결코 잊지 않았다.
두려운 순교조차도 자연의 길을 따른다는 것을
어쨌든 어느 더러운 지점 한 구석에서
개들이 개 같은 생활을 계속하고 고문자의 말이
나무에서 죄 없는 등을 긁는다.
부르겔의 '이카루스'에서 예를 들면: 어떻게 일상사가
아주 한가로이 그 재앙에 등을 돌리고 있는지; 농부는
바닷물에 떨어져 첨벙하는 소리와 버림받은 아우성을 들었을지도 모른다.
그러나 그에게 그것은 해야 할 일을 하지 않을 만큼 중요한 것이 아니었다;
태양은 이전처럼 푸른 파도 속으로 사라지는 하얀 두 다리 위에 내리비춰야 했고;
값비싸고 정교한 배도 놀라운 뭔가를, 하늘에서 떨어지는 소년을
목격했음에 틀림없었을 테지만
가야할 곳이 정해져 있어 조용히 항해를 계속했다.

Oil-tempera, 29 inches x 44 inches. Museum of Fine Arts, Brussels

[시 2] Landscape with the Fall of Icarus

William Carlos Williams

According to Brueghel
when Icarus fell
it was spring
a farmer was ploughing
his field
the whole pageantry

of the year was
awake tingling
near

the edge of the sea
concerned
with itself

sweating in the sun
that melted

the wings' wax

unsignificantly
off the coast
there was

a splash quite unnoticed
this was
Icarus drowning

[활용방법]

동일한 주제의 시와 산문을 찾기 위해서 교사는 다양한 글을 읽어야 한다. 이 방법은 시를 산문으로, 산문을 시로 고치는 연습과 병행할 수 있을 것이나. 핵심적인 상황이나 중심 심상을 중심으로 비교한다. 동일한 상황에 대하여 해석하는 방법, 작가의 태도, 등이 어떻게 다른가 하는 점에 주목하게 한다. 시의 심상이나 주제와 관련된 그림이 있으면 함께 제시한다.

18. 좋은 시 선택하기[13]

이 방법은 앞에 소개한 시의 운율 구조, 단어의 의미, 감각적 요소, 비유법, 주제, 어조 등을 종합적으로 적용하여 어떤 것이 좋은 시인지를 식별하는 안목을 기르기 위한 방법이다. 마치 다양한 음식을 먹어보고 맛을 비교하면서 미각을 기르듯이, 우리는 이러한 연습을 통하여 주어진 글의 가치를 판별할 수 있는 심미적 감각(taste)을 기를 수 있다.

[학습활동]

동일한 제목의 세 가지 버전을 제시한다. 다음 자료는 시인의 유작 원고

13) Maley & Duff 2.13: "Making choices" (pp. 52-54).

에서 찾은 것이다. 어느 버전이 시인이 최종적으로 선택한 것인지를 추측하게 한다. 전체 활동: 소그룹으로 나누어 자신의 선택을 정당화하게 한다.

The Eagle

[작품 1]

He grips the rock with crooked hands,
near to the sun in distant lands.
Surrounded by the sky he stands.
The crumpled sea beneath him froths.
He looks out from the mountain tops.
And like a deadly stone, he drops.

[작품 2]

He grips the cliff with ruthless claws.
Close to the sun he writes his laws.
Encircled by the heavens, he soars.

The furrowed deep below him crawls.
He scans the world from the mountain halls.
Then, like a judgment day, he falls.

[작품 3]

He clasps the crag with crooked hands,
Close to the sun in lonely lands.
Ring'd with the azure world, he stands.

The wrinkled sea beneath him crawls;
He watched from his mountain walls.
And like a thunderbolt he falls.

(A Fragment, by Alfred, Lord Tennyson)

[활용방법]

이러한 자료는 학생들에게 창작의 과정을 생생하게 보여준다. 운율 패턴, 압운, 이미지의 전달 등이 어휘 선택의 기준이 됨을 알 수 있다. 시인들의 시작 노트에서 이러한 자료를 찾아 같은 방법으로 연습해보자.

[읽기연습 1] 다음은 동일한 주제를 가지고 학생들이 습작한 글이다. 어느 것이 가장 좋은 글인지 말해보자.

[주제] Caught in the Rain

1. With my tools ready to farm,
   Is this the roar of an engine?
   Ah! I am wet.

2. Seek me in vain,
   For I am at the farm
   Stranded by the raindrops.

3. Busy sleeping under the tree,
   I feel ice falling on me
   Like broken prayer beads.

4. Away from the house in a gorgeous dress;
   Turned back with a sigh
   When caught in the rain.

[읽기연습 2] 다음은 각기 다른 주제를 가지고 학생들이 습작한 글이다. 가장 잘 되었다고 생각되는 글을 고르고 그 이유를 설명해 보자.

[주제 1] Distance
Distance is the bitterest taste in love;
It either makes the heart grow fonder
Or take another lover.

[주제 2] Mother with Child
Just like a dream
I saw her with
A lovely child on her back.

[주제 3] Leper
The grown man on his seat
Can't stand for his limbs
Are reduced to stumps.

[주제 4] Poem
In an unknown land I am;
No brother to advise me,
No father and mother and
The sister I had has gone to her grave.
Deserted am I, in an unknown land.

[읽기연습] 다음 시는 미국 십대들의 습작 연시의 하나이다. 이 시의 장점과 단점을 설명해보자.

That Lonely Flower

Alex Chasse

Your lonely flower has blossomed for you
Your lonely flower that only you saw
The lonely flower that you watered
The lonely flower everyone else called a weed
You took your time and stooped down to care for him
Friends tried to pull you away but you stayed
I believe in you, flower,
you'll whisper into his rose- petal ears
Well now your lonely flower has blossomed
Now your flower is lovely for you.

[시작노트] I wrote this poem to my girlfriend after she wrote one calling me a flower waiting to blossom. She wrote it when I was questioning my love for life. This is what I wrote back for her.

제4장

시 쓰기 지도

글쓰기는 학생들이 가장 어려워하는 기능이다. 모국어를 학습할 때도 말로는 곧잘 표현하면서도 막상 종이에 쓰라고 하면 망설이기 마련이다. 모국어로 글쓰기를 이처럼 어려워한다면, 외국어로 글쓰기는 두말할 필요도 없을 것이다. 이처럼 글쓰기가 어려운 이유는 여러 가지가 있겠으나 가장 큰 이유는 다른 기능을 학습하는 과정에서 쓰기 연습을 병행하지 않았기 때문이다. 듣기와 말하기 그리고 쓰기 연습에서 익힌 문장을 정확하게 기록할 수만 있다면 글쓰기가 그렇게 어렵지만은 않을 것이다. 그러나 듣기와 읽기 연습에서 접해본 문장을 모두 글쓰기에 활용한다는 것은 거의 불가능에 가깝다.

글쓰기는 다른 세 가지 기능 연습과 종속적인 관계에 있으며, 다른 기능 연습을 종합하여 정리하는 데에 유용한 활동이다. 글쓰기에는 듣기, 말하기, 읽기 연습 과정에서 학습한 결과가 종합적으로 반영된다. 영어 학습자가 글쓰기에 활용할 수 있는 자원은 바로 다른 세 기능 연습에서 얻어진 자원이다. 선행 학습에서 자신 있게 알고 있는 표현 방법을 넘어서서 창의적인 글쓰기를 시도하면 실제로 쓰이지 않는 괴상한 표현을 만들어내게 된다.

우리는 영작문을 가르치는 과정에 학생들이 도저히 이해할 수 없는 문장을 써오는 것을 자주 보게 된다. 이것은 문법적인 문장 구조와 어휘 활용 방법을 제대로 학습하기 전에 글쓰기를 시도했기 때문이다. 학생들은 흔히 한국어로 생각해낸 아이디어를 가지고, 한영사전에서 한국어 어휘에 해당하는 영어 단어를 찾아낸 다음, 한국어 문장구조의 틀에다 활용방법을 잘 모르는 영어 단어를 조립하여 얼치기 영어문장을 만들어내는 버릇이 있다. 이것도 영어학습의 한 과정이라 생각하면 그만이겠지만, 리버즈는 이와 같은 무모한 습관을 특히 경계해야 한다고 강조한다.

리버즈는 외국어로 글쓰기를 지도하는 과정을 다섯 단계로 나누어 체계적으로 교육해야 한다고 주장한다. 즉 베껴 쓰기, 재생, 재구성, 유도 작문, 자유 작문이 그것이다.[1)] 이 다섯 단계 중에서 마지막 단계를 제외하고는 엄격하게 통제된 연습과정을 요한다. 베껴 쓰기(copying)는 철자법을 익히는 단계이고, 재생(reproduction) 단계는 듣기, 말하기, 읽기 연습에서 배운 문장을 그대로 기억해서 다시 쓰는 단계이다. 이 단계까지는 원문을 정확하게 모방하는 연습을 해야 하며 일체의 변형이 허용되지 않는다. 재구성(recombination) 단계에 가서야 비로소 부분적인 변형이 허용된다. 리버즈의 이론을 따른다면, 네 번째 단계인 유도 작문(guided composition) 단계까지 철저하게 주어진 모델을 모방하는 연습에 치중해야 한다. 시를 영어 학습 자료로 사용하여 글쓰기를 지도할 때에도 이와 같은 단계를 따르는 것이 학습 효과를 높이는데 도움이 될 것이다.

---

1) Wilga M. Rivers, *Teaching Foreign Language Skills* (Chicago and London: The University of Chicago Press, 1968), p. 245. "Students develop the habit of attempting to express themselves in strange words, often sought out in an inept way in a dictionary, before they have any satisfactory control of language structure. Believing that they are writing acceptably, they contrive expressions on the pattern of native-language forms, happily constructing hybrid phrases without realizing that they are quite incomprehensible in the context of the foreign language. To be able to write in the foreign language the student must be trained systematically through five stages of development: copying, reproduction, recombination, guided composition, and composition."

영시를 활용하여 영어 쓰기 지도를 하는 방법은 이미 여러 책에 소개되어 있다. 그 중에서 Alan Maley의 *The Inward Eye*는 『학습자 활동 중심의 영시 지도법과 언어교육』이라는 제목으로 우리말로 번역되어 있다. 그러나 대부분의 방법은 리버즈가 제안한 이론에서 마지막 단계, 즉 자유 작문(free composition) 단계에 해당하는 방법들이다. 글쓰기의 마지막 단계는 고등학교 상급학년 또는 대학 수준에 가서야 가능한 방법이다. 따라서 그 이전 단계에 적용될 수 있는 방법을 개발해야만 우리의 영어교육에 활용할 수 있을 것이다.

영어로 글쓰기 연습을 하기 위해서는 글쓰기에 필요한 자원을 충분히 축적하여 가지고 있어야 한다. 글쓰기 자원이란 표현하고자 하는 아이디어를 포함하여 기억하고 있는 영어 문장을 말한다. 글쓰기에 이용할 수 있는 문장은 듣기와 말하기, 읽기는 물론이고 글쓰기 자체의 연습 과정에서도 얻어질 수 있다. 본격적으로 시 쓰기 연습에 들어가기 전 단계까지는 주로 글쓰기 자원을 축적해나가는 연습 과정이 되어야 한다.

언어 구조를 파악하여 문장을 자유자재로 구성할 수 있기까지는 엄격하게 통제된 연습과정이 필요하다. 이 단계까지는 주로 잘 쓴 글을 모델로 삼아 모방하는 연습에 치중해야 한다. 듣기, 말하기, 읽기 연습 과정에서 학생들이 접하게 되는 구문들을 이해하고 충분한 반복 연습을 통해 암기해 두었다가 그와 유사한 상황에서 재생해낼 수 있어야 한다. 학생들이 배운 문장을 제대로 활용하지 못하는 이유는 대부분의 경우 문장의 의미를 이해하고 해석하는 단계에서 학습 활동을 중단해버리기 때문이다. 문장의 의미를 이해하는 것보다 오히려 더 중요한 일은 이해한 문장을 학습자 자신의 실제 상황에 적용해보는 활용연습이다. 이 과정을 거쳐야만 배운 문장을 학습자 자신의 것으로 만들 수 있게 된다. 학습자가 이해하고 활용할 수 있는 문장의 수가 영어능력을 결정한다. 활용연습은 재구성 단계에 해당하며, 이 단계에서는 주어진 문장에서 시제, 수, 대명사, 등을 변형시켜 실제 상황에 적용하는 연습을 병행해야 한다. 이렇게 하는 과정에서 영어의 구조를 익히게 된다.

일정 기간 동안 시를 읽고 즐기게 되면, 학생들은 스스로 시를 써보고 싶은 욕구를 느끼게 될 것이다. 교사는 학생들이 깊은 감동을 받은 경험에 관해 표현하고 싶어 한다는 사실을 명심해야 한다. 또한 교사는 학생들의 정직한 노력에 대해 칭찬해주고 격려해주어야 한다. 자신의 생각과 감정이 담긴 작품은 가슴 속에 살아남아 오래도록 기억될 것이다.

영어의 구조를 자유자재로 구사할 수 있게 되면, 그 다음 단계로 시 쓰기 연습에 들어갈 수 있다. 산문의 형태로 쓰기 연습을 할 수도 있겠으나, 시 쓰기가 산문 쓰기보다도 학생들의 흥미를 유발하는 데에 더 효과적이다. 물론 이 단계에 학생들이 완벽한 시 형식을 갖춘 글쓰기를 기대할 수는 없을 것이다. 시는 개인적인 경험을 진솔하게 표현하는 글이며, 하나의 작품을 완성해보는 경험은 학생들에게 자기표현 의욕을 고취시킴으로써 지속적인 동기유발의 효과를 가져 온다. 다년간 아프리카에서 영어교육을 해본 경험이 있는 울거(Woolger)는 이 점에 대해 다음과 같이 설명한다.

> 시 쓰기는 교사들이 가장 소홀히 다루는 부분이다. 글쓰기에 능숙하지 못한 학생들이라도 시 쓰기는 잘 할 수 있다. 시 쓰기는 형식적인 작문보다 더 자유로운 표현 수단임을 알게 되고, 시는 개인적인 글쓰기 형식이라 느낀다. 학생이 시에 대한 공감을 나타내는 교사에게 시가 적힌 종이를 들고 찾아오는 것은 결코 이상한 일이 아니다. 이러한 학생은 그 순간에 보통의 글쓰기에서 드러나지 않는 자기 자신의 일부분을 드러내 보여준다. 이것은 학생이 쓰고 싶어 하는 글이며, 자신에게 중요한 경험을 적은 글이다. 이 때문에 시는 학생이 정말로 세심한 주의를 기울여 쓴 글일 경우가 많다.2)

자유 작문 단계의 글쓰기 지도는 그 전 단계까지보다 훨씬 더 다양한 방법으로 이루어 질 수 있을 것이다. 제목을 주고 자유롭게 글쓰기를 시킬 때

2) D. Woolger and K. Ogungbesan, *Rhymes and Rhythms* (Oxford: Oxford UP, 1978), pp. 15-6.

도, 교사는 학생들이 쓰고자 하는 주제에 대해 깊이 생각하도록 자극하고 쓰는 과정에 도움을 주어야 한다. 중요한 것은 학생들의 상상력을 쓰고자 하는 주제에 집중시키는 것이다. 그렇게 하기 위해서 상황을 구체적으로 설명해야 한다. 막연하게 "동물에 관한 시를 지어라"라고 말하면 학생들은 겁에 질린 얼굴로 멍청하게 바라볼 것이다. 교사는 구체적인 상황을 제시하고, 학생들로 하여금 개인적 경험을 활용할 수 있도록 어떤 특징적 세부나 행동 양식을 설명해주어야 한다. 그리고 필요하다면 그 주제와 관련된 어휘 목록이나 유용한 구문을 제시하여 학생들이 생각을 전개해나가는 과정을 도와야 한다.

자유 작문 방식으로 시 쓰기를 지도할 때 무엇보다도 중요한 것은 학생들이 자신감을 갖도록 도와주는 일이다. 학생들에게 시를 써보라고 요구하면, 처음에는 누구나 두려운 마음이 앞서 망설일 것이다. 그러나 일단 자신의 작품을 완성해보면 자신감을 얻게 될 것이다. 다음은 그러한 경험을 시로 쓴 학생 작품이다.

> We are writing poetry
> in class today.
> I said, "Not me.
> I don't want to stay."
>
> But the teacher said try.
> So I sit down to write
> And you know, I discovered
> I was really quite bright.
>
> This poetry's easy
> And before the hour was through
> I wrote a little poem
> That would please even you![3]

3) Mary Ann Christison, *English Through Poetry* (West Hayward, CA: Alemany

우리는 오늘 교실에서
시를 쓰고 있다.
"전 안 쓸래요," 나는 말했다.
"저는 나가고 싶어요."

그러나 선생님은 써보라고 하셨다.
그래서 나는 앉아서 시를 썼고,
아시다 시피, 나는 내가 정말로
꽤 똑똑한 학생임을 알게 되었다.

시 쓰기는 쉽다
그래서 시간이 끝나기 전에
나는 당신을 기쁘게 할
짧은 시 한 편을 썼다.

이 시에는 처음으로 시를 써본 학생의 경험이 쉬운 영어로 진솔하게 표현되어 있다. 시 쓰기를 두려워하는 학생이 이 시를 읽어보면, 누구나 이 정도의 작품은 쓸 수 있다고 자신감을 가질 것이다. 시 쓰기를 지도하는 교사나 시 쓰기를 배우는 학생은 시에 대한 지나친 경외심을 버릴 필요가 있다. 교사는 학생들에게 누구나 자신의 감정을 느낀 대로 솔직하게 표현하면 시를 쓸 수 있다는 생각을 심어주어야 한다.

울거는 시 쓰기를 지도할 때 다음 세 가지 점에 유의하라고 권한다(Woolger and Ogungbesan 16-19).

첫째, 길이를 제한한다.

시 쓰기를 통제하고 학생들이 주제에 집중하도록 훈련시키는 하나의 방법은 길이를 제한하는 것이다. 길이를 제한하는 것은 학생들에게 자신감을

Press, 1982), p. 16.

주기 위함이다. 처음에는 2행시(couplet)나 일본의 하이쿠(haiku)같은 3행시가 효과적일 것이다. 하이쿠를 모델로 제시할 경우, 하이쿠 형식에 대한 전문적인 설명은 불필요하다. 다만 그 세 줄 안에 단순하고 직접적인 언어로 하나의 관찰, 묘사, 기분 등을 포착해야 한다는 것만 강조하면 된다. 필요한 것은 정확한 언어로 명료하고 선명한 그림을 그리도록 지도하는 일이다.

둘째, 학생들이 쓴 시를 진지하게 읽어준다.

교사는 학생들이 쓴 시를 존중하는 태도로 지도에 임해야 한다. 학생들이 쓴 시가 만족스럽지 못하다 해도 책망하지 말고 진지하게 읽어주어야 한다. 그래야만 학생들이 자기가 쓴 글에 자신감을 가질 수 있다. 일단 지신의 시가 인정받았다고 느끼면, 개인적 관심사에 관한 주제로 시 쓰기를 계속할 것이다. 교사가 학생이 쓴 시를 존중해 줄 때, 학생은 자신의 생각을 정직하게 표현한 글을 쓰게 된다. 학생이 쓴 글을 진지하게 읽어주는 교사가 있다는 것이 진실한 글쓰기의 유인(誘因)이 된다.

셋째, 학생들이 읽은 시를 모델로 사용한다.

시 쓰기의 초기 단계에는 학생들이 읽은 시를 모방하여 쓰게 하는 것이 좋다. 읽은 시의 구조를 그대로 사용하면서 그 일부분을 대치하거나 자신의 말을 첨가하는 식으로 쓰기 연습을 하는 것이 시 쓰기에 접근하는 하나의 방법이 된다. 대치 방법은 틀이 이미 주어져 있기 때문에 학생들이 생각과 표현을 자신 있게 표현하도록 도와주는 이점이 있다. 시인들도 처음에는 모방으로 시 쓰기를 시작한다. 따라서 이 방법은 결코 잘못 된 방법이 아니다. 구전에 의해 전해오는 전통 민요시를 보라. 민요시는 한 개인이 구전되어 오는 시의 틀을 이용하여 자신의 생각을 첨가하는 방법으로 형성된 것이다. 다만 학생들이 전적으로 기계적 모방에만 의존하게 될 위험성을 경계해야 한다. 교사는 학생들이 모방의 단계를 거쳐 창의적인 글쓰기를 할 수 있도록 유념해서 지도해야 할 것이다. 교사가 지나치게 통제하여 자유로운 표현을 허용하지 않으면 학생들은 제 목소리를 낼 수 없게 된다.

1. 재생 연습 단계 (Reproduction)

언어학습의 첫 단계는 모방 연습 단계이다. 우리는 모국어이든 외국어이든 처음에는 모방에 의해 언어를 배우기 시작한다. 재생 연습 단계에는 모방연습을 통해 가능한 한 많은 문장을 기억하도록 만드는 전략이 필요하다. 이 단계에 학생들에게 제시되는 문장은 학생들의 관심과 지적 수준에 맞는 문장들이라야 한다. 그래야만 학생들의 학습동기를 유발할 수 있을 것이다.

이 책의 제2장과 제3장에 소개한 모든 방법이 실은 재생 연습 과정이 될 수 있기 때문에, 여기서는 몇 가지 방법만 추가로 소개한다.

1.1 베껴 쓰기(Copying)

대부분의 영어교사나 학부모들은 컴퓨터 시대에 웬 베껴 쓰기냐고 의아하게 생각할 것이다. 그러나 베껴 쓰기 연습은 학생들에게 정확한 철자법을 익히게 할 뿐만 아니라 두뇌 발달에도 도움을 준다는 것이 정설이다. 요즈음은 어린아이들이 학교에 가기도 전에 사설학원이나 유치원에서 영어를 배우기 시작하기 때문에 철자 연습을 체계적으로 할 기회가 없다. 따라서 초등학교 3학년 또는 중학교 1학년에 입학하여 영어수업을 시작할 때에 적어도 한 번은 베껴 쓰기 연습과정을 거쳐야 한다. 요즈음 학생들은 필기체와 인쇄체는 물론이고 대문자와 소문자를 가려 쓸 줄을 모른다. 베껴 쓰기는 단순히 글자를 익히는 과정이 아니라 인쇄체와 필기체 대·소문자를 정확하게 쓰는 법을 확인하는 과정이 되어야 한다.

시를 가지고 베껴 쓰기 연습을 하는 것은 철자법 연습뿐만 아니라 구두점, 시의 형태, 시련의 구조, 등에 친숙해지게 하는 데 도움이 된다. 베껴 쓰기를 할 때는 대·소문자, 들여쓰기, 띄어쓰기, 구두점, 등에 유의하여 원작의 형태를 그대로 유지하도록 지도하여야 한다. 산문의 경우에도 문장부호 및 단락의 모양을 숙지시키는 데 도움이 된다. 베껴 쓰기는 수업 시간을 할애하지 않고 숙제를 내어 준 다음 교사가 확인하는 방식으로 운영하는 것이 바람직할 것이다.

이와 같이 베껴 쓰기 연습은 단순한 철자 연습이 아니라 영어 학습의 초기 단계에 반드시 거쳐야 하는 복합적인 목적을 가진 중요한 학습 활동이다. 또한 베껴 쓰기를 연습하는 동안에 학생들이 시를 암기할 수도 있을 것이다.

[쓰기연습] 다음 시를 인쇄체와 필기체로 각각 열 번씩 써보자.

Mary Had a Little Lamb

Mary had a little lamb,
a little lamb,
a little lamb.
Mary had a little lamb,
Its fleece was white as snow.

Everywhere that Mary went,
Mary went,
Mary went.
Everywhere that Mary went,
The lamb was sure to go.

It followed her to school one day,
school one day,
school one day.
It followed her to school one day,
Which was against the rules.

It made the children laugh and play,

laugh and play,
laugh and play.
It made the children laugh and play,
To see a lamb at school.
(Nursery Rhyme)

1.2 받아쓰기(Dictation)

받아쓰기는 '베껴 쓰기'(copying)처럼 철자 연습이면서 듣기와 쓰기를 동시에 연습할 수 있는 방법이다. 언어의 한 기능은 다른 기능을 강화하는 경향이 있기 때문에, 듣기, 이해, 쓰기를 통합적으로 진행하는 것이 효과적이다. 그러므로 받아쓰기를 하기 전에 먼저 듣기 연습을 하는 것이 좋을 것이다.

듣기에는 이해과정이 포함된다. 이해과정은 메시지를 그대로 받아들이기만 하는 수동적 과정이 아니라 창조적인 의미 재구성 과정이다.[4] 따라서 학생들의 의미 파악을 돕기 위해서 먼저 교사가 전체 작품을 두 번 이상 들려주고 나서 받아쓰기에 들어가는 것이 좋다. 이때 교사는 자연스러운 영어의 강세와 억양을 살려서 정상적인 속도로 읽어주어야 한다.

학생들은 처음부터 긴 문장이나 시의 한 연을 통째로 기억하지 못하기 마련이다. 음성언어에서는 어휘군으로 이루어진 구나 절이 발화의 기본단위가 된다. 학생들이 한 번에 들어서 기억할 수 있는 구문의 길이(즉 memory span)가 한 문장 또는 한 행이 되기까지는 한 단어에서 시작하여 구, 절, 문장의 순서로 점차 늘여나감으로써 학생들이 한 번에 기억할 수 있는 구문의 길이를 늘여나가야 한다. 받아쓰기의 단위는 반드시 의미단위가 되어야 한다. 억양을 지도할 때와 마찬가지로 문장의 끝 단어부터 시작하여 점차 의미단위를 늘려나가면서 하나의 문장을 완성시키는 것도 하나의 효과적인 방

4) 김영숙, 「영어 듣기지도」, 황적륜, 『현대영어교육의 이해와 전망』 (서울대학교 출판부, 2000), p. 160.

법일 수 있다.

받아쓰기의 목표는 모방연습을 통한 문장의 암기에 있다. 교사는 받아쓰기 지도를 하는 동안 학생들이 문장의 의미를 이해하고 있는지 항상 확인해야 하고, 학생들이 그 문장들을 기억해두었다가 쓰기 자료로 활용할 수 있도록 지도해야 한다.

[쓰기연습] 다음 시로 받아쓰기를 지도하는 방법을 생각해보자. (이 시의 제재는 그리스 신화 이야기이다. 재미있는 신화 이야기를 들려주면 학생들의 흥미를 유발할 수 있을 것이다.)

Eurydice

Francis William Bourdillon

He came to call me back from death
To the bright world above.
I hear him yet with trembling breath
Low calling, "O sweet love!
Come back! The earth is just as fair;
The flowers, the open skies are there;
Come back to life and love!"

Oh! all my heart went out to him,
And the sweet air above.
With happy tears my eyes were dim;
I called him, "O sweet love!
I come, for thou art all to me.
Go forth, and I will follow thee,
Right back to life and love!"
I followed through the cavern black;
I saw the blue above.
Some terror turned me to look back:

I heard him wail, "O love!
What hast thou done! What hast thou done!"
And then I saw no more the sun,
And lost were life and love.

[Note] Eurydice는 나무의 요정이며 Orpheus의 아내이다. Orpheus는 독사에 물려 죽은 아내를 살리려고 명부(冥府)에 가서 음악의 힘으로 신들을 감동시켜서 아내를 데리고 가도 좋다는 승낙을 받았다. 다만 한 가지 조건이 있었다. 그들이 명부를 완전히 벗어날 때까지는 뒤따라오는 아내를 돌아보지 않아야 한다는 것이었다. 그러나 이제 한 걸음이면 명부를 빠져나오게 된 순간에 그는 아내를 돌아보고 말았다. 그 결과 아내는 다시 명부의 암흑으로 들어가고 말았다. Bourdillon은 이 작품에서 Eurydice가 뒤돌아본 것으로 바꾸어 놓았다.

Orpheus & Eurydice

The very earliest musicians were gods and their skill was unmatched. Gods such as Apollo, Athena and Hermes drew sounds so harmonious during their lavish banquets that their fellow deities on Mount Olympus forget all else, even their petty jealousies. Next to these gods came a few mortals who were so admirable in their art that they almost equaled the great gods.

One of these gifted mortals was Orpheus, son of the Muse Calliope and a Thracian king named Oeagrus. Orpheus was given the gift of music by his mother and that gift was nurtured in the land of Thrace where he grew up. The Thracians were the most musically inclined peoples of Greece. The great Apollo presented him with a lyre and the Muses taught him to use it, so that Orpheus was unparalleled in skill when it came to mere mortals, his only rivals were the gods.

His music was enchanting; no one and nothing could resist him. He had the ability to control both animate and inanimate objects, subduing wild beasts and making the trees and rocks move from their places in their eagerness to follow the sound of his music.

It is not told where he met his wife and how he courted her, but surely no maiden Orpheus desired could have resisted the power of his music. The by now renowned poet and musician chose a beautiful woman named Eurydice, whom some called by the name Agriope, and they had decided to settle down and raise a family among the savage Cicones of Thrace.

Sadly immediately following the wedding as Eurydice walked in a meadow with her bridesmaids, a serpent stung her and she died. His beloved new bride was dead and the grief of Orpheus was so great that he vowed to venture down to the Underworld and try to bring Eurydice back, a feat very few had managed.

Orpheus used the passage which opens at Aornum in Thesprotis and boldly descended into the realm of Hades. He charmed with his song the ferryman Charon and gained the other side, even though he wasn't dead. As he played his lyre, Cerberus the three-headed dog relaxed his guard and the three Judges of the Dead were mesmerized by the sound. Even the tortures of the damned were temporarily suspended: The wheel of Ixion stood motionless; Sisiphus sat at rest upon his stone; Tantalus forgot his thirst; for the first time the faces of the horrific Furies were wet with tears.

No one under his spell could refuse him. Hades and his queen Persephone granted Orpheus' wish and summoned Eurydice and gave her to him, but upon one single condition: that he would not look back at her as she followed him, until they reached the upper world and were safely back under the light of the sun.

As they exited the Underworld, passing through the great doors of Hades to the path that would take them out of the darkness, Orpheus knew Eurydice was close behind him, following the sound of his lyre, but he longed to make sure. The moment that he joyfully stepped out of the darkness into the light he turned back, but it was too soon, for Eurydice still hadn't exited the cavern and was still in the shadows of Hades. He saw her in the dim light, and he held out his arms to clasp her, but she slipped away from him. As Orpheus reached for the hand of his beloved wife Eurydice disappeared with one last word: "Farewell."

And she was gone forever.

Totally dismayed he attempted to rush after her, but the gods would not consent to allowing Orpheus to enter the Underworld a second time, while he was still alive. Forced to return to earth alone and overcome with grief, he forsook the company of men and wandered through the wild playing his melodious lyre. Only the creatures of nature and the rocks, rivers and trees were fortunate enough to hear the sad strains of his lyre, singing of his heartbreak.

2. 재구성 연습 단계 (Recombination)

재구성 연습 단계에는 주어진 단어, 구, 문장 등을 재배열하거나 주어진 표현에 최소한의 변화를 주어 작품을 완성시키는 연습하는 활동이 포함된다. 이 단계까지는 학생들이 새로운 문장을 쓰기보다는 주어진 작품을 가지고 구성부분을 재배열하거나 변형시키는 연습을 통하여 표현 방법을 배우는 연습 위주로 진행한다.

2.1 어순 재배열하기 (I)

한 문장 안에서 단어를 배열하는 순서를 익히는 연습이다. 발화의 단위로서 명사구, 형용사구, 부사구의 구성 원리를 먼저 연습하고 나서 문장의 구조를 익히는 순서로 나아가는 것이 원칙이다. 산문에서는 일반적으로 주어, 조동사, 동사, 목적어, 보어, 부사(구) 등을 배열하는 순서가 정해져 있다. 시의 경우에는 운율 때문에 이러한 일반적 어순이 지켜지지 않을 경우가 많이 있다.

시인들에게는 문법규칙이나 어법을 일탈할 수 있는 "시적 특권" (poetic license)이 부여되어 있다. 그러나 시인이라고 해서 아무 규칙이나 어법을 일탈해도 좋다는 것은 아니다. 시인들에게 허용된 특권은 대개 관례나 전통으로 정해진 것들이다. 시에서 허용되는 파격적 문법규칙에는 어순에 관한 것이 많다.

① 주어와 술어의 전도

Round the cape of a sudden *came the sea.*

(Robert Browning, "Parting at Morning")

② 동사와 목적어의 전도

Strange fits of passion have I known.

(Wordsworth, "Strange Fits of Passion")

③ 동사와 보어의 전도

Great is the hand that holds dominion . . .

(Dylan Thomas, "The Hand that Signed the Paper")

④ 형용사와 명사의 전도

Full many a gem of purest ray *serene*

(Thomas Gray, "Elegy")

⑤ 동사와 부사(구)의 전도

On motorcycles, up the road, they come.

(Tom Gunn, "On the Move")

⑥ 목적어와 부사(구)의 전도

We find also in the sound a thought.

(Matthew Arnold, "Dover Beach")[5)]

---

5) 김진우, 『시와 언어』 (서울: 한국문화사, 1998), pp. 67-69.

'어순 재배열하기'의 연습 방법에는 산문과 다른 어순으로 되어 있는 시행 또는 문장을 산문의 어순으로 재배열하는 방법과 한 행 또는 한 문장의 어순을 헝클어 놓고 다시 시의 운율에 맞게 재배열하게 하는 방법이 있을 수 있다. 어느 경우든지 문법규칙에 맞는 어순을 가르쳐주어야 하며, 산문의 어순과 다르게 전도된 경우에는 그 이유를 설명할 수 있어야 한다.

다음 시는 워즈워스의 "Strange Fits of Passion Have I Known"이다. 이 시에서 산문의 어순과 다르게 되어 있는 문장을 찾아내어 문법규칙에 맞게 고쳐보자. 그리고 괄호 안에 있는 단어들을 시의 리듬에 맞게 재배열해보자.

Strange fits of passion have I known:
And I will dare to tell,
But in the Lover's ear alone,
What once to me befell.

When she I loved looked every day
Fresh as a rose in June,
I to her cottage bent my way,
Beneath an evening-moon.

Upon the moon I fixed my eye,
All over the wide lea;
With quickening pace my horse drew nigh
Those paths so dear to me.

And now we reached the orchard-plot;
And, as we climbed the hill,
The sinking moon to Lucy's cot
Came near, and nearer still.

(*sweet, of, those, one, dreams, I, slept, in*),
Kind Nature's gentlest boon!
And all the while my eyes I kept
On the descending moon.

My horse moved on; hoof after hoof
He raised, and never stopped:

When (*behind, cottage, down, the, roof*),
At once, the bright moon dropped.

(*what, thoughts, slide, fond, and, wayward, will*)
Into a Lover's head!
"O mercy!" to myself I cried,
"If Lucy should be dead!"

[Summary]

The speaker proclaims that he has been the victim of "strange fits of passion"; he says that he will describe one of these fits, but only if he can speak it "in the Lover's ear alone." Lucy, the girl he loved, was beautiful—"fresh as a rose in June"—and he traveled to her cottage one night beneath the moon. He stared at the moon as his horse neared the paths to Lucy's cottage. As they reached the orchard, the moon had begun to sink, nearing the point at which it would appear to the speaker to touch Lucy's house in the distance. As the horse plodded on, the speaker continued to stare at the moon. All at once, it dropped "behind the cottage roof." Suddenly, the speaker was overcome with a strange and passionate thought, and cried out to himself: "O mercy! If Lucy should be dead!"

[배열연습] 다음 시에서 괄호 안에 있는 단어들을 재배열해보자.

Child's Nightmare

One is small child who hides on the floor.
Two is the bogey who knocks on the door.
Three are (*creak, night, the, windows, that, in, the*).
Four are the pillows that hide me from sight.
(*fingers, five, grip, on, are, arm, the, that, my*).
Six are the prayers I say against harm.
Seven are the footsteps that thud in the hall.
(I, eight, are, I, as, the, heartbeats, hear, fall).

Nine are the hot tears that gush from my eye.
Ten is my number. I know I must die.
(Alan Maley)

2.2 어순 재배열하기 (II)

영어는 단어 배열 순서를 달리하면 문장의 의미가 달라진다. 우리는 동일한 단어를 사용하여 의미가 다른 문장을 여러 개 만들 수 있다. 예를 들면, "I like the things they have"라는 문장을 가지고 어순을 재배열하면 다음과 같이 여러 개의 상이한 문장을 만들어 볼 수 있다.

I like the things they have.
I have the things they like.
They have the things I like.
They like the things I have.

여기에 "The things they have I like"와 같이 목적어를 문두로 이동시키면 네 개의 문장을 더 만들 수 있다. 그러나 이 문장들은 목적어를 강조하는 점을 제외하면 위의 네 문장과 같은 의미를 갖는다. 이처럼 어순을 바꾸면 문장의 의미가 달라진다는 사실은 시인들에게 부여된 "시적 허용"에도 한계가 있음을 말해준다. 다시 말해서 어순을 임의로 변화시키면 문장의 의미가 달라지기 때문에 앞에서 열거한 일정한 틀을 벗어날 수는 없다.

이와 같이 어순을 재배열하는 연습은 문장구조에 대한 감각을 기르는 데에 도움이 된다. 단어를 임의로 재배열하다보면 더러는 "The I like things they have"와 같은 비문법적인 문장이 만들어질 수도 있을 것이다. 이러한 비문법적인 문장을 만든 학생은 분명 문장구조에 대한 감각이 없는 학생이다. 비문법적인 문장을 제거하는 과정에서 학생들은 영어에서 허용되는 문장이 어떤 것인지 알게 될 것이다. 또한 영어의 문장들 중에는 "Nobody can be happy for ever"처럼 이러한 변화를 거의 허용하지 않는 문장도 있다는 것을 알게 될 것이다.

Maley는 한정된 수의 단어로 여러 개의 서로 다른 문장을 만들 수 있는 재미있는 예를 보여주고 있다(156).

(1) He knows nobody the woman loves.
(2) He knows the woman nobody loves.
(3) He loves nobody the woman knows.
(4) He loves the woman nobody knows.
(5) Nobody he knows loves the woman.
(6) Nobody he loves knows the woman.
(7) Nobody knows the woman he loves.
(8) Nobody loves the woman he knows.
(9) The woman he knows loves nobody.
(10) The woman he loves knows nobody.
(11) The woman knows nobody he loves.
(12) The woman loves nobody he knows.

Maley는 이 방법을 "Computer poems"라 명명하고 총 11개의 문장을 예시하였다. 그러나 실제로 컴퓨터로 정렬해보면 위와 같이 12개의 문장을 만들 수 있고, 여기에다 아래와 같이 목적어를 도치시킨 문장을 포함시키면 총 20개의 문장을 만들 수 있다. (Maley의 예문에는 1번, 3번, 9번 문장이 빠져 있고, 19번 문장과 20번 문장이 포함되어 있다.)

(13) Nobody he knows the woman loves.
(14) Nobody he loves the woman knows.
(15) Nobody the woman knows he loves.
(16) Nobody the woman loves he knows.
(17) The woman he knows nobody loves.
(18) The woman he loves nobody knows.

(19) The woman nobody knows he loves.
(20) The woman nobody loves he knows.

[활용방법]

학생들에게 과제를 주어 이와 같이 어순 재배열만으로 변형이 가능한 문장을 만들거나 찾아오게 한다. 다양한 종류의 문장을 가지고 어순을 재배열하여 의미가 다른 문장을 가능한 한 많이 만들게 한다. 학생들이 만든 문장 중에서 비문법적인 문장을 골라내어 잘 못 된 부분을 설명해준다.

2.3 구문 재배열하기

시의 한 연 또는 시 전체를 구성하고 있는 문장들을 구(phrase) 단위로 나누어 작은 종이에 옮겨 적는다. 시의 제목("폭탄실험장에서")과 연의 구조(4행씩 3개 연)를 미리 알려준다. 학급을 8명씩 3개 조로 나누어 각각의 학생에게 시구가 적힌 종이를 나누어 준다. 각 조는 구를 연결하여 완전한 문장으로 만들게 한다. 그 다음 학급 전체가 모여 연의 배열 순서를 정하게 한다. 마지막으로 원작을 제시하고 맞게 배열하였는지 확인시킨다.

At the Bomb Testing Site

( ) a panting lizard
( ) as if something
( ) At noon in the desert
( ) waited for history
( ) watching the curve
( ) its elbows tense
( ) of a particular road
( ) might happen

It was looking for something farther off
than people could see, an important scene
acted in stone for little selves
at the flute end of consequences.

There was just a continent without much on it
under a sky that never cared less.
Ready for a change, the elbows waited.
The hands gripped hard on the desert.

폭탄실험장에서

정오에 사막에서 숨을 할딱거리는 도마뱀 한 마리가
역사를 기다리고 있었다. 양 팔꿈치에 팽팽히 힘을 주고서,
뭔가 일어날 것처럼
어느 특정한 도로의 모퉁이를 지켜보면서.

도마뱀은 사람들이 볼 수 있는 곳을 넘어선
멀리 떨어진 곳에 있는 무엇인가를 찾고 있었다.
결말을 가져오는 나선형 홈의 끝에서 작은 자아들을 위해
바위 속에서 연출되는 중요한 장면을.

거기에는 생명이 별로 없는 대륙만이 있었다,
어느 때보다도 많이 걱정스러워 하는 하늘 아래에서.
변신할 준비를 하고서, 그 팔꿈치는 기다렸다.
두 손은 사막을 힘주어 꽉 붙잡고 있었다.

[Commentary]

"At the Bomb Testing Site" makes a big point by focusing on something very small: a solitary desert lizard facing destruction. By describing something concrete, the poem addresses the unimaginable.

It works by subtly enlarging our perceptions of nature, violence, and death. The poem is written in a quiet, casual tone that increases in intensity in the third stanza but never mentions the words "death" or "war."

Instead we get that information from the title and infer the rest from the unfolding description of the lizard. The closest the poem comes to a direct comment is in line 11 's "a change," which is a euphemism for "annihilation." In this context, the word "change" is chilling—how can we think of death this way? If we follow this reasoning, we must wonder how we can read the casualties of a bombing as just numbers on a page, or how a soldier can turn a key that will end up killing thousands.]

(* 이 시는 understatement의 예를 가장 잘 보여주고 있다.)

[활용방법]

먼저 구(phrase)를 연결하여 시행 또는 문장을 만들고, 다시 그 행(문장)들을 연결하여 하나의 연(단락)을 구성한다. 학생들의 수준에 따라 작품 전체를 해체하여 재구성하는 연습을 할 수도 있을 것이다. 전체 작품을 재구성할 경우에는 먼저 의미를 보고 연(단락)을 나눈 다음 각 연의 문장 또는 행을 재배열하는 순서로 연습을 진행하는 것이 좋다. 특히 작품을 해체할 때, 각 부분이 의미 단위가 되도록 나누어야 한다.

2.4 시행(문장) 재배열하기

주어진 구문이나 문장들을 일관성 있게 재배열하는 연습이다. 시든 산문이든 글에 일관성을 부여하는 방법은 여러 가지가 있을 수 있다. 논리 전개를 목적으로 하는 글의 경우에는 귀납적 추론 방법과 연역적 추론 방법이 있고, 장면 묘사를 하는 글의 경우에는 왼쪽에서 오른쪽으로, 혹은 오른쪽에서 왼쪽으로 묘사해 나간다. 그리고 사건을 진술하는 글의 경우에는 사건들이 일어난 시간 순서로 문장을 배열하는 것이 보통이지만, 민요시나 희곡처럼 극적인 효과를 높이기 위해서는 절정의 사건부터 시작할 수도 있다. 이처럼 하나의 단락 안에서 문장을 배열하는 순서는 그 글에서 다루는 제재의 성격에 따라 결정되기 마련이다. 그러나 시의 경우에는 대체로 제재의 성격과 아울러 운율(특히 각운)이 문장을 배열하는 순서에 영향을 미친다.

[학습활동]

학생들을 소집단으로 나누고, 시행의 배열순서가 뒤섞인 상태로 시를 제시한다. 먼저 큰 소리로 전체 작품을 읽힌다. 그 다음 집단별로 시행의 순서를 바로잡게 한다. 전체 학생들 앞에서 집단별로 한 줄씩 맞추어 읽어나간다. 이때 연결이 매끄럽지 않은 부분이 있으면 그 내용을 기록 하게 한다. 재배열이 완결되면 원문을 제시한다. 완성된 작품을 큰 소리로 읽힌다.

다음 시는 문장을 배열하는 원리가 분명히 드러나 있는 작품이다. 이 시를 가지고 재배열 연습을 시켜보자.

( ) My heart leaps up when I behold
( ) So is it now I am a man;
( ) So was it when my life began;
( ) A rainbow in the sky:
( ) Or let me die!
( ) So be it when I shall grow old,
The Child is father of the Man;
And I could wish my days to be
Bound each to each by natural piety.

이 연습을 위해서는 글의 일관성이 분명한 작품일수록 좋을 것이다. 그리고 산문이나 운문이나 구성 원리는 동일하다는 것을 주지시킬 필요가 있다. 시행의 일관성을 파악하는 데는 or, and then, maybe, 등과 같은 연결어, 비유법, 각운 등이 단서를 제공한다.

[배열연습 1] 다음 시의 첫째 연과 둘째 연의 시행을 순서에 맞게 다시 배열해보자.

The Chimney Sweeper

William Blake

( ) Crying "weep! weep!" in notes of woe!
( ) "Where are thy father and mother? Say!"
( ) A little black thing in the snow,
( ) "They are both gone up to the church to pray.
( ) And taught me to sing the notes of woe
( ) "Because I was happy upon the heath,
( ) They clothed me in the clothes of death,
( ) And smiled among the winter's snow,

"And because I am happy and dance and sing,
They think they have done me no injury,
And are gone to praise God and his priest and king,
Who make up a heaven of our misery."

(From *Songs of Experience*)

[배열연습 2] 다음 시에서 넷째와 다섯째 연의 시행을 일관성 있게 재배열해보자.

The Chimney Sweeper

William Blake

When my mother died I was very young,
And my father sold me while yet my tongue
Could scarcely cry " 'weep! 'weep! 'weep! 'weep!"
So your chimneys I sweep, and in soot I sleep.

There's little Tom Dacre, who cried when his head,
That curl'd like a lamb's back, was shav'd, so I said
"Hush, Tom! never mind it, for when your head's bare
You know that the soot cannot spoil your white hair."

And so he was quiet, and that very night
As Tom was a-sleeping, he had such a sight!
That thousands of sweepers, Dick, Joe, Ned, and Jack,
Were all of them lock'd up in coffins of black.

( ) And the Angel told Tom, if he'd be a good boy,
He'd have God for his father, and never want joy.

( ) And by came an Angel who had a bright key,
And he open'd the coffins and set them all free;

( ) Then naked and white, all their bags left behind,
They rise upon clouds and sport in the wind;

( ) Then down a green plain leaping, laughing, they run,
And wash in a river, and shine in the sun.

And so Tom awoke, and we rose in the dark,
And got with our bags and our brushes to work.
Though the morning was cold, Tom was happy and warm;
So if all do their duty they need not fear harm.

(From *Songs of Innocence*)

2.5 빠진 단어 채워 넣기

'빠진 단어 채워 넣기'는 문맥에 맞는 단어를 찾아 넣는 연습이다. 이 연습은 우리가 문장을 쓸 때나 시인이 시를 쓸 때 어휘를 선택하는 원리와 밀접한 관계가 있다. 우리가 문장을 쓸 때는 한 문장의 문맥을 고려하여 단어를 선택한다. 그러나 그 문장이 한 단락의 일부가 될 때는 전체 단락의 구조를 고려하여 단어를 선택하게 된다. 한 단락은 통일성(unity)과 일관성(coherence)과 연속성(continuity)을 갖도록 구성되어야 한다. 즉 한 단락에는 하나의 제재에 관련된 문장만 들어가야 하고, 그 문장들은 일관된 원칙에 의해 배열되어야 하며, 각 문장은 적절한 연결어로 매끄럽게 연결되어야 한다.

시의 경우에는 연이 산문의 단락에 해당한다. 시의 연도 산문의 단락과 마찬가지로 통일성과 일관성과 연속성을 갖도록 구성되어야 한다. 그러나 시의 경우는 고려해야 할 사항이 한 가지 더 있다. 시인은 산문의 구성 원리에 더하여 율격 구조와 각운을 고려하여 단어를 선택한다. 시의 구조는 역설적으로 단어 선택을 오히려 용이하게 하는 요인이 될 수도 있다.

'빠진 단어 채워 넣기'에서 삭제되는 부분은 글의 구성 원리를 알면 예측이 가능해야 한다. 임의로 단어를 삭제해서는 안 되며, 한 작품에서 너무 많은 단어를 삭제하면 학생들이 혼란스러워할 것이다. 따라서 어떤 원칙에 입각하여 삭제된 단어를 예측할 수 있도록 만들어야 한다. 삭제되는 단어는 내용어일 수도 있고 기능어일 수도 있을 것이다. 정형시의 경우는 각운을 이루는 단어를 생략하는 것이 하나의 방법이 될 수 있다.

[학습활동]

학생들을 소집단으로 나누고, 각운이 있는 짧은 시를 선택하여 각운을 이룬 단어의 일부를 삭제하고 시를 제시한다. 집단별로 빈칸에 적합하다고 생각되는 단어를 모두 적게 한 다음, 가장 적합하다고 판단되는 단어를 선택하여 시를 완성하게 한다. 그리고 완성된 시를 전체 학생들에게 발표시킨다. 이 때 각 단어를 선택한 이유를 설명하게 하는 것이 좋다.

Some say the world will end in fire;
Some say in ice.
From what I've tasted of __________ .
I hold with those who favor fire.
But if it had to perish twice,
I think I know enough of ___________ .
To know that for destruction ice
Is also great
And would ___________ .

학생들이 이미 읽은 작품이면 답은 쉽게 찾아질 것이다. 쉬운 문제라 해도 읽은 작품을 복습하는 효과는 얻을 수 있을 것이다. 긴 작품의 경우에는 작품의 일부분을 발췌하여 제시할 수도 있을 것이다. 처음에는 학생들이 이미 알고 있는 작품으로 시작하여 생소한 작품으로 연습 범위를 넓혀가는 것이 학생들에게 자신감을 불어 넣는 방법이 될 것이다.

[쓰기연습] 다음 시에서 빠진 단어를 채워 넣어보자.

Life is real! Life is earnest!
  And the grave is not its ___________ ;
Dust thou art, to __________ returnest,
  Was not spoken of the soul.

Not enjoyment, and not ____________ ,
  Is our destined end or way;
But to act, that each to-morrow
  Find us farther than __________ .

2.6 적당한 단어 고르기

빠진 단어 채워 넣기(2.5) 대신 빈칸에 여러 단어를 주고 적당한 단어를 선택하게 하는 방법을 사용할 수도 있다. 이 방법은 일반적인 언어능력 평가에 흔히 사용되는 선다형 문제의 한 형태이다.

시 원문과 함께 빈칸에 들어갈 세 개의 단어를 제시한다. 세 단어 중 하나는 원문의 단어라야 한다. 학생들을 소집단으로 나누어 가장 적합한 단어를 고르게 한다. 그리고 그 단어를 선택한 이유를 설명하게 한다. 다음 시에서 괄호 안에 주어진 단어들 중 적당한 단어를 선택하고 전체 작품의 의미를 파악해보자.

The battle (*rent, picked, shot*) a cobweb diamond-strung
And cut a flower beside a ground bird's (*home, nest, house*)
Before it (*stained, wet, struck*) a single human breast.
The (*striking, stricken*) flower bent double and so hung.
And still the bird revisited her (*young, kids, chick*).
A butterfly its fall had dispossessed
A moment sought in air his flower of rest,
Then lightly stooped to it and (*shuddering, fluttering*) clung.
On the (*nude, bare*) upland pasture there had spread
O'ernight 'twixt mullein stalks a (*wheel, circle*) of thread
And straining cables wet with silver dew.
A sudden passing bullet shook it dry.
The (*hiding, indwelling, resting*) spider ran to greet the fly,
But finding nothing, sullenly (*withdrew, went back*).

(Robert Frost, "Range-finding")

과녁 찾기

전투는 한 인간의 가슴을 피로 물들이기 전에
이슬방울이 다이아몬드처럼 맺힌 거미줄을 찢었고,
지상의 새집 곁에 피어있는 꽃을 꺾어놓았다.
꽃은 꺾인 채 줄기에 매달려 있고,
새는 여전히 새끼들을 다시 찾아왔다.
꽃이 꺾여 앉을 자리를 잃은 나비는
잠시 앉을 꽃을 공중에서 찾다가,
이내 가볍게 내려와 꽃에 매달렸다.
텅 빈 고지대의 초지에는 밤사이
현삼 줄기 사이에 바퀴 모양의 거미집이 걸렸고,
팽팽한 줄에 은빛 이슬방울이 맺혀 있었으나,
갑자기 지나간 실탄에 흔들려 떨어져 버렸다.
거미는 파리가 걸린 줄 알고 달려 나왔으나,
아무 것도 안 보이자 황급히 되돌아갔다.

[활용방법]

어휘 연습(특히 품사 연습)에 적합한 방법이다. 생소한 단어를 배우는 수단으로서도 유용하다. 명시선집에 수록된 친숙한 작품들을 사용하면 신선한 흥미를 줄 수 있을 것이다.

2.7 빠진 구문 채워 넣기

'빠진 단어 채워 넣기'와 유사한 형태의 연습 방법이다. 먼저 짧은 시 전체 또는 긴 시의 일부분을 선택하고, 의미 단위가 되는 명사구, 형용사구, 부사구, 또는 한 행 전체를 삭제하고 시를 제시한다. 소집단별로 빠진 부분에 적합한 명사구, 형용사구, 또는 부사구를 가능한 한 많이 적게 한다.

학생들이 만든 구문 중에서 빈칸에 가장 적합한 것을 선택하여 전체 학급에 발표하고 그 이유를 설명하게 한다.

A cat, black and fat
napped on my lap
Just some fur, a purr
An occasional stir.
(A) ______________________________
At the sound of the door
And quietly left
(B) __________________________.

(A)에 들어갈 수 있는 구문:
He pricked his ears
He blinked his eyes
He stretched himself
He blinked wide awake

(B)에 들어갈 수 있는 구문:
And was seen no more.
To be seen no more.
And he went away.
And he disappeared into the dark.

[쓰기연습] 다음 시에서 빈칸에 적당한 구문을 보충하여 시를 완성하시오.

In this city, perhaps a street.
In this street, perhaps a house.
____
And in this room a woman sitting,
Sitting in the darkness, sitting and crying

For someone who ______________________

____

And who has just switched off the light

____

<원작> In the City

Alan Brownjohn

In this city, perhaps a street.
In this street, perhaps a house.
In this house, perhaps a room.
And in this room a woman sitting,
Sitting in the darkness, sitting and crying
For someone who has just gone
    through the door.
And who has just switched off the light
Forgetting she was there.

2.8 산문을 시로 고쳐 쓰기

시와 산문의 외형적 차이는 행의 길이와 연의 구분에 있다. 시의 연은 산문의 단락(paragraph)에 해당한다. 그러나 시의 연은 산문의 단락과 다음과 같은 점에서 차이가 있다. 즉 산문의 단락은 완전히 독립된 글의 단위를 이루며 한 단락의 마지막 문장이 다음 단락으로 이어지지 않지만, 시에서는 한 문장이 다음 연으로 이어지는 경우도 있을 수 있다.

시의 행을 나누는 주된 이유는 리듬 때문이다. 그리고 시각적 형태 또한 분행의 이유가 된다. 특히 구상시(具象詩)의 경우에는 시각적 형태가 분행의 주된 이유가 된다. 산문시를 제외하면, 대부분의 시는 외형만 보아도 식별이 가능하도록 구성되어 있다. 정형시의 경우는 한 행에 일정한 수의 음절과 운율에 맞는 단어가 배치되어 있다. 또한 각운의 운을 이루는 단어는 행의 맨 끝에 두어야 하기 때문에 분행(分行)이 불가피하다. 자유시의 경우 시인들은 일반적으로 시의 의미와 리듬의 조화를 고려하여 행을 나눈다. 때로는 한 단어의 음절을 나누어 행을 가르기도 한다.

분행과 분련(分聯)은 "낯설게 하기"의 일종이다(김준오 151). 시의 행과 연을 나누는 것 자체는 일상 언어를 파괴하는 시적 기교의 하나이다. 같은 문장을 분행했을 경우와 그렇지 않은 경우 사이에는 의미의 차이가 발생할 수 있다. "낯설게 하기"는 전통적 형식의 틀을 깸으로써 독자에게 신선한 충격을 주어 주의를 환기시킨다. 현대의 자유시는 전통적인 정형시의 틀을 깸으로써 처음에는 독자들을 낯설게 했을 것이다.

분행을 하는 방법은 여러 가지가 있을 수 있다. 시행을 나누지 않고 산문의 형태로 이어서 쓰면 산문시가 된다. 산문시의 경우에는 분행을 할 필요가 없다. 정형시는 한 줄에 들어갈 음절수가 정해져 있고, 각운이 있을 경우 각운을 이루는 단어 다음에 행을 바꾸면 되므로 분행이 저절로 이루어진다. 그러나 자유시의 경우에는 쓰는 사람에 따라 다양한 분행 방법이 있을 수 있다. Fletcher는 시를 여러 번 소리 내어 읽고 어디서 쉬는 것이 자연스러울지 들어보라고 권한다. 그리고 쉴 자리에 // 표를 하고 다시 한 번 읽어본다. 이런 방법으로 끝까지 표시를 한 다음 시행을 나눈다. 다음은 Fletcher가 지신의 시를 가지고 분행한 예이다.

> Last night // after you hung up // I wrote you a poem // hoping it might change your heart. // This morning // I tell myself: // Get serious, man. // Someone once compared // writing a poem // and a deep well, // waiting for the splash.

[학습활동]

짧은 산문을 선택하여 학생들에게 나누어주고 시의 형태로 행과 연을 나누게 해보자. 혹은 짧은 시를 선택하여 행과 연의 구분을 없애고 산문처럼 만들어 제시할 수도 있을 것이다. 산문의 형태로 된 글을 행으로 나누는 데는 다양한 방법이 있을 수 있을 것이다. 나누는 방법에 따라 운율과 의미상에 어떤 변화가 일어나는가를 관찰해보라. 그리고 완성한 작품을 학생들끼리 서로 비교하게 해보자.

Each thing that goes away returns and nothing in the end is lost.

[1안]

Each thing that goes away
Returns,
And nothing in the end
Is lost.

[2안]

Each thing
That goes away
Returns,
And nothing
In the end
Is lost.

[3안]

Each thing
That goes
Away
Returns,
And nothing
In the end
Is lost.

[활용방법]

선택한 산문이 운율에 맞지 않을 경우 어순, 단어의 형태, 등의 변형을 시도할 수도 있다. 시를 해체하여 다시 산문으로 만든 글일 경우에는 마지막 활동으로 원작과 비교하는 과정이 필요하다.

[분행연습 1] 다음 시를 분행해보자.

I have eaten the plums that were in the icebox and which you were probably saving for breakfast. Forgive me they were delicious so sweet and so cold. (William Carlos Williams, "This Is Just To Say")

[분행연습 2] 다음 시를 분행해보자.

The fog comes on little cat feet. It sits looking over harbor and city on silent haunches and then moves on. (Carl Sandburg, "Fog")

[분행연습 3] 다음 시를 분행해보자.

So much depends upon a red wheelbarrow glazed with rain water beside the white chickens. (William Carlos Williams, "The Red Wheelbarrow")

2.9 시를 산문으로 풀어쓰기

시에 대해 이해한 바를 학생 자신의 말로 옮긴다. 풀어쓰기(Paraphrasing) 한 것과 시를 비교하는 것은 시와 산문의 거리를 보는 좋은 방법이다. 풀어쓰기는 글의 정수, 중심사상, 또는 이야기 줄거리를 짧게 압축한 요약(summary)과는 다르다. 풀어쓰기는 한 행 한 행의 의미를 산문으로 고쳐 쓰는 것인데, 보통 원문보다는 길이가 길어질 수도 있다.

풀어쓰기는 시의 중심사상 즉 주제(theme)를 파악하는 데 도움이 된다. 시의 주제는 제재와는 다르다. 이를테면 「이니스프리 호도(湖島)」의 제재는 이니스프리 호수에 있는 섬이지만, 이 시의 주제는 완전한 평화와 행복이 있은 이상향에 대한 동경이다. 주제는 읽는 사람에 따라 달라질 수 있다. 만약 이 시가 도시를 벗어나고픈 소망을 표현한 것으로 이해한다면, 이 시의 주제는 "자연으로 돌아가고픈 소망"이 된다.

풀어쓰기는 시의 내용을 완전히 전달하지 못하며, 특정한 풀어쓰기가 정답이라 할 수 없다. 시를 산문으로 풀어 쓸 때는 쓰는 사람의 주관적 해석이 들어갈 수도 있다. 엄밀히 말해서 시인조차도 자기 시의 의미를 다 안다고 말할 수 없다. 로버트 브라우닝에게 그의 시의 의미를 물었을 때 그는 이렇게 대답했다: 즉 시를 완성했을 때는 신과 자신만이 그 시의 의미를 안다고 생각했으나, "지금은 신만이 아신다"라고.

풀어쓰기가 전혀 불가능한 시도 있다. 신비주의자들이 쓴 시는 현실이 아니라 꿈처럼 보인다. 예를 들면, 블레이크의 "The Sick Rose," 아편 복용의 경험을 적은 콜리지의 "Kubla Khan" 등의 작품은 풀어쓰기가 불가능하다. 무의미시, 원시민요, 초현실주의 작품 등도 마찬가지다.

The Lake Isle of Innisfree

William Butler Yeats

I will arise and go now, and go to Innisfree,
And a small cabin build there, of clay and wattles made;
Nine bean rows will I have there, a hive for the honey bee,
And live alone in the bee-loud glade.

And I shall have some peace there, for peace comes dropping slow,
Dropping from the veils of the morning to where the cricket sings;
There midnight's all a glimmer, and noon a purple glow,
And evening full of the linnet's wings.

I will arise and go now, for always night and day
I hear lake water lapping with low sounds by the shore;
While I stand on the roadway, or on the pavements gray,
I hear it in the deep heart's core.

[산문]

I'm going to get up now, go to Innisfree, build a cabin, plant beans, and live peacefully by myself amid nature and beautiful light. I want to because I can't forget the sound of that lake water. When I'm in the city, a gray and dingy place, I seem to hear it deep inside me. (X. J. Kennedy and Dana Gioia, *An Introduction to Poetry*, p. 8.)

[쓰기연습 1] 다음은 Langston Hughes의 "Dreams"이다. 이 시를 산문으로 풀어써보자.

Hold fast to dreams
For if dreams die
Life is a broken-winged bird
That cannot fly.

Hold fast to dreams
For when dreams go
Life is a barren field
Frozen with snow.

[산문]

Dreams are very important in your life. If you let your dreams go, your life would be totally meaningless. It would be like a bird whose wings are broken and therefore cannot fly. Or it would be like a barren field frozen with snow where nothing can grow.

[쓰기연습 2] 다음은 시와 시인 자신이 풀어쓰기 한 산문이다. 이 두 가지를 비교해보자.

Ask Me

William Stafford

Some time when the river is ice ask me
mistakes I have made. Ask me whether
what I have done is my life. Others
have come in their slow way into
my thought, and some have tried to help
or to hurt: ask me what difference
their strongest love or hate has made.

I will listen to what you say.
You and I can turn and look
at the silent river and wait. We know
the current is there, hidden; and there
are comings and goings from miles away
that hold the stillness exactly before us.
What the river says, that is what I say.

[산문]

"When it's quiet and cold and we have some chance to interchange without hurry, confront me if you like with a challenge about whether I think I have made mistakes in my life—and ask me, if events or exploits others would see. Well, those others tag along in my living, and some of them in fact have played significant roles in the narrative run of my world; they have intended either helping or hurting (but by implication in the way I am saying this you will know that neither effort is conclusive). So—ask me how important their good or bad intentions have been (both intentions get a drastic leveling judgment from this cool stating of it all). You, too, will be entering that realm of maybe-help-maybe-hurt, by entering that far into my life by asking this serious question—so: I will stay still and consider. Out there will be the world confronting us both; things that do not reveal themselves to us. That river, that world—and our lives—all share the depth and stillness of much more significance than our talk, or intentions. There is a steadiness and somehow a solace in knowing that what is around us so greatly surpasses our human concerns." (From "Ask Me"; Kennedy, p. 20.)

[쓰기연습 3] 다음은 시인 워즈워스 남매가 호숫가를 산책하다가 수선화를 본 경험을 표현한 시와 산문이다 시인의 시와 누이의 산문을 비교해 보자.

I Wandered Lonely as a Cloud

William Wordsworth

I wandered lonely as a cloud
That floats on high over vales and hills,
When all at once I saw a crowd,
A host, of golden daffodils;
Beside the lake, beneath the trees,
Fluttering and dancing in the breeze.

Continuous as the stars that shine
And twinkle on the milky way,
They stretched in never-ending line
along the margin of a bay:
Ten thousand saw I at a glance,
Tossing their heads in sprightly dance.

The waves beside them danced; but they
Out-did the sparkling waves in glee:
A poet could not but be gay,
in such a jocund company:
I gazed - and gazed - but little thought
What wealth the show to me had brought:

For oft, when on my couch I lie
In vacant or in pensive mood,
They flash upon that inward eye
Which is the bliss of solitude;
And then my heart with pleasure fills,
And dances with the daffodils.

[산문] Dorothy Wordsworth's *Journal* (April 15, 1802)

"When we were in the woods beyond Gowbarrow Park we saw a few daffodils close to the water-side. We fancied that the lake had floated the seeds ashore, and that the little colony had so sprung up. But as we went along there were more and yet more; and at last, under the boughs of the trees, we saw that there was a long belt of them along the shore, about the breadth of a country turnpike road. I never saw daffodils so beautiful. They grew among the mossy stones about and about them; some rested their heads upon those stones as on a pillow for weariness; and the rest tossed and reeled and danced, and seemed as if they rerily laughed with the wind, that flew upon them over the Lake; they looked so gay, ever glancing, ever changing. This wind blew directly over the Lake to them. There was here and there a little knot, and a few stragglers a few yards higher up; but they were so few as not to disturb the simplicity, unity, and life of that one busy highway.

3. 문장쓰기 연습 단계 (Guided Composition)

이 단계에서는 주어진 문장의 재생이나 재구성의 단계를 넘어서서 학생들이 지금까지 학습활동의 과정에서 습득한 언어 자원을 이용하여 스스로 구나 문장을 만드는 연습을 한다. 학생들에게 하나의 주제를 주고 시를 쓰게 하는 완전한 자유영작(free composition)의 전 단계로서 하나의 모델을 제시하고 문장 쓰기를 연습시키는 단계이다.

어휘연습: 먼저 문장 구성의 기본단위가 되는 단어의 구성요소와 기능을 익힌다. 단어는 접두사, 접미사, 어미, 그리고 어근으로 이루어진다. 접두사와 접미사를 익히는 것은 어휘력을 늘리는 데 대단히 중요하다. 그리고 각 단어는 저마다 문장 안에서 하나의 기능을 갖는다. 단어 중에는 전치사나 접속사처럼 기능이 중요시되는 기능어(function words)가 있는가 하면, 의미가 중요시되는 내용어(content words)가 있다. 내용어에는 명사, 동사, 형용사, 그리고 부사가 있는데, 이들 내용어 역시 문장 안에서 주어진 역할을 갖고 있다. 이들 단어는 기존에 주어진 기능을 바꾸는 품사전용에 의해 새로운 기능이 생겨나기도 한다.

구문연습: 단어가 여러 개 모여 하나의 기능을 하는 것을 구(phrase)라 한다. 완전한 문장을 쓰기 전 단계로서 문장의 단위가 되는 구를 구성하는 연습을 한다. 영어의 구에는 명사구, 형용사구, 부사구 등이 있다.

문법연습: 글쓰기의 기본 단위는 문장이다. 여러 가지 연습을 통하여 배운 어휘와 문장구조에 대한 지식을 활용하여 문법에 맞는 문장을 만드는 연습을 시킨다. 문장쓰기의 첫 단계에는 예문을 제시하고 그 예문을 부분적으로 변형시키거나, 문장의 틀을 제시하고 그 틀에 맞게 단어를 연결하는 유도 작문 연습이 필요하다. 그 다음에는 필요한 단어를 제시하고 그 단어들을 연결하여 문장을 만들어보는 연습을 시킨다.

연습결과의 활용: 이 단계의 연습 결과로 얻어진 것을 모아서 시의 형태

로 만드는 것이 중요하다. 비록 그것이 시적 가치가 떨어지는 글이라 해도, 하나의 의미 있는 구조를 만들어 보는 것은 학생들에게 성취감을 안겨주고 학습동기를 유발하는 데에 결정적인 역할을 하기 때문에 의미 있는 활동이 된다.

3.1 어휘 연습 (1): 접두사[6])

단어의 구성요소인 접두사, 접미사, 형태소를 익히는 활동이다. 단어는 이와 같은 구성부분으로 나누어질 수 있고, 하나의 어근(語根)에 다른 접두사나 접미사를 연결하면 그 의미와 기능이 달라진다. 그리고 이 방법으로 하나의 어근에서 유래한 단어군을 익힐 수 있다.

접두사	보기	의미
super-	supervisor superhighway	above, high
super-	supermarket	big
sub-	subway, subsist	under
pre-	preview, premonition	before
co-/con-	co-operative conversation	with
re-	repeat, reread, redo revise	again

[학습활동]

흑판에 여러 개의 접두사를 쓰고, 그 접두사로 시작하는 단어를 적는다. 그 접두사의 의미를 적는다. 새로운 단어 만들기 실험을 하는 방법을 일러

6) Spiro 2.1: "Word invention poems" (pp. 32-35).

준다. 즉 "pre-"로 시작하는 단어에서 접두사를 떼어내고 "sub-"를 붙여 새로운 단어를 만들고 새로 만들어진 단어의 의미를 정의한다.

subview = the view you have when lying on the floor
superoperate = work with someone by acting as their boss

이와 같은 방법으로 새로운 단어를 가능한 한 많이 만들고, 그 단어들의 의미를 정의한다. 몇 개의 단어와 그 단어들의 정의를 모아 시를 만든다. 그리고 완성된 시를 전체 학생들 앞에서 발표한다. 다음은 접두사로 만든 시의 보기이다.

1984

Alison Fell (14세)

I'm unapproved, unbeknown,
Uncared for, uncredited,
Undecided, uneducated,
Unequal, unessential,
Unfamed, unfashionable,
Unfortunate, unfunded,
Unhappy, unhoused,
Unimportant, unloved,
Unknowable, unmerited,
Unnoticed, unpractical,
Unrefined, unremembered,
Unsatisfactory, untaught,
Untrained, unversed:
UNEMPLOYED!

[활용방법]

카드 열 장을 준비하여 각각의 카드에 접두사를 하나씩 적는다. 그리고 20 장의 카드에 접두사와 결합할 수 있는 단어(way, market, take, operate, worker, pass, write, author, etc.)를 하나씩 적는다. 학생들을 두 집단으로 나누고, 각 집단에 접두사 카드와 단어 카드를 절반씩 나누어 준 다음, 접두사와 단어를 결합하여 합성어를 만든다.

고급 수준의 학생들은 이렇게 하여 만들어진 새로운 단어를 정의하고, 여러 개의 단어와 정의를 가지고 한 편의 시를 짓는다.

[쓰기연습] 다음은 John Updike가 접두사 "super-"를 사용하여 지은 시다. 이 시를 참고하여 유사한 작품을 구상해보자.

Superman

John Updike

I drive my car to supermarket,
The way I take is superhigh,
A superlot is where I park it,
And Super Suds are what I buy.

Supersalesmen sell me tonic—
Super-Tone-O, for Relief.
The planes I ride are supersonic.
In trains, I like the Super-Chief.

Supercilious men and women
Call me superficial—me,
Who so superbly learned to swim in
Supercolossality.
Superphosphate-fed-foods feed me;

Superservice keeps me new.
Who would dare to supersede me,
Super-super-superWho?

3.2 어휘 연습 (II): 접미사[7])

접미사 "-ful"과 "-less"를 사용하여 단어를 만든다. 이들 접미사는 문법적으로는 정 반대의 의미를 갖지만 이렇게 만들어진 단어는 반드시 반의어가 되지는 않는다. 예를 들면, powerful과 powerless, harmful과 harmless는 반의어가 되지만 사전에서 정의를 찾아보면 반의어가 되지 않는 경우를 발견할 수 있다.

careful=giving attention and thought to what you are doing
careless=not giving enough attention or thought to what you are doing

thankful=pleased about something good that has happened, or something bad that has not happened;
A person is thankful, but a situation cannot be.
thankless=unpleasant or difficult to do and unlikely to bring you any rewards or thanks from anyone.
A situation is thankless, but a person cannot be.

thoughtful=showing signs of careful thought; showing that you care for other people
thoughtless=not caring about the possible effects of your words or actions on other people

7) Spiro 2.2: "Word invention poems" (pp. 35-37).

[학습활동]

흑판에 power, thought, thank, hope, care, harm 등의 단어를 적고, 이들 단어에 각각 "-ful"과 "-less"를 붙여 단어를 만든다. 그리고 그 단어들의 정의를 사전에서 찾아 적는다. 학생들에게 각기 한 쌍의 단어를 선택하여 그 단어들로 문장을 만든다.

An elephant is powerful.
A mother is powerful.
Study is powerful.

A mouse is powerless.
A baby is powerless.
Dreaming is powerless.

짝끼리 문장을 읽어주고, 필요하면 문장을 고친다. 만들어진 문장 중에서 대조적인 의미를 갖는 두 문장으로 시를 만든다.

An elephant is powerful.
A mouse is powerless.

A mother is powerful.
A baby is powerless.

Study is powerful.
Dreaming is powerless.

문장들 중에서 한 문장을 선택하여 다음과 같이 두 문장으로 만든다.

An elephant is powerful.
An elephant is powerless.

고급 수준의 학생들은 각 문장에 이어서 because 절을 첨가하여 시를 짓는다.

An elephant is powerful
because it is the king of animals.
An elephant is powerless
because it can never hide.

각 집단의 절반은 "-ful"이 있는 문장을 읽고, 나머지 절반은 "-less"가 들어 있는 문장을 읽는다.

3.3 어휘 연습 (III): 어미[8)]

어미를 첨가하여 새로운 단어를 만들거나 단어의 의미를 바꾸는 연습을 한다. 흑판에 색깔을 나타내는 형용사와 음식이름을 나타내는 명사 목록을 적는다.

A: Colours	B: Food	C	D
red pink green brown orange white grey	ice cream cherries honey cheese bread rice egg butter	Add -ing Add -ed	Add -ly or -ily

8) Spiro 2.3: "Grammar play poems" (pp. 38-40).

[학습활동]

학생들이 A열과 B열에 단어를 추가한다. C열과 D열의 어미를 A열과 B열에 붙여 흑판에 적는다.

> C: icecreaming, honeying, cherrying, egging, reddening, oranging, browning; cheesed, riced, breaded, pinked
> D: eggily, cheesily, pinkly, brownly, ice-creamily, butterly, pearly, marmaladely

C열과 D열에 각각 제목을 붙인다: "Make a verb"; "Make an adverb."

학생들이 각자 단어를 만들어 목록에 추가한다. 이렇게 만들어진 단어들 중에서 재미있는 단어를 골라 그 의미를 정의해본다.

> *honeying*: taking nicely to someone to get something you want
> *cherring*: just going from one happy nice thing to another avoiding everything difficult
> *pinkly*: in a very shy way

학생들을 소집단으로 나누고 각 집단의 학생들이 다섯 개씩의 단어를 만든다. 그리고 각 단어의 의미를 정의해본다.

> *marmaladed*: spread with jam

집단별로 단어목록과 정의를 발표한다. 각각의 단어를 사용하여 문장을 만든다. 다음은 이렇게 만든 단어로 지은 시이다.

Summer Poem

Summer and time
For honeying the girls
Summer and time
For cherrying.

Winter Poem

Winter uglies me
in winter I go to work brownly
Like slush.

이 활동을 한 후에 학생들은 그들이 만든 단어가 실제로 사전에 있는지 확인한다. 고급 수준의 학생들은 이 방법으로 새로운 단어를 만들어 사용할 수 있을 것이다. 다음 단어들은 이러한 방법으로 만들어진 단어의 예이다.

to brown (browned, browning)=cook gently;
brown the onions in a pan
greyly: in a dull fashion
to butter (*buttered, buttering*): spread butter on bread
to egg someone on: to encourage someone, to push someone to do something
to be cheesed off: to be bored, unhappy, irritated

3.4 어휘 연습 (IV): 전치사[9]

전치사는 명사(구) 앞에서 명사와 결합하여 형용사구 또는 부사구를 만드는 기능어이다. 여기서는 전치사와 명사구로 이루어진 장소의 부사구를 연

9) Spiro 2.5 : "Preposition Poems" (pp. 44-45).

습한다. 흑판에 다음과 같은 표로 연습할 구문을 제시한다.

A	B	C
There is	water air noise music sun	in the . . . on the . . . under the . . . through the . . . between the . . .

[학습활동]

계단, 출입문, 천정, 벽, 침실, 복도, 난간, 등에 물이 가득 차있는 그림을 보여주고, 다음과 같은 문장을 쓰게 한다.

There's water down the stairs.
There's water under the door.
There's water in the street.

학생들에게 다음 시를 읽어주고 학생들 자신의 생각과 비교하게 한다.

There's water on the ceiling
And water on the wall,
There's water in the hall,
There's water on the landing,
And water on the stair,
Whenever daddy takes a bath,
There's water everywhere.

학생들을 3~4명씩 조를 나누고, 각 조는 B열에서 한 단어를 선택하여 문장을 적어도 6 개씩 만든다. C열의 전치사를 가능한 한 많이 사용한다.

There's noise on the street
there's noise inside my head
there's noise in the houses
there's noise in the shops
there's noise between people
there's noise on the radio
there's noise instead of silence
there's noise instead of peace.

한 조가 첫 줄을 읽는다. 다 읽기 전에 다음 조가 둘째 줄을 읽기 시작한다. (마치 폭포수가 떨어지듯 읽는다 하여 "cascade"식 읽기라 불린다.)

3.5 어휘 연습 (V): 색채 연상[10)]

단어의 부정적 연상과 긍정적 연상 및 문화적 의미를 익힌다. 신화, 동화, 등에 자주 나오는 단어 목록을 만든다. 학생들이 이 목록에 단어를 추가한다. 각 단어의 연상적 의미를 생각해본다.

fountain	rose	crow	dog	dove
apple	island	thorn	wolf	fox
tree	snake	dragon	wizard	witch
bird	spring	seven	three	red
white	sun	moon	night	star

[학습활동]

학생들은 각 단어의 의미를 확인한다. 그 다음 그들이 좋아하는 단어, 긍정적 의미 또는 즐거운 의미를 가진 단어와 싫어하는 단어, 부정적, 불쾌한 의미를 가진 단어를 구분한다. 이때 오래 생각하지 않고 즉각적인 반응

10) Spiro 2.6 : "Word Association Poems." (pp. 46-47).

을 하게 한다. 단어의 함축적 의미를 식별하는 근거는 단어의 소리, 다른 단어와의 연상, 개인적 경험, 학생들이 읽은 신화, 동화 등이 될 것이다. 긍정적/부정적 연상을 일으키는 단어의 표를 만든다. 만든 표를 가지고 학생들끼리 서로 비교한다. 단어에 대한 느낌을 기록한다. 목록에서 특히 흥미로운 단어 5 개씩을 고른다. 각 단어 옆에 느낌을 적는다.

red: dangerous, like blood,
brave, like courage

각 집단이 3 개 이상의 단어에 대한 느낌을 적었을 때, 큰 소리로 읽게 한다.

Red

dangerous, like blood
beautiful like a wedding sari
wealth, it's the face of the money goddess

White

it is pure, a burial gown
the colour of ashes
the colour of the water lily
big on water

3.6 어휘 연습 (VI): 감정을 나타내는 형용사(과거분사)[11]

감정 묘사에 필요한 어휘를 연습한다.

[학습활동]

학생들에게 다음의 상황에 대해 생각하게 한다.

* my first day at school/college
* my first day in this country
* my first day leaving my parents
* my first day in a new job
* my first journey to another country

학생들은 그들이 느낀 것을 묘사하는 형용사를 같이 생각해본다.

surprised about/by	the number of . . .
Disappointed about/by	the smell of . . .
Worried about/by	the taste of . . .
Amused about/by	the colour of . . .
Confused about/by	the shape of . . .
Excited about/by	the sound of . . .
Delighted about/by	the people: teachers/children
Pleased about/by	the noises/sounds/words
Disgusted about/by	
Happy about	
Sad about	
Nervous about	

대부분의 형용사는 [about + 명사구]와 연결할 수 있다. 일부 형용사는

11) Spiro 4.7: "Poems about first days" (pp. 79-80).

[by + 명사구]와 연결된다. 흑판에 이와 같은 예를 3~4 개 쓴다. 그 다음 학생들에게 다음과 같이 질문한다.

Surprised by what?
Confused by what?
Excited by what?

명사를 연결하여 각 구문을 완성한다.

Surprised by school bells.
Confused by the teacher.
Excited by all the children
Disappointed by the food

학생들을 3~4 명의 그룹으로 나눈다. 각 그룹은 다음 패턴 중 하나를 선택하여 문장을 쓴다.

Pattern 1: Surprised by . . .
Surprised by . . .
Surprised by . . .

Pattern 2: Surprised by . . .
Confused by . . .
Disappointed by . . .

학생들이 쓴 문장을 모아 시를 만든다.

First Days in England

Surprised by school bells
Surprised by kindness
Surprised by language
Surprised by shyness
Surprised by the number of children
Surprised by bright colour paints
Surprised by feel smell
Surprised by mashed potato

[활용방법]

형용사에 따라서 전치사가 달라짐을 주지시킨다.

Interested in
Homesick for
Delighted with

형용사를 바꾸어 위의 시를 고쳐본다.

Interested in the strange language
Interested in the strange people
Interested in the strange food

3.7 어휘 연습 (VII): 반의어

반의어는 중요한 글쓰기 자원이다. 먼저 반의어를 연습하기에 편리한 문장의 틀을 제시한다. Spiro와 Maley & Duff는 모두 반의어를 연습하는 방법을 제안하고 있다(Spiro 2.4; Maley & Duff 6.3). 반의어를 연습하는 데에 편리한 구문으로는 다음과 같은 것들이 있을 수 있다.

A: I (am) _________, but you (are) _____________.
B: Inside every __________ there's _____________.

이 두 구문 중 A는 형용사, 명사(구), 동사 등을 다양하게 연습할 수 있는 구문이지만, B의 경우는 명사(구)만 가능하다. 빈칸에 들어가는 단어는 반의어뿐만 아니라 대립적인 뜻을 가진 단어라면 족할 것이다. 위의 두 가지 구문 이외에도 반의어 연습에 적합한 구문을 다양하게 만들어 사용할 수 있을 것이다.

[학습활동]

흑판에 서로 위의 두 구문 중 하나를 선택하여 빈칸에 반대의 의미를 가진 표현을 적는다.

A: I am young, but you are old. (형용사)
I read poems, but you read stories. (명사)
I love football, but you hate football. (동사)

B: Inside every wise man there's a fool.
Inside every chaos there's a rule.
Inside every certainty there's doubt.
Inside every silence there's a shout.

A와 B의 구문 중 하나를 선택하여 가능한 한 많은 문장을 쓰게 한다.

I am young, but you are oldest.
I am tall, but you are short.

I am quiet, but you are loud.
I am funny, but you are serious.
I am polite, but you are rude.
I am always wrong, but you are always right.
I am the bow, but you are the arrow;
I am the night but you are the daylight.
I am a wheel, but you are a barrow;
I read poems, but you read stories.
I like football, but you like tennis.
I live in the city, but you live in the countryside.
I write letters, but you write e-mails.
I love dogs, but you hate dogs.
I remember my birthday, but you forget your birthday.

학생들이 쓴 문장 중에서 일부를 선택하여 한 편의 시를 만든다. 이 때 학생들에게 서로 다른 사람들이 정말로 좋은 친구가 될 수 있기 때문에 "I"와 "You"는 가장 친한 친구라고 설명하고, "So we are best friends"라는 말로 끝나는 시를 만들게 한다. 다음은 이런 방법으로 지은 시이다.

I and You

I am the youngest of six.
You are the oldest of five.
I am shy.
You are bossy.
I like bossy people.
You like shy people.
So we are best friends.

[활용방법]

초급 수준의 학생들을 대상으로 가르칠 때는 반드시 문장의 모델을 제시하고 연습시키는 것이 좋다. 짝을 이루는 단어가 반드시 정확한 반의어일 필요는 없다. 대립적인 의미를 가진 단어라도 무방할 것이다.

학생들이 자기 자신의 상반된 측면이나 친구 또는 애인의 상반된 성격을 관찰하여 문장을 만들 수도 있다. 그리고 다음과 같은 문장을 만든다. 다음은 한 동물의 상반된 성질을 묘사한 보기이다.

My Magnificent Bull

My bull is dark like the raincloud in storm
He is like summer and winter.
Half of him is dark like the storm cloud.
Half of him is light like the morning star.

(Jane Spiro 43)

3.8 구문 연습 (I): 명사구 만들기

문장쓰기를 하기 위해서 먼저 단어와 단어를 연결하는 방법을 익힐 필요가 있다. 두 개 이상의 단어를 연결하여 하나의 의미 단위인 구(phrase)를 만든다. 영어의 구들 중에서 가장 활용빈도가 높은 것은 명사구이다.

명사구는 여러 가지 형태로 이루어지는데, 그 중에서도 하나의 명사를 중심으로 앞뒤에 그 명사를 수식하는 형용사가 연결된 명사구가 가장 보편적인 형태이다. 이러한 명사구의 구조는 다음과 같다: (형용사)+관사+(형용사)+· · · +(명사)+명사+{형용사(구)}+(형용사절). 이 형태의 명사구는 문장의 주어, 보어, 그리고 타동사 또는 전치사의 목적어로 사용된다. 또한 [전치사+명사구]의 구조는 형용사구 또는 부사구로 쓰인다. 따라서 이 명사구는 문장을 구성하는 데에 있어서 활용빈도가 가장 높고 또한 가장 중요한 문장

구성요소의 하나다.

먼저 하나의 명사를 선택하여 관사와 명사로 이루어진 가장 간단한 구를 만들고, 그 명사와 연결될 수 있는 형용사를 가능한 한 많이 찾아 다양한 명사구를 만들어본다: a red (yellow, white, black, blue) rose. 그 다음 여기에 수식어를 하나씩 첨가해나가는 연습을 한다.

a rose
a *red* rose
a *pretty* red rose
a *small* pretty red rose
a small pretty red rose *in the garden*
a small pretty red rose in the garden *which I planted last year*

이와 같은 방법으로 여러 개의 다른 명사를 사용하여 명사구를 만든다. 명사 앞에 형용사를 연결하는 데는 매우 복잡한 규칙이 있으나, 두 개 이상의 형용사가 명사 앞에 놓이는 경우는 드물기 때문에 한 가지 원칙만 알고 있으면 큰 어려움은 없을 것이다. 즉 명사 앞에 여러 개의 형용사를 배열할 때는 변화의 가능성이 상대적으로 적은 형용사를 명사 가까이 연결하면 된다.

일정한 길이의 명사구만으로도 한 편의 시를 쓸 수 있다. 다음은 명사구만으로 이루어진 시의 보기이다.

Meeting at Night

The gray sea and *the long black land*;
And *the yellow half-moon large and low*;
And *the startled little waves* that leap
In *fiery ringlets* from *their sleep*,
As I gain *the cove* with *pushing prow*,
And quench *its speed* i' *the slushy sand*.

Then *a mile of warm sea-scented beach*;
Three fields to cross till *a farm* appears;
A tap at the pane, the quick sharp scratch
And *blue spurt of a lighted match*,
And *a voice less loud*, thro' *its joys and fears*,
Than *the two hearts beating each to each*!

밤의 밀회

잿빛 바다와 길고 검은 육지;
크고 낮게 걸린 노란 반달;
모래 진창에 뱃머리를 대고
속도를 죽여 후미에 닿을 때,
잠자다 깨어 작은 원으로
퍼져나가는 놀란 잔물결,

갯바람 훈훈한 긴긴 모래밭;
세 밭을 지나자 보이는 농장;
창문 노크 소리, 성냥 긋는 소리,
그리고 파랗게 이는 불꽃,
반가움과 두려움에 숨죽인 음성
서로 만나 두근대는 두 개의 심장.

이 시에서 이탤릭체로 된 부분은 모두 명사구이다. 명사구 이외에도 몇 개의 절이 들어 있지만, 그 절 역시 명사구에 포함된 동사를 수식하는 역할을 한다. 예를 들면, "the startled little waves *that leap / In fiery ringlets from their sleep, / As I gain the cove with pushing prow, / And quench its speed i' the slushy sand*"에서 이탤릭으로 된 부분은 명사 "waves"를 수식하는 형용사절이며, 그 절 안에서 "As . . ."는 동사 "leap"를 수식하는 부사절이다. 제2연에서 둘째 줄에 포함된 또 하나의 절 "till a farm appears"는 동사 "cross"를 수식하는 부사절이다. 그러므로 이 시는 완전히 명사구만으로 이루어져 있다고 말할 수 있다.

명사구 쓰기에서 수식어를 첨가하는 연습과 아울러 수식어를 제거하는 연습 또한 명사구의 구조를 파악하는 데에 도움이 된다. 명사구에서 마지막에 [(관사) + 명사]만 남을 때까지 수식어를 차례로 제거해나가는 연습을 해 보자.

① the startled little waves that leap / In fiery ringlets from their sleep, / *As I gain the cove with pushing prow, / And quench its speed i' the slushy sand*
② the startled little waves *that leap / In fiery ringlets from their sleep*
③ the *startled* little waves
④ the *little* waves
⑤ the waves

[쓰기연습] 여러 개의 명사구만으로 한 편의 시를 써보자.

3.9 구문 연습 (II) : [동사 + 부사]구문 쓰기

문장의 구성 부분 중에서 술부의 핵심은 동사이며, 동사의 종류에 따라 문장의 구조가 달라진다. 동사는 목적어 유무에 따라 '자동사'와 '타동사'로, 그리고 보어 유무에 따라 '완전' 동사 또는 '불완전' 동사로 구분된다. 영어의 동사에는 완전자동사, 불완전자동사, 완전타동사, 수여동사, 불완전타동사의 다섯 가지 종류가 있다. 동사와 연결되는 문장 요소는 일반적으로 [동사 + 목적어 + 보어 + 부사]의 순서로 연결되지만, 부사의 위치는 부사의 종류에 따라 동사의 앞 또는 뒤에 위치한다. 여기서는 동사와 부사를 연결하는 연습을 해보자.

[학습활동]

먼저 전체 학급 학생을 짝수의 소집단으로 나눈다. 절반은 신체동작을 나타내는 동사목록(walk, dance, sing, shout, 등)을 만들고, 나머지 절반은 -ly로 끝나는 부사목록(silently, cunningly, patiently, 등)을 작성한다. 그 다음 두 집단씩 합하여 [동사 + 부사] 구문을 만든다. 한 집단의 학생이 동사를 제시하면 그 외의 집단에서 여러 부사를 제안하고 제안된 부사들 중에서 가장 적합한 부사를 선택하여 흑판에 기록하게 하거나, 두 집단씩 짝을 지어 동사와 부사를 연결한 다음 전체 학급에 발표하게 하는 등 다양한 방법이 있을 수 있다. 만들어진 것들 중에서 적당한 수의 어울리는 구문을 선택하여 행으로 배열하고 제목을 붙여보면 의외로 재미있는 결과를 얻을 수도 있을 것이다.

다음은 Maley가 보여준 예시이다(139-140).

Song of the Unhappy Wife

Meet casually
Sing sadly
Cry loudly
Shout vehemently
Curse callously
Dance merrily
Kiss passionately
Corner cunningly
Kill gracefully.

[활용방법]

동사와 부사의 상투적 연결보다는 새로운 연결을 시도하게 한다. 의외의 결과에서 오는 충격효과는 언어학습에 재미를 느끼게 할 것 이다. [동사 + 부사]의 구문을 이용하여 완전한 문장을 만들게 한다.

They met casually at a dance.
She sang sadly of romance.

미리 제목을 제시하면 통일성과 일관성을 가진 작품을 만들 수도 있다.

3.10 구문 연습 (III): 낯설게 하기

"낯설게 하기(defamiliarization)"라는 용어는 20세기 초 러시아 형식주의자들이 최초로 만들어 사용하기 시작한 것이다.[12] 그들은 시의 언어가 일상어보다 이해하기 어려운 이유는 바로 "낯설게 하기" 때문이라 주장했다. 우리

---

12) 이 말은 러시아 형식주의(formalism) 비평가 Viktor Shklovsky가 1917년에 "기교로서의 예술(Art as Device)"이라는 논문에서 처음 사용하였다.

에게 낯익은 것 또는 당연시 되는 것을 생소하게 보이도록 만들어서 읽는 데에 시간이 걸리게 하고 이해를 더디게 하는 것이 모든 예술적 기교의 근본적 기능이다. "낯설게 하기"의 산물인 시의 언어는 독자가 시를 쉽게 이해하고 금방 시를 버리지 못하도록 오래 독자를 붙잡아 두는 효과를 가져온다.

"낯설게 하기"가 비평용어로 처음 사용된 것은 20세기 초이었지만, 그보다 1세기 이전에 영국 낭만주의 시인들은 이미 그와 같은 생각을 갖고 있었다. 워즈워스는 1800년에 『抒情譚詩集』 서문에서 평범한 일상생활의 사건과 상황을 제재로 선택하여 상상의 색채를 더함으로써 평범한 것을 특이하게 보이도록 만드는 것이 그의 목표라고 말했다. 셸리도 「시의 옹호」에서 우리가 날마다 접하는 일상적 사물에서 "친숙의 막(film of familiarity)"을 걷어내는 것이 시인의 사명이라 말한 바 있다. 그러나 이들은 둘 다 낯익은 사물을 낯설게 만드는 구체적인 방법을 예시하지는 않았다. 어쩌면 그것은 시인들이 사용하는 모든 시적 기교가 바로 낯설게 하는 방법이라고 생각했기 때문이었을 것이다.

"낯설게 하기"의 좋은 예로는 딜런 토머스가 시의 제목으로 사용한 "A grief ago"(한 슬픔 전에)라는 표현을 들 수 있다. 토머스는 "a minute ago"라는 관용적인 부사구에서 시간을 의미하는 명사 대신에 감정을 나타내는 명사 "grief"를 사용함으로써 전혀 생소한 어구를 만들어 독자들에게 충격을 주었다. 우리는 이제 토마스의 표현을 모방하여 "a sigh ago"(한 한숨 전에), "a tear ago"(한 눈물 전에), "a wish ago"(한 소망 전에) 등의 표현을 만들어 볼 수 있다. 이와 같은 표현은 문법규칙을 파괴함으로써 얻어지는 일종의 파격적인 표현이다.

학생들에게 글쓰기를 지도할 때는 의도적으로 파격을 가르칠 필요는 없다. 중요한 것은 파격 이전에 먼저 문법적인 표현을 가르쳐야 한다는 것이다. 그러나 단어 연결 연습을 하는 과정에서 학생들의 의도와는 상관없이 때때로 이와 같은 일탈적 표현이 만들어지기도 한다. 이 같은 비문법적 표현의 대부분은 실제로 통용될 수 없는 것들이지만, 더러는 비유적 의미가 성립될 수 있는 참신하고 독창적인 표현이 부산물로 얻어지기도 한다.

Maley는 비록 "낯설게 하기"라는 용어를 사용하지는 않았지만, "낯설게 하기"의 초보적인 연습 방법 한 가지를 제안하고 있다(153-4). 그것은 학생들에게 [형용사 + 명사]로 이루어진 명사구 목록을 만들게 한 다음 형용사를 다른 명사와 재결합시키는 방법이다. 이 방법은 명사구뿐만 아니라 [동사 + 부사] 구문이나 [주어 + 동사 + · · ·]의 연결 방법에도 적용될 수 있을 것이다.

[학습활동]

학생들은 각자 일상적인 의미의 [형용사 + 명사] 어구를 10개 이상 적는다.

an evil eye	a razor's edge
a wheezy cough	a whistling kettle
a wounded knee	a severed tap
a mouldy head	a rotten tooth
a rusty nail	a spongy bag
a creaking door	a musty smell
a puffing engine	

적은 어구에서 형용사를 다른 명사와 재결합시킨다. 새로 만든 어구 목록을 다른 학생과 교환하여 특이한 어구들을 고른다. 선택한 어구의 새로운 의미를 해석한다. 의미를 부여할 수 있는 어구를 연결하여 시로 만든다.

Old Age[13]

an evil knee
a razor's cough
a wheezing edge
a whistling head
a wounded kettle
a severed eye
a mouldy engine
a rotten nail
a rusty tooth
a spongy door
a creaking cake
a musty tap
a puffing bag

이것은 낯익은 사물을 보는 새로운 시각을 기르는 데 효과적이다. 상투적 표현을 이용하여 수식어를 새롭게 연결하면 뜻밖의 새로운 표현을 얻을 수 있다. 이렇게 하여 얻은 모든 표현을 한 편의 시로 엮어내기는 어려울 것이나, 그 중에서 하나의 참신한 아이디어나 이미지를 얻는다면 그것을 중심으로 한 편의 시를 완성시킬 수 있을 것이다. 이런 방법으로 [주어 + 동사], [동사 + 명사], [동사 + 부사] 등 다양한 어구를 실험할 수 있다.

3.11 중심구문을 이용한 쓰기 연습 (I)

학생들에게 연습시킬 중심구문의 틀을 모델로 제시하고 문장 쓰기를 연습시킨다. 이때 중심 구문은 활용 빈도가 높은 구문이어야 하고, 치환에 의해 여러 문장을 만들어낼 수 있는 것이라야 한다. 이 연습은 하나의 문장구

13) Maley & Duff, p. 154.

조를 모델로 삼아 여러 가지 생각을 표현하는 방법을 반복해서 연습시킴으로써 학생들에게 문장 쓰기에 대한 자신감을 갖게 해주는 데에 기여한다. 이 방법은 또한 문장 구조의 틀을 미리 제시하고 주어진 구조 안에서 단어를 바꿔 넣는 변형연습을 하게 하기 때문에, 글쓰기 능력이 부족한 학생들이 엉터리 문장을 만들어내는 오류를 미연에 방지할 수 있는 이점이 있다.

중심구문을 이용하여 문장 쓰기를 연습시키는 방법은 이미 여러 사람의 책에서 소개 되고 있다. 그 대표적인 예는 Alan Maley와 Alan Duff의 *The Inward Ear*와 Jane Spiro의 *Creative Poetry Writing*이다. 전자는 [I have forgotten...], [I don't like...], [I wish...], [When I am old...], [What I love about...], [I like that stuff...] 등의 구문을, 그리고 후자는 [I wonder...], [I know...], [used to...], [I remember...], 등의 구문을 연습하는 방법을 제안하고 있다.[14] 이 두 책에 제시된 방법은 대동소이하다. 전자의 경우는 한국어로 번역이 되어 있기 때문에 여기서는 후자가 제안한 [used to] 구문 연습 방법만 소개하기로 한다.

"Used to"는 과거에 있었으나 지금은 없어진 상태나 습관을 묘사하는 데에 사용되는 구문이다. 이 구문을 사용하여 현재와 과거의 차이를 묘사하는 방법을 다음과 같이 연습한다(Spiro 5.4).

[학습활동]

학생들에게 친구나 좋아하는 친척의 이름을 적게 한다. 그리고 그 사람에 대한 추억이나 변화한 모습을 설명하게 한다. 다음의 문장을 완성시킨다.

> We used to . . .
> but now we . . .
> You used to . . .

---

14) Maley & Duff, 5.1, 5.3, 5.4, 5.5, 5.6, 5.7 (pp. 112-120); Spiro, 4.5, 5.4, 5.6, (pp. 74-78, 90-92, 95-96.)

but now you . . .

학생들이 말한 것을 흑판에 적는다.

We used to talk on the telephone but now we write emails.
You used to be shy, but now you talk all the time.

학생들에게 10분의 시간을 주고 각자 다음의 문장을 쓰게 한다.

We used to . . .
but now we . . .

You used to . . .
but now you . . .

다음의 표는 학생들의 쓰기에 도움을 줄 것이다.

We used to But now we	talk walk eat ice-creams walk along the beach talk on the phone write long letters buy presents sit in cafes laugh tell jokes
You used to be But now you are	shy. sad, kind, funny, happy

학생들이 쓴 문장을 모아 시를 만든다. 다음은 학생들이 쓴 시의 보기이다.

We used to walk alone, along the beach
But now we walk along the wind
We used to sing songs in the choir
But now we sing on the clouds.
We used to go through the trees
But now we are walking through the
Brightness.

[활용방법]

주어를 "I"로 바꾸어 써본다.

I used to be shy
but now I am not.
I used to be disloyal
but now I've changed.
I used to not know myself
but I know who I am.
I used to dislike poetry
but now I've become a poet.
I used to be a person
And I still am.

"I used go"나 "I used to going"과 같은 문법적 오류를 교정해준다.

[쓰기연습] 다음 구문을 사용하여 다음과 같은 방법으로 연습해보자.

(1) I remember + 명사구 (-ing 또는 that-절); 처음 학교 가던 날처럼 기억에 남는 경험을 생각하게 한다.

(2) I wonder + 명사절 (who, what, when, how, where, etc.); "꽃은 밤에 잠을 잘까?" "구름은 왜 떠다닐까?" 등과 같이 동식물이나 자연

현상에 대한 궁금증을 불러일으킨다.

(3) I wish + 가정법; 각자 자신의 소망을 적어보게 한다. 또는 “If I was..., I would...”라는 틀을 사용하여 가정법 구문을 연습시킨다.

3.12 중심구문을 이용한 쓰기 연습 (II)

중심구문을 이용한 시 쓰기는 어린 아이들의 동시에 많이 이용되고 있다. 그 대표적인 예는 “Here we go 'round the mulberry bush”이다. 이 시에는 [This is the way...]가 중심구문으로 사용되어 있다. 어린 아이들이 뽕나무 숲 주위를 돌면서 노래를 부른다. 곡을 붙여 노래로 연습하면 기억이 용이해질 것이다. 이 동요의 기본 틀은 다음과 같다.

첫 연에서 이 동요의 기본 틀을 제시하고, 둘째 연에서 이 시의 제재를 제시한다. 이 시의 제재는 ‘허드렛일’이다.

Here we go 'round the mulberry bush,
The mulberry bush,
The mulberry bush.
Here we go 'round the mulberry bush,
So early in the morning.

These are the chores we'll do this week,
We'll do this week,
We'll do this week.
These are the chores we'll do this week,
So early in the morning.

셋째 연부터 일주일 동안 아침 일찍 해야 할 일을 이야기 한다.

This is the way we wash our clothes,
Wash our clothes,
Wash our clothes.
This is the way we wash our clothes,
So early Monday morning.

그리고 마지막 연은 첫 연을 그대로 반복하여 끝맺음을 한다.

[학습활동]

이 동시의 구조를 그대로 이용하면서, 일주일 동안 요일별로 해야 할 일을 문장으로 쓴다.

(1) We wash our clothes so early Monday morning.
(2) We mend our clothes so early Tuesday morning.
(3) We iron our clothes so early Wednesday morning.
(4) We sweep our floor so early Thursday morning.
(5) We scrub our floor so early Friday morning.
(6) We bake our bread so early Saturday morning.
(7) We get dressed up so early Sunday morning.

이 일곱 개의 문장을 각각 "This is the way..."라는 중심구문에 연결한다.

(1) This is the way we wash our clothes so early Monday morning.
(2) This is the way we mend our clothes so early Tuesday morning.
(3) This is the way we iron our clothes so early Wednesday morning.
(4) This is the way we sweep our floor so early Thursday morning.
(5) This is the way we scrub our floor so early Friday morning.
(6) This is the way we bake our bread so early Saturday morning.
(7) This is the way we get dressed up so early Sunday morning.

다음과 같은 순서에 따라 단계적으로 셋째 연을 완성한다.

a) We mend our clothes.

b) We mend our clothes
So early Monday morning.

c) This is the way we mend our clothes
So early Monday morning.

d) This is the way we mend our clothes,
We mend our clothes,
We mend our clothes.

e) This is the way we mend our clothes,
We mend our clothes,
We mend our clothes.
This is the way we mend our clothes,
So early Monday morning.

위와 같은 방법으로 넷째 연부터 아홉 번째 연까지 완성한다. 그리고 이 시의 마지막 연은 첫 연과 동일하게 만든다.

Here we go 'round the mulberry bush,
The mulberry bush,
The mulberry bush.
Here we go 'round the mulberry bush,
So early in the morning.

[활용방법]

이 동요의 기본 틀을 유지하면서, 제재를 바꾸어 시를 쓰게 한다.

예) 하루의 일과: "These are the things we do today."
하루의 놀이: "These are the games we play today."
하루의 공부: "These are the subjects we study today."
사계절의 일: "These are the things we do this year."

각 연을 만들 때 먼저 소리 내어 읽기를 한 다음 종이에 적게 하면 반복연습 효과를 높일 수 있다. 핵심 구문에 따라 시의 틀을 변화시킬 수도 있다.

[쓰기연습] 위 작품의 구조를 이용하여 하루의 일과를 가지고 시를 지어 보자.

3.13 문법 연습 (I): 추측의 조동사(may, could, might)

앞에 소개한 "중심구문을 이용한 쓰기 연습" 방법은 문법을 익히는 데에도 효과적으로 이용될 수 있다. Spiro는 그의 책 제4장 "Sentence pattern poems," 제5장 "Time poems" 그리고 제6장 "Modal verb poems"에서 시제와 조동사를 연습하는 방법을 예시하고 있다.

시를 쓰면서 문법을 익힌다면 문법공부가 얼마나 재미있겠는가! 학생들은 문법규칙을 암기하고 나서 예문을 익히는 식의 딱딱한 문법공부를 싫어한다. 문법 연습에서 중요한 것은 학생들이 적극적으로 반응할 수 있도록 유도하는 방법을 미리 고안하여 학습활동의 과정을 계획하고 준비하는 일이다. 시 쓰기를 통해 문법을 연습시키는 과정에서 지켜야 할 중요한 사항은 다음과 같다.

(1) 학생들의 반응을 이끌어낼 수 있도록 연습할 내용과 관련된 상황을 구체적으로 재미있게 제시한다. Spiro가 "Ideal world poems: A place with no schools"(103)처럼 각각의 방법에 관해 붙인 제목들은 바로 이러한 상황을 효과적으로 제시하는 방법을 보여준다.

* 추측의 조동사 may, could, might: 상자를 보여주면서 그 안에 학생들이 갖고 싶어 하는 물건이 들어 있다고 말해준다. 그 다음 상자 안에 무엇이 들어 있는지 추측하게 한다.
* 규칙 또는 규정을 나타내는 조동사 must: 어릴 때부터 부모님이나 교회 또는 학교에서 배워온 해야 할 일과 하지 말아야 할을 십계명의 형식으로 쓰게 한다.

(2) 학습목표가 되는 문장의 틀과 학습활동을 하는데 필요한 언어 자료를 표로 제시한다.

A	B	C
I can see I can hear	I can't see I can't hear	friends, parents, classmates, houses, streets, cities, towns, cars, shops, countryside, villages, the sea(places), books, blackboards, pictures, windows, paper, paints

(3) 연습 결과로 얻어진 문장들을 모아 한 편의 시를 만든다. 학생들이 직접 쓴 문장들을 모아 시의 형태로 보존하게 하면 쓰기 과정에 좀 더 신경을 쓰게 되고 보다 오래 기억하게 된다.

(4) 한 번에 한 가지 문법 사항만 연습시킨다. 다른 문법규칙과 관련된 오류는 무시하고, 관련된 문법적 오류만 수정해준다.

다음은 추측의 조동사 연습방법이다(Spiro 6.1). 추측과 예측을 나타내는 조동사를 연습한다. 작은 상자와 종이를 준비한다.

[학습활동]

상자를 보여주면서 상자 안에 학생들이 가장 갖고 싶어 하는 물건이 들어 있다고 말해준다. 학생들은 상자 안을 보거나 만질 수 없다. 다음 구문을 사용하여 상자 안에 무엇이 들어 있을지 추측하는 문장을 쓴다.

It could be . . .
It might be . . .
It may be . . .
Maybe it is . . .
Possibly it is . . .

학생들의 수준에 따라서 추측한 내용은 구체적인 사물이 될 수도 있고 추상 개념이 될 수도 있을 것이다. 학생들이 쓴 문장을 모아 시로 만든다. 다음은 학생들이 쓴 시의 예이다.

What's in the Box?

it could be a wish
it could be a penny in a pond
it could be a shadow against the wall
it might be a wedding ring
it might be a summer memory
it might be a toy
it could be a ticket to China

Maybe it's something you can write with
or something you can draw with
Maybe it's something you can read
or a poem you can write
or a flute you can play
or a song you can sing.
Maybe it's a dream you once had
or a note folded inside a diary.

상자에 작은 선물을 넣는다고 상상해보라. 상자에는 하나의 아이디어, 생각, 기억, 또는 물건이 들어 있을 수도 있다. 그 선물은 친구, 연인, 친척, 또는 미래의 사람들을 위한 것일 수도 있다. 학생들은 추측한 내용을 종이에 쓰고 종이를 접어서 숨겨둔다. 학생들은 각자 자기 짝이 상자에 무엇을 넣었을지 추측하여 적어도 4개 이상의 문장을 쓴다.

What is your gift?
It might be a thought about your country.
It might be a stone from your country.
It might be a smile.

10분 후 짝지끼리 서로가 쓴 것을 읽어준다. 그리고 접은 종이를 펴서 추측이 맞았는지 확인한다.

[활용방법]

저학년 학생들은 명사구 목록으로 시를 만든다. 학생들은 각자 소원이나 선물의 이름을 종이에 적는다. 4~5명이 조를 이루어 쓴 것을 모아 시를 만든다. 모국어로 적은 다음 사전을 이용하여 영어로 옮길 수도 있다.

추측의 조동사가 뜻하는 확실성의 정도를 설명해준다.

it must be	(absolutely sure)
it could be	(less than 50% sure)
it might be	(less than 50% sure)

영어의 모든 문법 규칙은 쓰기연습의 재료가 될 수 있다. Spiro의 예시를 참고하여 쓰기 연습을 효과적으로 지도할 수 있는 방법을 생각해보자. 문법 규칙을 가지고 쓰기 연습을 재미있게 유도하려면 교사가 미리 흥미로운 상황을 구체적으로 설정하고 치밀하게 자료를 준비해야 한다.

3.14 문법 연습 (II): 명령문[15)]

규칙과 규제에 관한 표현을 연습한다. 부정의 명령형을 연습한다. 학교 주변을 돌아다니면서 표지판의 문구를 수집해오는 숙제를 준다. 표지판이 한국어로 되어 있으면 영어로 고쳐 오게 한다. 조사해온 문장을 흑판에 적는다.

Follow the footpath.
Look after your dog.
Do not leave the litter.
Close you door after you.
Please turn off the light.

[학습활동]

흑판에 적힌 명령문을 보고 어디에 설치된 표지판일지 추측해본다.

in the countryside, in a garden, in a park, on the beach, by the seaside, etc.

이들 장소에서 볼 수 있는 다른 문구를 생각하여 적는다. 숙제로 해온 문장을 흑판에 적는다.

Keep your dog on a lead
Follow the footpath
Close the gate after you
Remove shoes before entering

---

15) Spiro 4.4 : "Orders and commands: Stones as souvenirs" (pp. 71-73).

No smoking
No stopping
No parking
Do not walk on the grass
Do not take photographs
Do not leave rubbish/litter
Do not write on the walls
Do not pick the flowers
Do not remove the stones
Do not run on the beach
Do not swim here
Don't waste wastes

다른 상황에서 있을 수 있는 규제의 표지를 생각하여 적는다. 다음과 같은 상황을 가정해볼 수 있을 것이다.

Rules for growing up
Rules for making and keeping friends
Rules for a marriage
Rules for getting on with your flatmate

이들 상황에 맞는 문구를 생각하여 적는다. 흑판에 적어서 수정한다. 다음 시를 참고한다.

Keeping Friends

Do not take secrets from your friend
Do not run away from your friend
Do not pick her flowers
But if you do, return them carefully.
Do not throw lies at your friend.

Follow her footpath carefully,
And sometimes let her follow yours.
Stay silent, so you can hear the birds' song.
Do not stop. Do not turn back.
Pick stones as souvenirs.

두세 명씩 짝을 이루어 "규칙"에 관한 시를 짓는다. 앞에 제안한 상황이나 다른 상황을 생각해볼 수 있을 것이다. 각자 쓴 문장을 모아 시를 만들고 제목을 붙여본다.

[활용방법]

흑판에 적힌 문장을 다음과 같이 고쳐 써본다.

Smoking!
Leave litter!
Do not push.
Do not pull.

학생들이 쓴 문장을 모아 제목을 붙인다. 이와 같은 반대 규칙이 적용될 수 있는 상황을 생각해본다.

Peace Protest

Do spit.
Do shout.
Do run.
Do talk.
Normal service will not resumed.
Please do not wait for instructions.
Please do not keep calm.

Please do disturb the bus driver.
Please do stand up.
Please do stand up and be counted.
(Teachers' Workshop, London)

규제 명령문은 "Do not + 원형동사," "No -ing!" 형태가 일반적이다. "Do not spitting!"이나 "No smoke!"와 같은 오류를 수정해준다.

3.15 문법 연습 (III): 십계명 쓰기[16)]

규칙과 규정을 나타내는 조동사 must를 연습한다.

[학습활동]

어릴 때부터 배워온 규칙 또는 계율에 관해 생각해본다. 이들 규칙은 부모님, 학교, 성경 등에서 나온다.

You must not talk and eat.
You must not lie to people.
You must not chew gum in the house.
You must not wear shoes in the house.

규칙이 생각나는 대로 흑판에 적는다. 학생들도 같은 규칙을 기억하고 있는지 확인한다. 문화적 배경이 다른 학생들이 있다면 그들은 아마도 다른 규칙을 기억하고 있을 것이다.

학생들을 4~5명 집단으로 나눈다. 각 집단은 하나의 공동사회를 건설한다고 가정하고 각 공동체마다 10개의 규칙 또는 계율을 만들어본다.

16) Spiro 6.6 : "New Community Ten Commandments" (pp. 111-112).

New Community Commandments	
you shall you must	you shall not you must not

You must be good when you can
You must be kind when you can
You must do your best when you can't
and not be bad-tempered
You must not lie to friends.
You must be kind to friends and remember their birthdays.

You shall study hard.
You shall not chew gum indoors.
You shall be nice to your parents.
You shall wash up after all meals.
You shall say thank you when parents give you money.
You shall send postcards from holidays.
You must try to be happy.
You must try and make things good.

[활용방법]

위의 시에서 shall은 "It is a rule," "It is compulsory," 또는 "You are required to . . ."의 의미를 가진 조동사이다. 흔히 "You shall"의 형태로 사용된다. "You must not to smoke." 이중부정, apostrophe의 오용 등을 바로 잡아주어야 한다.

3.16 어순 변화 연습[17)]

문장구조와 어순이 의미 변화를 일으키는 것을 연습한다. 카드를 준비하여 문장의 구성 요소를 하나씩 적고 순서를 이동시켜본다.

[학습활동]

단어를 적은 카드를 흑판이나 게시판에 부착한다. 각 문장의 빈 카드에 적당한 단어를 채워 넣게 한다. 카드의 배열 순서를 바꾸어 본다. 임의로 순서를 바꾸어 놓고 다음 질문을 한다.

> Is the sentence still grammatically correct?
> What does the sentence mean now?
> Which possible changes can I make so the sentence still makes sense?

학생들은 소집단으로 가능한 모든 방법으로 어순을 바꾸어 본다. 어느 집단이 가장 많은 문장을 만들었는지 확인한다. 단어가 독립적으로 이동하는 것이 아니라 덩어리로 이동함을 보여준다. 각자 두 문장씩을 쓰게 한다. 학생들은 예문을 활용하거나 각자 자신의 문장을 만든다. 학생들이 만든 문장을 가지고 어순 배열을 바꾸게 한다. 학생들이 쓴 문장으로 시를 만든다.

> I have many struggles to learn English.
> It is not so easy.
> I have to learn English.
> To learn English is not many struggles.
> To learn English is not so easy.
> Easy English is not.
> Not English is to learn struggles.
> I have many English struggles.

---

17) Spiro 4.8 "Mashed sentence poem" (pp. 81-82).

[활용방법]

무의미 시를 만들고 어느 부분이 의미가 통하며 어느 부분이 의미가 통하지 않는지 관찰하게 한다. 문장에 대한 감각을 기르고 다음과 같은 규칙을 만들어 볼 수 있다.

> 전치사 다음에 구가 연결된다
> 관사는 명사와 연결된다.
> 동사와 대명사가 연결된다
> 명사구는 수식어를 덧붙여 길게 늘일 수 있다
> 동사구의 길이는 한정된다

다음 시는 학생들이 이와 같은 활동을 한 결과 얻어진 것이다. 이 활동은 무의미시를 실험하는 방법이 될 수 있다. 이 활동은 문장구조를 익히는 데 많은 도움을 준다.

I am a poet.
I am very fond of bananas.

I am bananas.
I am very fond of a poet.

I am a poet of bananas.
I am very fond.

A fond poet of 'I am, I am'—
Very bananas.

Fond of 'Am I bananas?
Am I?'—a very poet.

Bananas of a poet!

Am I fond? Am I very?

Poet bananas! I am.
I am fond of a 'very.'

I am fond of very bananas.
Am I a poet?
(Wendy Cope)

3.17 단어목록으로 문장 쓰기 (1)

글쓰기의 기본 단위는 문장이다. 문장쓰기의 연습방법은 무수히 많다. 단어 하나만으로도 여러 개의 문장을 만들 수 있다. 그러나 두 개 이상의 단어로 하나의 문장을 만드는 연습은 학생들의 사고 능력을 신장시키는 데에 도움이 된다. 학생들에게 단어목록을 제시하는 방법에 따라 다양한 문장쓰기 연습이 가능해진다. 문장쓰기에 필요한 단어목록을 만드는 방법에는 다음과 같은 것들이 있을 수 있다.

(1) 사전에서 임의의 단어를 찾아 목록을 만든다. 사전에서 임의로 찾아낸 두 단어는 하나의 문장으로 엮어질 수 없을 수도 있을 것이다. 따라서 이 방법으로 문장쓰기 연습을 시키려면 단 두 개의 단어를 제시하기보다는 여러 개의 단어를 제시하고 그 중에서 두세 개의 단어를 선택하여 문장을 만들게 하는 것이 좋을 것이다.

(2) 시의 문장에서 단어를 선택하여 목록을 만든다. 예를 들면, “She went to the grocer's / To buy him some fruit.”라는 문장에서 grocer's, buy, fruit를 선택하여 단어목록을 만들 수 있다. 이 경우

에는 선택하는 단어의 수가 많아지면 원문에 그만큼 가까워지게 된다.

(3) 품사를 지정하여 임의의 단어목록을 만든다. 예를 들면, 사전을 펴서 맨 처음 눈에 띄는 두 개의 명사, 명사와 동사, 형용사와 명사, 동사와 부사, 동사와 형용사를 찾아 단어조합을 만들고 그 조합을 이루는 두 단어로 하나의 문장을 쓰게 한다. 다음은 두 개의 명사 “referee”와 “roof”를 가지고 하나의 연을 구성한 예이다(Maley 158).

The referee climbed onto the roof
And sat there all alone.
The referee had made a goof
And the fans made him atone.

(4) 의미연상에 의해 단어목록을 만든다. 학생들에게 단어연상 게임을 시키면 의미 있는 단어목록이 쉽게 만들어질 수 있다. 학생들을 3명씩 조를 편성하여, 한 학생은 기록을 맡고 나머지 두 학생이 단어연상 게임을 한다. 이를테면 한 학생이 “stone”이라는 단어를 말하면 또 한 학생은 이 단어를 듣고 연상되는 단어 “wall”을 말한다. 이러한 방법으로 단어목록을 만들고 그 중에서 몇 단어를 선택하여 문장을 만든다(Maley 152).

stone - wall - house - room - space - stars - comet - burn up

연상에 의해 만들어진 목록의 단어들은 쉽게 문장으로 연결될 수 있다.

There was a stone wall in my house.
The house had many rooms.
Each room had enough space.
In the upper room I could watch stars.

Sometimes I saw comets with long tails.
They burnt up in space while coming down.

3.18 단어목록으로 문장 쓰기 (II)

한정된 수의 단어만 사용하여 문장을 만드는 연습을 해보자. 처음에는 몇 개의 단어를 가지고 문장을 쓰게 한다. 그 다음 이 목록에 단어를 하나씩 추가하면서 가능한 문장을 모두 쓰게 한다. 이를테면 I, get, it 세 개의 단어목록으로 시작해보자. 이 세 개의 단어로 만들 수 있는 문장은 하나밖에 없다.

I get it.

위의 단어목록에 조동사 "do," "did," "can," "will/shall" 그리고 부정의 부사 "not"를 추가하고 동사의 변형을 허용하면 다음과 같은 문장을 쓸 수 있다.

I don't get it.
I got it.
I didn't get it.
I will get it.
I won't get it.
I can get it.
I can't get it.

그 다음 관계대명사 "what"와 동사 "want"를 추가하면 위의 문장들에 "get"를 "want"로 대치한 문장 이외에도 다음의 문장이 가능해진다.

I get what I want.
I got what I wanted.
I'll get what I want.
I get what I don't want.
I got what I didn't want.
I don't get what I want.
I didn't get what I wanted.
I don't get what I don't want.
I didn't get what I didn't want.
I don't want what I can get.
I don't want what I can't get.
I can get what I want.
I can get what I don't want.
I can't get what I want.
I can't get what I don't want.
I can want what I can get.
I can't want what I can get.
I can't want what I can't get.

여기서부터는 한 단어를 추가할 때마다 쓸 수 있는 문장의 수는 기하급수적으로 늘어난다. 따라서 목록에 넣는 단어의 수를 제한해야만 제한된 시간 안에 연습을 끝낼 수 있을 것이다. 이러한 연습의 결과로 얻어진 문장들로도 한 편의 의미 있는 시를 구성할 수 있다. 다음은 스코틀랜드의 정신과 의사인 Ronald David Laing이 17개의 단어만으로 하나의 연을 구성한 보기이다.

대명사: I, it, what	동사: get, want
조동사: can, shall, do	접속사: because, since
부정사: to (do)	부사: never, not, therefore, only, always

Knots

I never got what I wanted.
I always got what I did not want.
What I want
  I shall not get.

Therefore, to get it
  I must not want it,
since I get only what I don't want.
  what I want, I can't get.
  what I get, I don't want.

I can't get it
  because I want it

I get it
  because I want it.

I want what I can't get
  becasue
what I can't get is what I want.

I don't want what I can get
  because
what I can get is what I don't want.

I never get what I want.
I never want what I get.
    (From Ronald David Laing's *Knots*)

3.19 알파벳 글자로 문장 만들기

영어의 알파벳 글자 중에서 자음(b, c, d, f, g, h, j, k, l, m, n, p, q, r, s, t, v, w, z)으로 시작하는 단어를 사용하여 문장을 만드는 연습이다. 이렇게 만들어진 문장들은 혀가 잘 안 돌아가서 발음하기가 어려우며 소위 "tongue-twisters"라 불린다. 이러한 문장들은 학생들의 발음을 지도하는 데에 유용하게 쓰일 수 있다. 특히 한국어에 없는 발음을 연습시키는 데에 반드시 필요한 문장들이다.

이 구문들은 시의 리듬을 배우는 데도 유용하게 쓰일 수 있다. 즉 단어의 첫머리에 동일한 자음이 반복되는 두운(alliteration)을 연습하는 방법이 된다.

[학습활동]

학생들을 소집단으로 나누고, 각 집단에 알파벳 글자를 배당해 준다. 일정한 시간 동안 주어진 글자로 시작하는 단어를 가능한 한 많이 적게 한다. 그리고 그 단어들을 가능한 한 많이 사용하여 짧은 문장을 쓰게 한다. 문장을 완성하고 나면, 학생들이 쓴 문장을 돌려 읽게 한다.

The downy duck dared to dive deep down the dangerous dam in December.

I gladly gloat over glamorous glances.

Margaret and Mohammed Mahmoud's mother matched in a magic music party in Miami.

She slowly slid over slippery slopes.

The thief thumped the thurible thunderingly on the thick threshold.

[활용방법]

제2장의 “1. 발음 연습”(21-22)과 연계하여 지도하는 것이 효과적이다. 초급 수준의 학생들의 경우에는 사전을 사용하여 단어를 찾게 할 수도 있을 것이다. 학생들이 어려워하는 발음이 있으면, 그 발음으로 시작하는 단어들로 문장을 만들어 발음 연습을 시키면 좋을 것이다.

4. 시 쓰기 연습 단계 (Free Composition)

이 단계에서는 시적 비유, 두운, 각운, 등 시적 기교를 비롯하여 2행시, 3행시, 등의 시 형식 만들기를 연습한다. 이와 같은 형식의 측면과 아울러 하나의 주제를 주고 시를 쓰게 하는 자유 작문(free composition) 방법을 연습해본다.

시 창작에 관한 책은 무수히 많이 나와 있다. 그러나 우리의 관심은 시인이 되기 위해 시를 쓰는 방법이 아니라 영어 쓰기 학습방법의 일환으로서 시 쓰기에 있다. 시 쓰기 지도를 위해 쓴 책으로는 앞에서 여러 차례 소개한 Maley & Duff의 *The Inward Ear*와 Spiro의 *Creative Poetry Writing* 이외에도 Maley & Moulding의 *Poem into Poem*, Mary Ann Christison의 *English Through Poetry*, Ralph Fletcher의 *Poetry Matters* 등이 있다. 이 중에서 Christison의 책은 주제를 제시하고 시 쓰기를 연습하는 방법을 제시하고 있으며, Fletcher는 시의 원리와 시 창작을 위한 지침을 상세하게 설명하면서 실제로 시 쓰기를 지도하는 과정에서 학생들이 쓴 멋진 작품들을 소개하고 있다.

Fletcher는 시를 우리의 내부에서 일어나는 일을 찍은 X-선 사진에 비유한다(14). 시는 우리가 느낀 것을 정직하게 드러내기 때문에 진실을 말하는데 두려움을 갖지 않는 글이라 했다. 그는 또한 시의 3요소를 음악

(music)과 심상(image)과 정서(emotion)라 하고, 시의 음악성을 높이는 방법을 다음과 같이 설명한다.

첫째, 단어의 소리를 활용하라. 영어 단어는 그 자체가 고유한 음악성을 가지고 있다. 특히 소리를 흉내 내는 의성어는 시의 음악성을 높이는 데에 매우 중요한 역할을 한다.

둘째, 두운을 즐겨 사용하라. 시의 리듬은 동일한 소리의 반복에 의해 만들어진다. 글쓰기를 하면서 단어의 초성 자음을 반복하는 두운뿐만 아니라, 자운, 모운, 각운, 중간운 등을 실험하는 것은 읽는 재미를 극대화하는 동시에 발음 연습에도 관심을 갖게 한다.

셋째, 리듬을 미세하게 조정하라. 시의 리듬을 만드는 요소로서 강세 또한 중요한 역할을 한다. 시를 쓸 때 눈을 감고 소리 내어 읽으면서 단어의 리듬에 귀를 기울여 보라. 시를 다 쓰고 나서도 여러 번 다시 읽으면서 원하는 리듬이 얻어질 때까지 고쳐 쓰는 습관을 기르라.

넷째, 강조하기 위해서 반복하라. 시가 고도로 압축된 글이라 해도, 의미를 강조하고 리듬의 효과를 위해서는 반복이 필요하다. 동일한 단어나 구 또는 시행 전체를 반복하거나 첫 마지막 행을 첫 행과 동일하게 사용하여 메아리 효과를 만들어내는 방법을 실험해보라.

Fletcher는 또한 시의 핵심적 요소로서 심상의 창조를 강조한다. 심상은 언어에 의해 창조된 마음속의 그림이다. 그는 강한 심상을 창조하려면 세상을 세심하게 관찰하는 습관을 기르라고 권한다. 시는 장편의 비디오가 아니라 하나의 스냅 사진과 같다. 이 말은 한 편의 시에 여러 가지 복잡한 심상을 사용하면 시적 효과를 감소시킬 수 있다는 사실을 지적한 말이다. 그의 책에는 올챙이를 "살찐 콤마들(chubby commas)"에 비유한 것과 같은 참신하고 선명한 심상을 포함하고 있는 학생 작품을 많이 수록하고 있어 꼭 한 번 읽어볼 필요가 있다. 다음은 어느 중학교 1학년 학생이 자신의 애완견 Shelby의 죽음을 제재로 쓴 작품이다.

Shelby's Star

When I look up in the sky
I don't see the star I used to see.
Where did you go?
The most beautiful star.
Maybe Shelby took it with her
When she went away.

I miss Shelby.

셸비의 별

하늘을 쳐다 볼 때
예전에 보이던 별이 보이지 않는다.
어디로 갔느냐?
너 가장 아름다운 별아.
아마도 셸비가 떠날 때
가지고 가버렸나보다.

셸비가 보고 싶다.

Fletcher는 시의 원료를 가지고 시를 만드는 전략을 다음과 같이 소개한다.

1) **단편적인 생각을 기록하라.** 흔히 영어교사는 "완전한 문장을 써라," "첫 글자는 대문자로 시작하라," "토막글을 쓰면 안 된다" 등의 언어규칙을 학생들에게 주입시킨다. 그러나 시는 한 순간 또는 하나의 이미지를 포착하는 언어 그림이기 때문에 때로는 단편적인 글이 더 효과적일 수도 있다.
2) **시의 형태를 고려하라.** 산문의 경우에는 첫 글자를 들여 쓰고 그 다음부터는 지면을 채워 써나가기만 하면 되지만, 시의 경우는 종이 위

에 배열된 글자의 모양 또한 중요하다. Fletcher는 시를 쓰는 일을 단어로 집을 짓는 것에 비유한다. 각 행에 많은 단어를 배치하면 넓은 집이 지어질 것이고, 두세 개의 단어를 배열하면 좁은 집이 될 것이다. 사물의 형태처럼 시행을 배열한 시를 구상시(具象詩)라 한다.

3) **분행을 실험하라.** 산문에서 생각의 단위는 문장이지만, 시에서 생각의 단위는 시행이다. 시의 행을 나누는 방법은 소리 내어 읽고 어디서 쉬는 것이 자연스러운지 들어보는 것이다. 한 행에 들어가는 단어의 배치가 시의 의미와 소리의 변화를 결정한다.
4) **여백을 활용하라.** 시의 여백은 하나의 빈 줄이다. 여백을 둠으로써 독자가 숨을 돌리고 다음 행을 읽을 준비를 하게 한다. 또한 여백은 복잡한 시어 속에 멋진 시행이나 심상이 매몰되어버리는 것을 방지하는 중요한 역할을 한다.
5) **끝맺음에 힘을 주어라.** 독자가 시를 읽고 나서 가장 생생하게 기억하는 부분은 마지막 행이다. 독자의 마음속에 남겨주고 싶은 부분을 마지막 행으로 돌리는 것이 좋을 것이다. 그리고 마지막 행 바로 앞에 여백을 두는 방법을 실험해보라.

필자는 앞에서 시를 통한 글쓰기 연습을 한 후 그 결과를 반드시 시의 형태로 남기라고 권한 바 있다. 이상에서 소개한 Fletcher의 충고는 시를 활용한 글쓰기 연습 과정을 지도할 때 영어교사가 명심해야 할 지침으로서 손색이 없다고 생각한다. 그리고 Fletcher의 책은 쓰기 지도를 하는 교사의 지침서로서 뿐만 아니라 시 창작 방법을 배우고자 하는 사람에게도 꼭 한번 읽어보라고 권하고 싶은 훌륭한 책이다.

4.1 직유법 만들기 (1)

시의 핵심은 비유법이다. 아리스토텔레스는 비유를 구사하는 능력이 타인에게서 배울 수 없는 천재의 징표라 말했지만, 비유는 시의 전유물이 아니며 일상생활의 언어에서 널리 사용되는 표현 양식의 하나다. 비유는 서로 다른 사물들 간의 유사성을 인식하고 표현하는 방법이다. 비유의 가장 단순한 형태는 [A is like B]와 [A is B]이다. 우리는 전자를 직유라 하고 후자를 은유라 한다. Spiro는 비유가 서로 다른 두 가지 색을 혼합하여 제삼의 색을 만드는 것과 같다고 설명한다(48). 즉 단어는 고립되어 있는 것이 아니라 인접한 단어에 따라 변하는 물감과 같다. 비유는 노란색과 빨강색이 혼합하여 주황색을 만드는 것과 같다. 두 물감이 합하면 새로운 색을 만들어낸다. 우리는 물감을 혼합하여 그림을 그리듯이 단어를 혼합하여 우리가 좋아하는 사물, 친구, 가족 등에 관한 느낌을 표현한다.

직유는 as나 like를 사용하여 두 가지 유사한 사물을 비교하는 방법이다. 직유의 개념을 이해하는 데 도움을 주는 방법은 여러 가지가 있을 수 있다. 여러 시인들이 쓴 훌륭한 작품에서 직유법의 예를 찾아 보여주고 모방연습을 시키는 방법이 직유법을 익히는 데 가장 중요하다.

[학습활동]

직유 구문을 연습하는 방법은 여러 가지가 있을 수 있다. Spiro, Christison, Maley & Duff 등은 각자 나름대로 직유법 연습 방법을 제안하고 있다. 이들에게 공통된 점은 먼저 연습할 직유구문의 틀을 제시하는 것이다.

My friend is like ____________________.
The man is as _________ as __________.
Learning a language is like ____________________

그 다음 주어진 문맥에 적합한 가능한 모든 표현을 생각해내게 한다.

> He is as tall as my friend Jim the basketball player.
> She is as fat as the pumpkin I bought at the store.
> The sky is as blue as my friend's eyes.
> This is as much fun as an amusement park.
> Learning a language is like climbing a mountain/swimming an ocean/collecting sea shells/polishing stones/wind-surfing.

학생들이 각자 쓴 것을 다른 학생들과 비교해보게 한다. 학생들을 소집단으로 나누어 활동하게 하는 것이 좋다. 학생들은 서로 생각을 공유하다보면 시적 심상을 가지고 생각하기 시작한다. 이 구문으로 하나의 멋진 심상을 만들게 되면, 그것을 중심으로 시 한 편을 완성시킬 수 있을 것이다. 이 수준에서 학생들이 쓴 것을 인정해주고, 그것을 토대로 좀 더 그들의 생각을 발전시키게 한다. 다음 예를 보자.

> He is tall and straight like the little toy soldier
> in my little brother's room.
>
> Her feet were too small for her body
> like the tiny table in your office
> piled high with many papers and books and much junk.

이 두 가지 예를 보면, 학생들이 아이디어를 창출하고 새로운 단어를 사용하여 새로운 방법으로 자기표현을 하는 능력을 개발하고 있음을 알 수 있다.

이처럼 비유구문을 쓴 다음에는 두 사물 간의 유사성을 설명하는 표현을 추가하여 좀 더 진전된 비유적 표현을 만들어보게 한다. 다음은 학생들이 직유구문을 사용하여 쓴 작품의 예이다(Spiro 50).

Learning new words
is like climbing a mountain
collecting stones on the way
polishing them
putting them in your pocket
so your journey is slow

the stones are heavy
but when you reach home
some of the mountain is still with you

I collect words like sea shells.
Each one is different.
They are
white, pink, grey,
many colours.
I remember places I have visited.

[활용방법]

가능한 한 많은 작품에서 직유 구문의 예를 찾아 보여준다. 초보 단계에는 학생들이 활용할 수 있는 구문을 가능한 한 많이 제시한다. 다음 단계에는 진부한 상투적 표현을 피하고 참신한 비유를 만들도록 지도한다. 그 다음에는 하나의 직유를 중심 심상으로 사용하여 짧은 시를 짓게 한다.

4.2 직유법 만들기 (II)

Spiro는 사람을 주어로 사용하여 직유구문을 만드는 또 하나의 방법을 제안하고 있다(3.2). 특이하고 기억에 남을만한 방법으로 사람을 묘사하는 연습을 한다. “Like”나 “as”를 사용하여 직유법을 만들고 가산명사와 불가산명사의 용법을 익힌다.

[학습활동]

학생들에게 다음과 같이 A, B 두 종류의 단어목록을 보여준다.

A: mother, father, uncle, aunt
B: tree, flower, lake, river, stone, shell, mountain

그 다음 각 열에 있는 단어들이 어떤 공통점을 가지고 있는지 확인하여 제목을 붙이게 한다. 각 열에 맞는 제목을 제안한다.

A: People in the Family, Members of the Family, My Family
B: Outside the City, Nature, In the Countryside

학생들을 2명씩 조를 편성하여 한 학생에게 A열의 단어를, 나머지 학생에게 B열의 단어를 가능한 한 많이 적게 한다. 짝끼리 목록을 비교하게 한다. A열에 친구, 이웃사람, 또는 다른 사람을 포함시켜 목록을 늘인다.

A: mother, father, uncle, aunt, grandfather, grandmother, cousin, neighbour, best friend, teacher, husband, wife, girlfriend
B: sand, rock, stone, ice, a river, the sea, a leaf, a pear, an orange

두 목록에서 유사성이 있는 단어끼리 연결하여 4 개 이상의 직유 구문을 만든다.

my father is like a rock
my mother is like a lake
my sister is like a flower

각 문장 옆에 두 단어의 유사성을 나타내는 짧은 설명을 붙인다.

My father is like a rock. He never moves.
My mother is like a lake. She changes when the weather changes.

하나의 직유 구문을 중심으로 한 편의 시를 만든다. 다음은 이러한 방법으로 학생들이 만든 시의 예이다.

My little brother is like the pepper flower.
He makes me laugh.
He jumps out at me, in the field,
with a red hat.

My father is like a rock
His chin is sharp.
He looks at me from the top of the mountain.
He is very old.

My mother is like a lake.
I see my face in her.
She changes when the weather changes.
I change when the weather changes.

[활용방법]

저학년 학생들에게 유사성을 설명하라고 요구하는 것은 무리일 것이다. 이들에게는 직유 문장만 쓰게 한다.

My brother is like jumping rain.
My sister is like a flower behind a tree.

이 연습에서 요점은 관사의 사용 여부이다. 목록의 단어 중 일부는 정관사 또는 부정관사를 붙여야 하고 또 일부는 관사를 붙이면 안 된다.

My sister is like the sky.
My friend is like water.
My mother is like a river.
My teacher is like a tree.

[쓰기연습] 다음은 하나의 주제와 관련된 여러 개의 직유를 병렬구조로 연결하여 만든 학생 작품이다(Fletcher 16). 이 작품의 구조를 모방하여 한 편의 시를 지어보자.

Divorce

Parents together
They love each other
Then they split

Like the wrong ends of a magnet put together
Or like a passenger fleeting from a
Sinking ship
Like a young bird leaving its nest
Like a picture ripped in half

Like a man leaving a woman for a better one.

4.3 직유법 만들기 (III): 숙어를 이용하여 시 쓰기

"As . . .as"구문을 익힌다. 문화권마다 다른 표현방법을 비교한다. 숙어(Idioms)는 관용적으로 사용되어 특별한 뜻을 나타내는 성구(成句)이다. 우리는 구성 부분을 보고 숙어의 의미를 추측할 수 없으며, 그 문화의 일부로 이해해야 한다. 이런 이유로 언어학습자에게 숙어는 어렵게 느껴진다. 그러나 숙어는 학습자로 하여금 그 언어 공동체에 소속감을 느끼게 해주는 요인이다. 숙어는 구성부분으로 나누어 이해하기보다는 한 덩어리로 외워야 한다. 이를테면 "as pleased as Punch"는 "몹시 기쁜"이라는 의미를 가지며 "to hit the nail on the head"은 "정곡(핵심)을 찌르다"라는 의미를 갖는다. "Punch"는 Punch-and-Judy show의 주인공 이름이다.

다음과 같은 표를 제시한다.

Column A	Column B
as mad as as sweet as as cool as as good as as bright as	a cucumber sugar a button gold a March hare

[학습활동]

A열의 표현과 B열의 표현을 연결하여 하나의 숙어로 만든다. 맞게 연결한 구문을 흑판에 적는다. 다음과 같은 숙어의 예를 제시한다.

as blind as a bat	눈이 먼
as brave as a lion	매우 용감한
as bright as a button	매우 번쩍거리는

as bright as a new pin	“
as cool as a cucumber	냉정한, 태연한
as dead as a doornail	아주 죽은 (mutton, a herring)
as deaf as a button	귀가 전혀 들리지 않는
as dull as ditchwater	(dishwater) 몹시 지루한, 따분한
as good as gold	(특히 어린아이가) 얌전한, 착한
as happy as a lark	매우 즐거운
as happy as a sandboy	아주 명랑한
as mad as a March hare	(3월 교미기의 토끼처럼)미처 날뛰는
as meek as a lamb	지극히 온순한
as pleased as Punch	몹시 기쁜
as stubborn as a mule	고집불통인
as sweet as sugar	(설탕처럼) 달콤한

이와 같은 비유가 성립되는 이유를 추측하게 한다. 더러는 두운 때문이라고 말할 것이다. 모국에 유사한 직유법이 있는지 조사한다. 있다면 영어로 직역하여 새로운 비유법을 만들어본다. 학생들 스스로 이와 같은 비유법을 만들게 한다. 주어진 시간(10분 정도) 동안 가능한 한 많은 숙어를 만들게 한다. 이를테면 다음과 같은 비유가 가능할 것이다.

as pleased as a pony
as dear as a donkey
as happy as a sunflower
as bright as a mirror
as fresh as a fountain
as strong as a stone

학생들이 쓴 구문을 모아 적당한 제목을 붙여 시를 만든다. 다음은 [as~as] 구문을 이용하여 쓴 시의 예이다.

As Illogical as Love[18)]

As radiant as wine.
As talkative as rain.
As taciturn as a mood.
As indigestible as wood.
As provoking as the wind.
As irritable as the sea.
As illogical as love.

[활용방법]

학생들을 두 집단으로 나눈다. 두 벌의 카드를 준비하여, 한 벌에는 as ~ as 구문을 적고 다른 한 벌에는 명사구를 적는다. 카드를 섞어서 한 집단에는 as ~ as 구문을 적은 카드를, 다른 집단에는 명사구를 적은 카드를 나누어 준다. 두 집단의 학생들 중 각각 한 명씩 만나 새로운 숙어를 만들게 한다. 그리고 그 의미를 설명하게 한다. 빈 카드를 나누어 주고 한 집단은 as ~ as 구문을, 다른 집단은 명사구를 적은 다음 같은 방법으로 만나서 새로운 숙어를 만드는 것도 재미 있는 방법이 될 것이다.

숙어의 구성부분만 보아서는 의미 해석이 불가능한 경우가 많다. 모국어 사용자도 그 이유를 모를 것이다. 숙어는 오랜 세월 동안 변화해온 것이어서 처음에 어떻게 그 숙어가 만들어졌는지 알 수 없다. 교사는 다음과 같이 숙어에 대해 설명하는 것이 좋을 것이다. 숙어는 오랜 역사를 가지고 있어서 설명하기 어렵다. 숙어를 수집하여 사전에서 그 의미를 확인해보라. 책에서 숙어에 관한 이야기를 찾아 학생들에게 소개한다. 숙어는 한 덩어리로 외워야 하며, 단어를 바꾸거나 구성부분을 분리할 수 없다.

18) Maley & Duff, p. 138.

4.4 은유법 만들기 (I): 기본형 연습

직유와 은유의 차이는 단순히 "like" 유무의 차이가 아니라 근본적인 차이이다. 직유법은 두 사물이나 개념의 한 가지 특성만을 비교하는 비유법이지만, 은유법은 두 사물이나 개념을 동일시하거나 복합적인 유사성을 함축하는 표현양식이다.

은유법에는 여러 가지 형태가 있다. 은유법의 기본형은 [A is B]이다.

Life is but a walking shadow. (Shakespeare)
Life is but an empty dream. (Henry Wadsworth Longfellow)
Life is a poor player. (Shakespeare)

All the world's a stage,
And all the men and women merely players.
(Shakespeare, *As You Like It*, II, vii)

은유의 종류로는 기본형인 명사형 은유법 이외에도 그것의 변형인 [of + 명사구] 또는 소유격이나 동격 형태의 은유법이 있다: 예를 들면 the sands of life, a sea of troubles, night's candle, marriage hearse 등이 있다. 또한 "The sun smiled"와 같은 동사형 은유법, "a happy skylark"와 같은 형용사형 은유법, "It rains cats and dogs"와 같은 부사형 은유법도 있다(김진우 323-329).

은유는 원관념과 보조관념으로 이루어진다. 기본형 [A is B]에서 A는 원관념이고 B는 보조관념이다. 일반적으로 원관념에는 추상 개념이 그리고 보조관념에는 구체적 심상이 사용되지만, 그 반대의 경우도 있다. 또한 원관념과 보조관념이 둘 다 추상개념이거나 둘 다 구체적 심상인 경우도 있을 수 있다.

은유의 구성에 있어서 중요한 것은 A와 B 두 요소가 반드시 이질적인 것이라야 한다는 점이다. A와 B에 동질적인 단어를 사용하면 시적 비유가 아니라 단순한 비교에 지나지 않는 것이 되고 만다. 그 이유는 은유가 서로 다른 사물들 사이의 유사성을 발견하는 표현양식이기 때문이다. 따라서 은유법 만들기를 연습시킬 때, 교사는 학생들이 A와 B에 반드시 이질적인 단어를 사용할 수 있도록 지도해야 한다.

은유 구문을 연습시키기 전에 교사는 학생들의 수준에 맞는 은유법의 예를 가능한 한 많이 수집하여 제시하고, 모방연습을 시키는 것이 좋다. 다음 시는 미국의 흑인 시인 Langston Hughes의 작품이다. 이 작품은 군더더기 하나 없이 단지 두 개의 기본형 은유만으로 구성되어 있다.

Dreams

Hold fast to dreams
For if dreams die
Life is a broken-winged bird
That cannot fly.

Hold fast to dreams
For when dreams go
Life is a barren field
Frozen with snow.

이 시의 은유에서 A는 "life"라는 추상개념이고 B는 구체적 심상이다. 시인은 주제가 담긴 문장을 각 연의 첫 줄로 삼아 반복함으로써 이 시의 주제를 강조하고 있다. 둘째 줄에서 시인은 "꿈이 사라진다면"이라는 동일한 의미를 다른 단어로 표현함으로써 변화를 주고 있다. 그 다음 셋째 줄과 넷째 줄에서 기본형 은유를 사용하여 생생한 심상을 보여주고 있다. 그리고 각 연의 둘째 줄과 넷째 줄이 운을 이루고 있다.

이 시는 학생들의 글쓰기 연습에 본보기가 될 만한 주제를 다루고 있다.

만약 우리 인생에 꿈이 없다면 어떻게 될까? 학생들에게 꿈이 없다면 여러분의 인생은 무엇과 같을까라는 질문을 던져보라. 여러 가지 재미있는 대답이 나올 것이다.

Life without dreams is a broken lyre which cannot sing.
Life without dreams is a deserted village where nobody lives.
Life without dreams is a desert where no plant can grow.

Hughes는 꿈이 없는 인생을 날개가 부러진 새와 눈에 덮여 얼어붙은 메마른 들판에 비유하고 있다. 이 얼마나 적절한 비유인가! 날지 못하는 새는 이미 새가 아니며, 눈에 덮여 얼어붙은 들판에는 생명이 자라지 못한다. 이처럼 꿈이 없는 인생은 이미 인생이 아니다.

Fletcher의 책에는 은유법을 사용하여 쓴 학생 작품이 여러 편 수록되어 있다. 다음은 그의 책에 실려 있는 학생 작품의 하나이다(18).

My Mom

My mon takes good care of me.
She's the gardener,
I'm the rose.
she waters me every day.
When it gets cold
she puts me in a pot
and brings me inside.

이 학생은 자신을 장미에 비유하여 "I'm the rose"라는 은유를 만들었다. 사람을 장미에 비유한 은유는 일상 언어나 시에서 너무 자주 사용되어왔기 때문에 자칫 진부한 비유가 되기 쉬우나 새로운 시각에서 의미를 부여하고 있기 때문에 새로운 은유로 느껴진다. 이 중심 은유의 원관념인 "I"와 보조관념인 "the rose"는 사람과 식물이라는 서로 다른 범주에 속한 단어들이다.

그리고 이 중심 은유의 의미를 구체화하기 위해서 “She waters me”와 “She puts me in a pot”라는 두 개의 은유가 보조적으로 사용되고 있다. “She's the gardener”에서 A와 B는 둘 다 사람이기 때문에 비록 어머니가 실제로 정원사가 아니라 해도 단순한 축어적 진술에 지나지 않는다. “She waters me”와 “She puts me in a pot”는 중심 은유에 종속된 동사형 은유이다. 이것들은 “She waters the rose”와 “She puts the rose in a pot”라는 축어적 진술에서 “the rose”를 “me”로 대치하여 만든 치환은유(epiphor)이다.

다음 시도 Fletcher의 책에 수록된 학생 작품이다(24).

Polliwogs

Come see
What I found!
Chubby commas,
Mouths round,
Plump babies,
Stubby as toes.
Polliwogs!
Tadpoles!

Come see
What I found!
Frogs-in-waiting
Huddled in puddles,
Snuggled in mud.

이 학생은 올챙이를 “살찐 콤마”에 비유하고 있다. 이 비유는 개구리 알에서 깨어난 웅덩이에 옹기종기 모여 있는 올챙이들의 모양을 생생하게 떠올리게 만든다. 이 얼마나 예리한 관찰인가! 이 작품에는 이 비유 이외에도 “둥근 입들(Mouths round)”과 “포동포동한 아기들(Plump babies)”이라는 은유가 나란히 연결되어 있다.

은유의 원관념과 보조관념으로 사용된 단어는 모두 우리의 생활주변에서 항상 접하는 친숙한 사물들이다. 이처럼 시의 제재는 멀리 있는 것이 아니라 바로 가까운 곳에 있다. 우리는 얼핏 보기에는 아무 관계가 없는 것처럼 보이는 낯익은 주변의 사물들을 하나의 비유 구문으로 연결함으로써 지금까지 의식하지 못 했던 사물들 사이의 상호관계를 파악하고 낯익은 세계를 전혀 새로운 시각으로 보여줄 수가 있다.

우리는 하나의 은유만을 사용하여 시를 쓸 수도 있고, 두 개 이상의 은유를 여러 가지 방법으로 연결하여 하나의 작품을 만들 수도 있다. 한 작품에서 여러 개의 은유를 사용하는 경우, "Dreams"처럼 하나의 원관념에 여러 개의 이질적인 보조관념을 병렬구조(parallel structure)로 연결하기도 하고, "My Mom"처럼 하나의 중심은유와 그로부터 파생된 여러 개의 종속적인 은유들로 계층구조(hierarchical structure)를 만들기도 한다. 우리는 전자를 혼합은유(mixed metaphor)라 하고 후자를 확장은유(extended metaphor)라 부른다. 전자의 경우 은유들 상호 간에 어떤 유사성이 없으면 의미의 모순을 일으켜 작품의 유기성을 훼손할 염려가 있으니 주의해서 사용해야 한다.

은유법 쓰기를 지도할 때, 초급 수준에서는 단일 은유만으로 쓰기 연습을 시키는 것이 좋을 것이다. 이 때 학생들은 하나의 은유 구문과 그 은유의 성립근거(원관념과 보조관념의 관계)를 설명하는 진술로 한 편의 시를 만들 수 있을 것이다. 여기서는 기본형을 연습하기로 한다. 먼저 은유를 만들기 위해 추상어와 구상어의 의미를 설명해준다.

[학습활동]

학생들은 자기 집에 있는 물건들의 명칭을 다섯 개 이상 적는다.

knife, eggs, spoon, cheese, plate, bed, wood

학생들이 단어를 적는 동안 흑판에 다음 표를 그린다.

A	B	C
Love Hope Kindness Unkindness Time Age	is	a/an

C열에 학생들이 적은 단어를 넣어 문장을 만든다.

Time is an egg.
Fire is a knife.
Hope is a spoon.

학생들은 자기들이 쓴 문장에 대한 의미를 부여한다.

Time is an egg.
It breaks.
It gives birth.

Fire is a knife.
It cuts down.

Hope is a spoon.
It holds.
It feeds.

은유를 구성하는 두 요소의 상호 관계를 설명하는 데에 유용한 단어들을 제시한다.

Verbs: cuts, breaks, holds, serves, slices, feeds, comforts

Adjectives: sharp, firm, strong, kind, comfortable, delicious, useful, dangerous

학생들은 2~3명씩 조를 이루어 은유 구문을 만들어 시를 짓는다.

Anger is a knife.
It cuts.
It is sharp.

같은 조 학생들끼리 비교하면서 문장을 수정하거나 첨가하여 문장을 만들고 큰 소리로 시를 읽고, 벽에 게시하거나 시집을 만든다.

[쓰기연습 1] A에 추상명사(hope, love, peace, friendship)를 사용하고 B에 동물이름(bird, hare, pig, cat, dog)을 사용하여 은유 구문을 만드는 연습을 해보자.

[쓰기연습 2] 다음 시는 두 개의 기본형 은유로 구성되어 있다. 첫째는 신을 발의 집에 비유한 은유이고, 둘째는 다섯 개의 발가락을 그 집에 사는 오형제에 비유한 은유이다. 이 얼마나 소박하면서도 적절한 비유인가. 이와 같이 A와 B 둘 다 구상어를 사용하여 은유법을 만들어보자.

My ShoGes

My shoes are a home
for my feet.

The five toes are brothers
sitting by the fire.

4.5 은유법 만들기 (II): 날씨에 관한 시 쓰기[19]

여러 가지 자연현상을 동물에 비유하는 은유 구문을 만들어본다. 생물에 적용되는 단어와 생물에 적용될 수 없는 단어를 연결했을 때 일어나는 효과를 상상해보자. 무생물에 사람 또는 생물의 속성을 부여하면 은유의 일종인 의인법(personification)이 만들어진다. 흑판에 아래 표를 그린다. A에는 날씨에 관한 단어를 B에는 동물이름을 각각 두세 개씩 적는다. C에는 동물들의 동작이나 습관을 나타내는 동사를 적는다. 이 동사들은 A와 B의 관계를 묘사하는 데에 유용하게 쓰일 것이다.

A: Weather	B: Animals
rain monsoon storm thunder fog mist drizzle snow blizzard hail winds sunshine drought	cat pig snake bull lion butterfly rabbit
C: What does the animal DO?	
flies flutters snores snorts purrs slithers slides grunts butts chases gallops roars leaps bounces sits	

19) Spiro 3.6 : "Weather poems: *The snorting storm*" (pp. 61-63).

[학습활동]

학생들을 3~4 명의 소집단으로 나눈다. 위 표의 A와 B의 범주에 속한 단어를 가능한 한 많이 적게 한다. 각 동물의 특징적인 동작, 습관, 울음소리를 묘사하는 문장을 쓰게 한다.

The cat purrs.
The horse snorts.
The snake slithers through the grass.

각 집단에 한 가지 날씨와 동물을 선택하여 날씨가 어떤 동물과 유사한지 묘사한다. 먼저 A와 B의 단어들 중에서 유사성을 찾을 수 있는 단어를 연결하여 직유 구문을 만들고, 그 다음에 그 유사성을 묘사하는 문장을 다음과 같이 쓰게 한다.

The rain is like a rabbit. The rabbit hops on the tin roof.
The storm is like a horse. The horse snorts.
The fog is like a snake. The snake slithers through the grass.

각 비유법의 두 번째 문장에 첫 문장의 주어를 넣어 은유 구문을 만든다. 그 다음 한 가지 은유 구문을 선택하여 시를 만든다.

Rain

bounces on the street
chases children
leaps off the umbrella
sits in black puddles
runs into gutters
like a hare.

[활용방법]

상급 학생들이면 언어 사용법에 대해 더 자세히 공부할 수 있다. 동사는 보통 사람이나 동물을 묘사하는 데 사용된다. 이 동사들을 날씨에 적용시키면 은유가 된다. 교사는 은유법 쓰기를 지도할 때 A와 B에 어떤 범주의 단어들을 제시하는 것이 좋을지를 미리 생각하여 준비해야 한다. 제시할 단어들의 범주에 따라 은유법의 종류와 재미가 달라질 것이다.

잘 된 은유법의 예를 많이 수집하여 학생들에게 보여주고 모방연습을 시키는 것이 도움이 될 것이다. 다음 시를 보고 안개가 어떻게 고양이로 변했는지, 고양이가 어떻게 안개로 변했는지 설명해보자. 어느 동사가 안개를 묘사하는 동사이며 어느 동사가 고양이를 묘사하는 동사인가?

> The yellow fog that rubs its back upon the window-panes
> The yellow smoke that rubs its muzzle on the window-panes.
> Licked its tongue into the corner of the evening,
> Lingered upon the pools that stand in drains,
> Let fall upon its back the soot that falls from chimneys,
> Slipped by the terrace, made a sudden leap,
> And, seeing that it was a soft October night,
> Curled once about the house and fell asleep.
> (From T. S. Eliot's *The Love Song of Alfred J. Prufrock*)

4.6 반복구가 포함된 시 쓰기

시는 고도로 압축된 표현양식이다. 시인들은 한정된 지면에 최대의 의미를 담아내려고 노력한다. 그럼에도 불구하고 때로는 시적 효과를 높이기 위해서 동일한 표현이나 구조를 반복해서 사용한다. 우리는 시인이 동일한 표현을 반복할 때는 분명한 의도를 가지고 그렇게 한다는 것을 알아야 한다. 쓰기 연습을 할 때도 이 점을 분명히 알고 써야 한다.

Fletcher는 "강조하기 위해 반복하라"고 권한다(39). 반복의 첫째 목적은 리듬의 효과를 높이는 데에 있다. 그 다음으로는 시의 중요한 부분을 강조하기 위해 반복한다. 반복되는 부분은 독자의 마음속에 오래 기억되기 마련이다. 또한 여러 연에 걸쳐서 동일한 시행을 반복하면 그 반복구는 시의 각 부분을 하나의 전체로 결속시키는 역할을 하게 된다.

반복하는 방법에는 여러 가지가 있다. 시의 주제와 관련된 중요한 단어를 반복할 수도 있고, 하나의 구나 한 행 또는 여러 행을 반복할 수도 있다. 그리고 반복구의 위치는 각 연의 첫 행일 수도 있고 마지막 행이 될 수도 있을 것이다. 반복구의 형태는 동일한 표현일 수도 있고 반복될 때마다 부분적으로 조금씩 다른 표현이 될 수도 있다. 특히 후자의 경우는 "점층적 반복(incremental repetition)"이라 불리며 민요시에서 자주 사용된다.

[학습활동]

반복구가 포함된 시의 예를 제시하고, 반복구의 기능에 대해 설명한다.

Golden Slumbers (1)

Thomas Dekker.

Golden slumbers kiss your eyes,
Smiles awake you when you rise;
Sleep, pretty baby, do not cry,
And I will sing you a lullaby.

Care is heavy, therefore sleep,
While I o'er you watch do keep;
Sleep, pretty darling, do not cry,
And I will sing you a lullaby.

Golden slumbers kiss your eyes,
Smiles awake you when you rise;
Sleep pretty baby, do not cry,
And I will sing you a lullaby.

학생들은 4명씩 조를 편성하여 하나의 주제를 결정하고, 그 주제를 강조하는 반복구를 만든다.

① It always happens to me.
② Who cares?
③ Why is the weather always wet?
④ Some days I feel happy.
⑤ It's the same the whole world over.
⑥ And it's all a crying shame.

각 조는 반복구로 시작하거나 끝나는 시를 쓴다.

Africa

Who Cares?
What can I do?
No one cares—
There's millions sickly
And millions starving—
Yet there's not a soul
Will do anything.

Who cares?
Those sickness and hunger
Do not liquidate,
Are soon taken care of
By communal hate.

Who cares?
Though Live Aid and Sport Aid
Have raised a few bob,
The United Nations
Ain't doing its job!
Who cares?

[쓰기연습 1] "It always happens to me"를 후렴구로 사용하여 시를 써보자.

[쓰기연습 2] "Some days I feel happy"를 후렴구로 사용하여 시를 써보자.

4. 7 두운(Alliteration)을 사용하여 시 쓰기20)

[학습활동]

동일한 자음 또는 연접자음으로 시작되는 단어목록을 흑판에 적는다. 학생들은 유사한 자음으로 시작되는 단어목록을 만든다.

split, splatter, splice, splosh, splash, splay, splat, splutter

20) Maley & Duff 6.7: "Alice's alarming alliteration" (pp. 135-136).

짝끼리 목록을 교환하여 보완한다. 목록의 단어 중에서 어떤 의미연상을 일으키는 단어군을 만든다. 한 단어를 한 행으로 배열하여 시를 만든다.

Making Mudpies for Grandpa

splash,	철벅철벅
splosh,	쫙
splat,	철썩철썩
splatter,	철벅철벅
squtter!	탁탁!

Building Site Accident

Crevasses,	균열,
Craters,	구덩이,
Creak,	삐걱
Crack!	우지끈
Cries,	울부짖음
Cringe,	움추림,
Crash!	쿵 와르르!
Crunch!	뿌지직!
Crippled	절름발이
Crone—	쪼그라들기
Crazy	미친
Crufix.	십자가

[활용방법]

같은 자음으로 시작하는 단어를 익히는 데 효과적인 방법이다. 소리의 상징적 의미를 효과적으로 학습할 수 있다.

폐쇄음(stop sounds: p, t, k, b, d, g): 답답함, 음울함
치찰음(sibilants: s, sh, ch, z): 고요함, 적막함
비음(nasal sounds: m, n, ng): 울림
유음 (liquids: l, r): 부드러움, 순탄함
전설모음(front vowels: i, e, a): 밝음
후설모음(back vowels: u, o): 어두움

두운으로 문장을 만드는 연습은 시의 음악성을 체득하는 한 단계이다. 반드시 한 편의 시를 완성할 필요는 없다.

The crooked crane was cleaving the cold carcass.
The dark devil was delving into the dead dungeon.
The moon was moving in the smooth mellow morning.
The long lake was lying low in the limpid light.
The silent sea was soaked in the silver sunshine.
I grimly grapple with grotty grit.
I gladly gloat over glamorous glances.
I proudly prattle about princely progress.
I slowly slide over slippery slopes.
(* with grotty grit=대단한 배짱으로)

두운은 일상적 대화, 속담, 광고 등에서도 다양하게 사용되고 있다.

Big Ben
Simple Simon
We Willie Winkie
as pleased as punch
as light as a tick
as fit as a fiddle

as green as grass
a Scotch and Soda
Better safe than sorry.
a tiger in your tank
Service with a Smile

4.8 각운을 이용하여 시 쓰기[21)]

강세 있는 음절의 초성 자음은 다르고 모음 이후가 동일한 음으로 이루어진 것을 운(rhyme)이라 한다. 한 행의 중간과 끝에 오는 두 단어가 운을 이룬 것을 중간운(internal rhyme)이라 하고, 시행의 끝 단어가 운을 이룬 것을 각운(end rhyme)이라 한다. 각운은 연의 구조를 결정하고 각 연을 하나의 유기적 전체로 결속시키는 역할을 한다.

각운을 이용하여 시 쓰기를 하려면 Rhyming Dictionary가 필요하다. 이 사전에는 운을 이루는 단어들이 수록되어 있다. 사전이 없을 경우 교사가 미리 필요한 단어를 준비하면 될 것이다.

[학습활동]

주제 (또는 제목)과 각운(grace, face; giving, living; woe, go; day, gay)을 제시하고 시 쓰기를 한다. 학생들을 소집단으로 나누어 운에 맞는 문장을 쓰게 한다. 각 집단이 쓴 시를 비교한다.

Monday's child is full of grace
Tuesday's child is fair of face.
Wednesday's child is loving and giving
Thursday's child works hard for a living.
Friday's child is full of woe.
Saturday's child has far to go.
And the child that's born on the Sabbath day
Is bonnie and blithe and good and gay.
(A Traditional Rhyme)

---

21) Maley & Duff 5.9 : "Traditional rhymes" (pp. 122-123).

[활용방법]

초급 수준의 학생들에게 운을 넣어 시를 쓰게 하는 것은 무리일 것이다. 중급 수준의 학생들에게는 각운과 더불어 하나의 단순한 문장구조를 제시하는 것이 쓰기 연습에 도움이 될 것이다. 운을 이루는 단어를 자유롭게 선택하게 하는 것도 한 방법이 될 수 있다. 운자(rhyming words)를 제시하지 않고 운의 구조만 제시할 수도 있다; aa, bb; abab; abcb; abba 등.

[쓰기연습 1] 다음 시를 모방하여 각운이 있는 시를 써보자.

The Rose Family

Robert Frost

The rose is a rose,
And was always a rose.
But now the theory goes
That the apple's a rose,
And the pear is, and so's
The plum, I suppose.
The dear only knows
What will next prove a rose.
You, of course, are a rose
But were always a rose.

[쓰기연습 2] 다음 시를 모방하여 각운이 있는 시를 써보자.

I Saw a Fishpond

I saw a fishpond all on fire,
I saw a house how to a squire,
I saw a parson twelve feet high,
I saw a cottage near the sky. . .
I saw two horses making lace,
I saw a girl just like a cat,
I saw a kitten wear a hat,
I saw a man who saw these too,
And said, though strange, they all were true.

(Anon)

4.9 이행시(couplet) 쓰기

영어학습자는 전통적 시 형식을 알아둘 필요가 있다. 이행연구(couplet)는 각운으로 연결된 두 줄로 된 시이다. 이 형식은 주로 도덕적인 교훈을 가르치기 위해 사용되었다.

[학습활동]

운을 이루는 단어 여러 쌍을 흑판에 적는다. 혹은 운을 이룬 단어가 삭제하고 이행시를 제시하고 운자를 쓰게 한다.

I climbed the tree
The bird to ___________. (see)
My pet is a cat
and he is very ________. (fat)

흑판에 적힌 단어목록을 이용하여 이행시를 완성한다. 시를 읽고 빠진 단어를 구두로 채워 넣는다. 운을 이룬 단어를 이용하여 학생들 자신의 시를 쓰게 한다. 쓴 문장을 짝끼리 돌려 읽거나 전체 학생들 앞에서 발표한다.

We failed the test
You know the rest.

Hello and a smile
Makes me happy for awhile.

I like you it's plain to see.
Why won't you go out with me?

4.10 삼행시(haiku) 쓰기

하이쿠(haiku)는 일본의 시 형식인데, 각운이 없는 짧은 시이다. 각 행은 5음절, 7음절, 5음절, 총 17음절로 이루어진다. 그러나 이 형식을 하나의 예로 제시하되 음절 수에 구애받지 않고 쓰게 한다. 중요한 것은 학생들이 짧은 형식 속에 그들의 생각을 효과적으로 표현하도록 동기를 부여하는 것이다. 하이쿠는 자연이나 계절과 관련된 단일한 순간 또는 단일한 심상을 취급한 작품이다. 독자는 시에서 핵심 단어를 보면 계절을 알 수 있다.

[학습활동]

여러 편의 하이쿠를 학생들에게 보여준다.

Among the white hairs
A solitary black one
Life refuses death.

백발 속에
검은 털 하나
삶은 죽음을 거부한다.

다음은 일본의 Matsuo Basho(1644-1694)가 쓴 아홉 편의 하이쿠를 영역한 것이다.[22)]

The beginning of art—
The depths of the country
And a nice planting song.

Ailing on my travels,
Yet my dream wandering
Over withered moors.

Spring:
A hill without a name
Veiled in morning mist.

The beginning of autumn:
Sea and emerald paddy
Both the same green.
Silent and still: then
Even sinking into the rocks,
The cicada's speech.

Soon it will die,
Yet no trace of this
In the cicada's screech.

---

22) 대표적인 하이쿠 시집으로는 Peter Beilenson이 영역한 *Japanese Haiku, The Four Seasons, Haiku Harvest* 등이 있다.

The winds of autumn
Blow: yet still green
The chestnut husks.

You say one word
And lips are chilled
By autumn's wind.

A flash of lightning:
Into the gloom
Goes the heron's cry.

시에 묘사된 심상을 그림으로 보여주고 토론하게 한다. 시를 읽어주면서 그 시에 맞는 그림을 찾게 한다. 이것은 시에 묘사된 심상에 집중하게 하며 청해 능력을 개발하는 데에 도움이 된다. 학생들에게 개별적으로 시에 맞는 그림을 찾는 연습을 시킬 수도 있다. 잡지를 보여주고 동일한 연습을 시킨다. 하이쿠를 쓰게 하고 쓴 작품을 돌려 읽힌다.

다음은 중급 수준의 학생이 쓴 하이쿠이다.

Flowers so beautiful
But they will die now
When you cut the flowers.

Bee has to be free
In a bottle it will die
Sad for me and bee.

Rocks are not alive
They look alive to me
Nice shapes and colors to see.

Once alive and green

Now dead and brown in cup
Soon others like them, sad.

[활용방법]

다음과 같은 방법으로 하이쿠를 쓰게 해보자: ① 여러 개화 단계의 마른 꽃을 제시한다; ② 항아리에 곤충을 넣어 보여주고 관찰하게 한 다음 곤충을 날려 보낸다; ③ 마른 잎을 담은 그릇과 새 잎을 담은 그릇을 보여 준다; ④ 여러 형태와 크기와 색깔의 암석을 보여준다.

하이쿠 쓰기를 연습시킨다고 해서 한 줄에 들어갈 단어를 제한하거나 삼행시를 고집할 필요는 없다. 다만 몇 줄의 짧은 시 속에 하나의 선명한 이미지를 그리도록 지도하기만 하면 된다.

[쓰기연습 3] 다음은 이미 앞에서 소개한 바 있는 대표적인 이미지즘 시인인 Ezra Pound의 "In a Station of Metro"이다. 이 시와 일본의 하이쿠를 비교해보자.

The apparition of these faces in the crowd;
Petals on a wet, black bough.

[Note] Pound는 사상파(imagist) 시의 강령을 다음과 같이 제시했다:

1) Direct treatment of the "thing," whether subjective or objective.
2) To use absolutely no word that does not contribute to the presentation.
3) As regarding rhythm: to compose in sequence of the musical phrase, not in sequence of the metronome.

4.11 오행시(Limerick) 쓰기[23]

Limerick은 aabba의 운을 가지고 있고 a 행은 3보격, b 행은 2 보격으로 구성된 시다.

[학습활동]

학생들에게 5행으로 된 limerick의 예를 제시한다.

There was an old man in a trunk
Who enquired of his wife, "Am I drunk?"
  She replied with regret
  "I'm afraid so, my pet,"
And he answered, "It's just as I thunk."
(Ogden Nash)

There was a young lady of Riga,
Who went for a ride on a tiger,
  They returned from the ride
  With the lady inside,
And a smile on the face of the tiger.
(Anon)

몇 가지 운을 제시한다: merry, berry, ferry; Rome, home, dome, comb. 이 형식에 맞추어 시를 쓰게 한다.

[활용방법]

율격과 압운에 맞춰 시를 쓰는 것은 고급 수준의 학생들에게 적합한 방

---

23) Maley & Duff 5.11: "Limericks" (p. 125).

법이다. 각운을 맞추려면 Rhyming Dictionary가 필요할 것이다. 다음은 limerick에 대해 설명한 글이다.

A limerick is a short form of poetry known for its humor. To write a limerick follow these simple steps.

First, read this sample limerick which demonstrates the syllabic and rhyme pattern.

> There was a large lady from Perth
> Who wanted to travel the earth
>   But her wish was in vain
>   For the door of the plane
> Was not wide enough for her girth.

Note that the first, second and fifth lines each have eight syllables, and rhyme with each other, while the middle lines have only six syllables and a separate rhyme.

Now, to write your own limerick, begin by choosing a character and a place name. (Note here that if your place name is longer than one syllable you may expand your lines to nine instead of eight syllables.)

Think of some words which rhyme with your place name. Because the limerick is meant to be humorous, your rhymes may be silly - for example:

> Sydney; kidney; didn' he.

Use two of these words to end the first two lines of your limerick, which introduce your character.

> There was a young man from Sydney
> Who only would eat steak and kidney.

Next, think of a problem for your character, and present it in your two short lines:

> When the kidney ran out,
> Though he started to shout,

Finally, finish with a resolution (ending) to your limerick, which should make your reader laugh.

He had to go hungry, didn' he?

Try this process to write limericks of your own. You will also find there are other ways of beginning your limerick:

A man with a very large nose . . .
While traveling one day in Peru . . .
I was startled one day by a hen . . .

Despite these differences, the basic limerick pattern remains the same.

4.12 구상시[24]) 쓰기

구상시(具象詩)는 글자의 배열로 시의 의미를 전달하는 시 형식이다. 영어로는 concrete poetry, pattern poetry, visual poetry, shape poetry등으로 불린다. 1950년 브라질의 Sao Paulo에서 개최된 국제 시 전시회 때부터 이 용어를 사용하기 시작했다. 구상시의 예로는 Lewis Carroll의 "Tale"이 있다. 이 시는 Alice's Adventures in Wonderland에 나오는 시인데, 글자를 동물의 꼬리 모양으로 배열한 시이다. 20세기 시인들 중에는 Ian Hamilton Finlay, Edwin Morgan 등이 이러한 시를 즐겨 썼다.

17세기 영국의 종교시인인 George Herbert는 이미 수 세기 전에 구상시를 실험하였다. 먼저 Herbert의 구상시 두 편을 읽어보자.

24) Maley & Duff 6.5: "Wordshapes" (pp. 131-135).

The Altar

George Herbert

A broken ALTAR, Lord, thy servant rears,
Made of a heart, and cemented with tears:
Whose parts are as thy hand did frame;
No workman's tool hath touched the same.
A H E A R T alone
Is s u c h a stone,
As n o t h i n g but
Thy pow'r doth cut.
Wherefore each part
Of my hard heart
Meets in this frame,
To praise thy name.
That if I chance to hold my peace,
These stones to praise thee may not cease.
O let thy blessed SACRIFICE be mine,
And sanctify this ALTAR to be thine.

제 단

부서진 제단을, 주여, 당신의 종이 세우나이다,
심 장 으 로 만 들 어, 눈 물 로 굳 혀 진:
제단의 부분들은 당신의 손이 빚으신 그대로;
어떤 장인의 연장도 그것을 건드리지 않았나이다.
심 장 이 야 말 로
당 신 의 힘 만 이
벨 수 있 는
그 러 한 돌.
그 러 기 에 내 단 단 한
심 장 의 각 부 분 은
이 뼈 대 에 서 만 나
당신의 이름을 찬미하나이다.

그리하여 혹시 내가 침묵을 지킬지라도
이 돌들이 당신을 찬미하길 그치지 않도록.
오, 당신의 축복 받은 희생이 내것이 되게 하소서,
그리고 이 제단을 당신의 것이 되게 신성케 하소서.

Easter Wings

Lord, Who createdst man in wealth and store,
Though foolishly he lost the same,
Decaying more and more,
Till he became
Most poore:

With Thee
O let me rise,
As larks, harmoniously,
And sing this day Thy victories:
Then shall the fall further the flight in me.

My tender age in sorrow did beginne;
And still with sicknesses and shame
Thou didst so punish sinne,
That I became
Most thinne.

With Thee
Let me combine,
And feel this day Thy victorie;
For, if I imp my wing on Thine,
Affliction shall advance the flight in me.

(George Herbert)

부활절 날개

풍성히 인간을 창조하셨던 주님이시여,
비록 어리석게도 인간을 잃긴 했어도,
점점 더 타락하여, 인간이
아주 가난하게
될 때까지
당신과 함께
오 저를 일으켜 주소서
종달새처럼, 아름답게
오늘 당신의 승리를 노래하게 하소서:
그러면 강하가 더욱 높이 내 마음을 비약시킬 것이옵니다.

저의 어린 시절은 슬픔에서 시작되었나이다:
그리고 언제나 병과 수치심으로
당신은 죄를 벌하셨나이다.
그래서 저는
여위었나이다:
당신과 함께
저를 하나가 되게 하시어
오늘 느끼게 해주소서 당신의 승리를;
왜냐면, 내 상한 것을 당신 깃에 접붙이면
고뇌가 내 마음의 비약을 더욱 높여 줄 것이오니.

다음은 최근의 구상시이다.

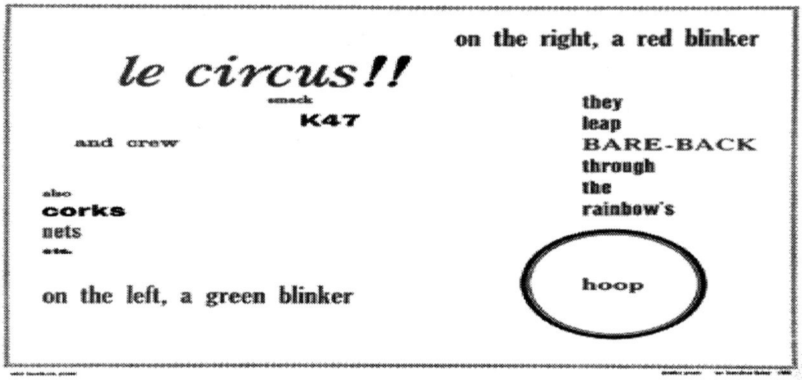

Ian Hamilton Finlay, Concrete poem "Le Circus"

[학습활동]

학생들을 3명씩 소집단으로 나누어 사다리, 나선형, 계단, 피라미드, 조개껍질, 나뭇잎 등의 형상이나 무늬를 그리게 한다. 집단별로 이 중 하나의 형상을 선택하여 각각의 형상을 볼 때 떠오르는 단어를 적어 목록을 만들게 한다. 목록의 단어를 이용하여 문장을 만들고 주어진 형태로 단어를 배열하게 한다.

(1) 사다리 모양

The bottom step is the step that leads up to the top.
The top step is the step that leads down to the bottom.

(2) 코끼리 코 모양

If the elephant had no trunk, how could he drink water?

(3) 나선형 달팽이집 모양

The snail is a small shell on its back.

[활용방법]

구상시는 초급 수준의 학생부터 고급 수준의 학생까지 쓰기 연습이 가능한 시형식이다. 구상시는 비교적 단순한 형태에서 매우 복잡한 형태에 이르기까지 다양한 실험을 할 수 있는 이점이 있다. 글자로 그림의 형태를 만들거나 앞에 예시한 Finlay의 작품처럼 그림과 글자를 결합시킬 수도 있다. 구상시 쓰기는 직접 만들어봄으로써 학생들이 시 공부를 더욱 흥미롭게 할 수 있는 연습 방법이다.

4.13 알파벳 글자를 이용하여 시 쓰기[25)]

[학습활동]

학생들은 둘씩 짝을 지어 좋아하는 알파벳 글자를 선택한다. 선택한 글자의 모양, 소리, 또는 느낌으로 연상되는 단어를 모두 적는다.

예) S: snake, sinuous, slippery, sexy, slow, slender

짝과 함께 단어목록을 만든다. 이 목록에서 뽑은 단어들을 사용하여 [(글자) is like]로 시작하는 시를 쓴다.

S is like a snake,	S는 뱀처럼,
Slender,	날씬하고,
Slippery,	미끄럽고,
Slow,	느리고,
Sinuous,	꼬불꼬불하고,
Sinister,	음험하고,
And sacred.	신성하다.

25) Maley & Duff 6.4: "Letters alive" (pp. 130-131).

[활용방법]

각자 선택한 글자가 갖는 연상적 의미를 설명하게 한다. 시의 내용을 그림으로 형상화하면 더욱 재미있는 활동이 된다.

T is like a trying post,
A trigger—
And a tomb.

글자끼리 대화를 하게 하는 것도 상상력을 기르는 데 도움이 된다.

S said to T, "Loosen up."	S가 T에게 말했다, "긴장을 풀어라."
T said to O, "Open out."	T가 O에게 말했다, "문을 열어라."
O said to L, "Close up."	O가 L에게 말했다, "문을 닫아라."
L said to S, "Straighten up."	L이 S에게 말했다, "허리를 펴라."

4.14 요일 명칭을 이용하여 시 쓰기

요일명칭을 이용하여 시 쓰기를 하는 방법은 Alan Maley의 책에 자세히 소개되어 있다.[26)]

[학습활동]

학생들을 7명씩 소집단 편성하고, 각 집단에 소속된 7명의 학생에게 각각 하나의 요일을 배당한다. 다음의 시를 모델로 제시한다.

26) Maley & Moulding, pp. 4-14.

Solomon Grundy

Solomon Grundy
Born on Monday,
Christened on Tuesday,
Married on Wednesday,
Took ill on Thursday,
Got worse on Friday,
Died on Saturday,
Buried on Sunday.
This is the end
Of Solomon Grundy.

학생들은 각자 자기가 맡은 요일에 해당하는 문장을 쓴다. 집단별로 동사 또는 형용사를 사용하여 구문을 작성한 다음 요일 순서로 연결하여 한 편의 시를 만든다. 다음은 이런 방법으로 만든 시이다.

Andy

Read on Monday,
Swam on Tuesday,
Played on Wednesday,
Cleaned on Thursday,
Cooked on Friday,
Sang on Saturday,
Rested on Sunday.
This is what Andy did last week.

[활용방법]

초급 수준의 학생들에게도 가능한 쓰기연습 방법이다. 이 방법은 다양한 주제와 관련된 단어를 연습하는 데에 많은 도움이 될 것이다. 각 요일별로 두운을 이루는 단어를 쓰게 하는 것도 좋은 아이디어가 될 수 있다. 집단 활동을 한 다음 개별적으로 한 편의 시를 완성하게 한다.

[쓰기연습 1] 다음은 형용사를 사용한 보기이다. "My Food"를 제목으로 삼아 요일 명과 형용사를 사용하여 시를 써보자.

[쓰기연습 2] 요일별 날씨를 묘사하는 시를 써보자.

4.15 받아쓰기 방식으로 시 쓰기[27]

[학습활동]

학생들을 소집단(3~5명)으로 나누고, 한 학생이 다음 학생에게 한 단어를 불러준다. 그 학생은 받아쓴 단어에 한 단어를 추가하여 다음 학생에게 불러 준다. 이런 식으로 계속하여 문장을 완성한다. 여러 개의 문장을 만들고 적당한 순서로 배열하여 시를 만든다. 집단별로 교환하여 작품을 다듬는다.

Trees and birds live in the sun.
A snake is sleeping silently.
But the sun is hidden from me—
I have forgotten my way.
How far is the nearest star?
A tree is not good.
A tree is just a tree.
A snake is not bad.
A snake is just a snake.
Innocence is ignorance.
I am just me.

[활용방법]

시작할 때 반드시 완전한 문장이 되게 해야 한다는 점을 강조한다. 처음 시작하는 단어와 주제를 미리 제시하는 것이 바람직하다. 문장을 배열할 때 연결어(connectives)를 잘 선택하도록 지도한다. 모든 문장을 연결한 후에 첨삭을 하여 다듬는 것이 좋다.

---

27) Maley & Duff 6.6 : "Dictapome" (p. 135).

4.16 한 행씩 써나가기

[학습활동]

제목과 첫 행을 제시한다. 제시하는 부분에 따라 다양한 활동이 가능할 것이다. 한 학생씩 차례로 다음 행을 추가하여 쓰게 한다. 같은 방법으로 계속하여 시를 완성한다.

If I Might Be an Ox

If I might be an ox,
An ox, a beautiful ox,
Beautiful but stubborn;
The merchant would buy me,
Would buy me and slaughter me,
Would spread my skin,
Would bring me to the market,
The course woman would bargain for me,
The beautiful girl would buy me.
She would crush perfumes for me.
I would spend the night rolled up around her,
I would spend the afternoon rolled up round her.
Her husband would say: 'It is a dead skin.'
But I would have her love.

[쓰기연습] 다음 시를 모방하여 한 행씩 써나가기 연습을 해보자.

There's a Hole in my Bucket

There's a hole in my bucket, dear Liza, dear Liza,
There's a hole in my bucket, dear Liza, a hole.

Then fix it, dear Henry, dear Henry, dear Henry;
Then fix it, dear Henry, dear Henry, fix it.

With what shall I fix it, dear Liza, dear Liza?
With what shall I fix it, dear Liza, with what?

With a straw, dear Henry, dear Henry, dear Henry;
With a straw, dear Henry, dear Henry, with a straw.

But the straw is too long, dear Liza, dear Liza,
But the straw is too long, dear Liza, too long.
Then cut it, dear Henry, dear Henry, dear Henry;
Then cut it, dear Henry, dear Henry, cut it.

With what shall I cut it, dear Liza, dear Liza?
With what shall I cut it, dear Liza, with what?

With a knife, dear Henry, dear Henry, dear Henry;
With a knife, dear Henry, dear Henry, with a knife.
But the knife is too blunt, dear Liza, dear Liza,
But the knife is too blunt, dear Liza, too blunt.

Then sharpen it, dear Henry, dear Henry, dear Henry;
Then sharpen it, dear Henry, dear Henry, sharpen it.

With what shall I sharpen it, dear Liza, dear Liza?
With what shall I sharpen it, dear Liza, with what?

With a stone, dear Henry, dear Henry, dear Henry;
With a stone, dear Henry, dear Henry, with a stone.

But the stone is too dry, dear Liza, dear Liza,
But the stone is too dry, dear Liza, too dry.

Then wet it, dear Henry, dear Henry, dear Henry;

Then wet it, dear Henry, dear Henry, wet it.

With what shall I wet it, dear Liza, dear Liza?
With what shall I wet it, dear Liza, with what?

Try water, dear Henry, dear Henry, dear Henry;
Try water, dear Henry, dear Henry, try water.

In what shall I fetch it, dear Liza, dear Liza?
In what shall I fetch it, dear Liza, in what?

In a bucket, dear Henry, dear Henry, dear Henry;
In a bucket, dear Henry, dear Henry, in a bucket.

There's a hole in my bucket, dear Liza, dear Liza,
There's a hole in my bucket, dear Liza, a hole.

4.17 주제어로 시 쓰기 (I)

주어진 주제를 가지고 시 쓰기를 하는 것은 자유 작문의 일반적 방법이다. 교사는 학생들에게 생활 주변에서 흔히 접하는 쉬운 주제를 선정하고 쓰기 연습에 필요한 어휘와 구문을 제시해야 한다. 다음은 추상명사를 주제로 주고 시 쓰기를 연습시키는 하나의 방법이다(Maley & Duff 208-209).

[학습활동]

하나의 주제어(추상명사)를 제시한다. 이 주제어에 대한 개인적 연상을 적게 한다. 이 연상은 구체적 경험이어야 한다. 각자 적은 문장들을 연결하여 시를 만든다.

Loneliness is a telephone that never rings.
Loneliness is a songbird that never sings.
Loneliness is cold sheets on a cold bed.
Loneliness is being hungry though well-fed.

Loneliness is Sundays moping in the park.
Loneliness is sobbing in the dark.

[활용방법]

연상적 의미가 풍부한 명사를 주제어로 선택한다. 연상에 의해 만들어진 문장들을 일관성 있게 배열하도록 지도 한다.

[쓰기연습 1] "Frustration"의 연상적 의미를 가지고 시를 써보자.

[쓰기연습 2] 다음은 "love"가 일으키는 연상으로 쓴 Adrian Henri의 작품이다. "Love"의 연상으로 유사한 시를 써보자.

4.18 주제어로 시 쓰기 (II)

신발에 관한 주제로 시 쓰기를 연습한다. 먼저 신발을 주제로 쓴 작품의 예를 보여준다.

> **My Shoes**
>
> My shoes are a home
> for my feet.
>
> The five toes are brothers
> sitting by the fire.

다음의 단어 목록은 시를 쓰는 데 도움이 될 것이다.

1) **kinds of shoes**: oxford, trainer/tennis shoe, sandal, brogue, moccasin, loafer, clog, deck shoe, slipper, plimsoll/sneaker, court shoe/plump, slingback, stiletto, flip-flop/thong, boot, etc.
2) **materials**: leather, canvas, rubber, etc.
3) **shoe parts**: tongue, lining, lace, eyelet, seam, upper, toe, sole, instep, heel
4) **states:** shiny, dirty, glossy, down-at-the-heel, high-heeled, low-heeled

학생들이 원형으로 둘러앉는다. 각자 신발 한 짝씩을 벗어 가운데에 내어 놓고 다양한 신발 모양을 관찰한다. 이 활동은 신발에 관한 다양한 어휘를 배우는 기회를 제공한다. 학생들에게 특정한 종류의 신발을 찾으라고 요구한다. 그리고 다음과 같은 질문을 던진다.

Why do we wear shoes?
What is your favorite kind of shoes?
What color shoes do you like?

What kind of shoes would you like to have?

학생들은 각자 자기 신발을 찾아 자리로 돌아간다. 학생들은 종이에 자기 신 또는 발을 그리고 색칠을 한다. 그리고 신발에 관한 시를 짓는다.

각자 쓴 작품을 게시하거나 돌려 읽는다.

Red Shoes

Honor Moore

all that autumn you step from the train
as if something were burning
something is burning
running across the green grass bare feet
that day death was only
what we lose in fall comes back in spring
something is burning
from the train you climb
smoke between the skyscrapers
Paris was so beautiful, the sky -
all that autumn
then tears
Why do we do this again?
she turns to you in the kitchen
she puts her arms around you
she is wearing those red shoes

Picnic Eve

Tomorrow we're going on a picnic.
"Will it be fine tomorrow?" I wondered;
I was worried about the weather,
Because my father bought me new shoes.

I just put them on my pillow side
And I couldn't sleep a wink that night.
It was a nice pair of black leather shoes,
All shiny from toe to heel;

That night I dreamed a happy dream:
I was running merrily on the lawn,
My friends were running after me.
As I was wearing my new shoes that day.

(P. H. Park)

참고문헌

김진우. 『시와 언어: 시학과 언어학의 만남』. 서울: 한국문화사, 1998.

송무 외. 『시적 텍스트를 활용한 영어교육』. 서울: 신아사, 1998.

이창배. 『현대 영·미시 해석: 미국편』. 서울: 탑출판사, 1995.

조일제(역). 『영어교사를 위한 영문학작품 지도법』. 서울: 한국문화사, 1997.

조일제(역). 『학습자 활동 중심의 영시 지도법과 언어교육』. 서울: 한국문화사, 2005. (Alan Maley & Alan Duff. *The Inward Ear: Poetry in the Language Classroom*)

최영승. 『영미시의 감상과 이해』. 인천: 우용출판사, 2002.

최창호. 『영시개론』. 서울: 집문당,

Altenbernd, Lynn & Leslie L. Lewis. *A Handbook for the Study of Poetry*. New York: Macmillan, 1966.

Attridge, Derek. *The Rhythms of English Poetry*. London & New York: Longman, 1982.

Barber, Charles. *Poetry in English: An Introduction*. London & Basingstoke: Macmillan, 1983.

Bergman, David and Daniel Mark Epstein. *The Heath Guide to Poetry*. Lexington: D. C. Heath and Co., 1983.

Brooks, Cleanth & Robert Penn Warren. *Understanding Poetry*, 4th Ed. New

York: Holt, Rinehart & Winston, 1976.

Christison, Mary Ann. *English Through Poetry*. West Hayward, CA: Alemany Press, 1982.

Collie, Joanne and Stephen Slater. *Literature in the Language Classroom: A Resource Book of Ideas and Activities.* Cambridge: Cambridge UP, 1987.

____. *Literature in the Language Ability in the Classroom: A Resource Book of Ideas and Activities*. Cambridge: Cambridge UP, 1987.

Drew, Elizabeth. *Discovering Poetry: An Introduction to the Nature of Poetry and the Poetic Experience*. New York: Norton, 1961.

____. *Poetry: A Modern Guide to Its Understanding and Enjoyment*. New York: Dell Publishing Co., Inc., 1959.

Fletcher, Ralph. *Poetry Matters: Writing a Poem from the Inside Out*. New York: Harper Trophy, 2002.

Fussell, Paul. *Poetic Meter and Poetic Form*. New York: Random House, 1965.

Graham, Carolyn. *The Chocolate Cake: Songs and Poems for Children*. Englewood Cliffs: Prentice Hall, 1992.

Hopkins, Lee Bennett (ed.). *Good Books, Good Times!* A Charlotte Zolotow Book, 1990.

_____(ed.). *Wonderful Words: Poems about Reading, Writing, Speaking and Listening*. New York: Simon & Schuster Books for Young Readers, 2004.

Kennedy, X. J. and Dana Gioia. *An Introduction to Poetry*, 11th ed. New York: Pearson/Longman, 2005.

Koch, Kenneth. *Rose, Where Did You Get That Red?: Teaching Great Poetry to Children*. New York: Vintage Books, 1990.

Korg, Jacob. *An Introduction to Poetry*. New York: Holt, Rinehart & Winston, 1959.

Kreuzer, James. *Elements of Poetry*. New York: Macmillan, 1955.

Lazar, Gillan. *Literature and Language Teaching: A Guide for Teachers and Trainers.* Cambridge: Cambridge UP, 1993.

Leech, G. N. *A Linguistic Guide to English Poetry.* Longman, 1969.

Lennard, John. *The Poetry Handbook: A Guide to Reading Poetry for Pleasure and Practical Criticism.* Oxford: Oxford UP, 1996.

Lerner, Laurence. *An Introduction to English Poetry.* London: Edward Arnold, 1975.

Lewis, C. Day. *Poetry for You.* New York: Oxford UP, 1947.

_____. *A Hope for Poetry.* Oxford: Basil Blackwell, 1944.

Maley, Alan and Alan Duff. *The Inward Ear: Poetry in the Language Classroom.* Cambridge: Cambridge UP, 1989.

_____, and Sandra Moulding. *Poem into Poem: Reading and Writing Poems with Students of English.* Cambridge: Cambridge UP, 1985.

Prelutsky, Jack (ed.). *Read a Rhyme, Write a Rhyme.* New York: Alfred A. Knopf, 2005.

Reeves, James. *Understanding Poetry.* London: Heinemann, 1965.

Richards, I. *A. Practical Criticism: A Study of Literary Judgment.* London: Routledge & Kegan Paul, 1929, 1970.

Rivers, Wiga M. *Teaching Foreign Language Skills.* Chicago & London: The University of Chicago Press, 1968.

Spiro, Jane. *Creative Poetry Writing.* Oxford: Oxford UP, 2004.

Tamplin, Ronald. *Rhythm and Rhyme.* Buckingham & Philadelphia: Open UP, 1993.

Untermeyer, Louis (ed.). *Rainbow in the Sky.* New York: Harcourt, Brace & Co., 1935.

Wheeler, Charles B. *The Design of Poetry.* New York: Norton, 1966.

Woolger, D. & K. Ogungbesan. *Images and Impressions: An Oxford Senior*

Poetry Course. Oxford: Oxford UP, 1978.

_____. *Rhymes and Rhythms: An Oxford Course for Junior Secondary*. Oxford: Oxford UP, 1978.

부록1
영시 자료

1. Mnemonic Rhymes
2. Nursery Rhymes
3. Poems

1. Mnemonic Rhymes

Alphabet Song (The ABC)

(1) a-b-c-d-e-f-g, (the comma denotes a short pause)
h-i-j-k-lmnop, (l-m-n-o spoken twice as quickly as rest of rhyme)
q-r-s, t-u-v, (pause between s and t)
w--x--y-and-z, (w and x last for two beats)
Now I know my ABCs,
next time won't you sing with me?

(2) a-b-c-d-e-f-g
h-i-j-k-l-m-n
o-p-q, r-s-t
u-v-w, x-y-z
Now I know my "ABC's",
Next time won't you sing with me

(3) a-b-c-d-e-f-g
h-i-j-k-lmnop
lmnop-q-r-s-t
u-v-w-x-y-z
x-y-z
Butter on your bread
If you don't like it
You'll have to go to bed.

Acrostic Song

A, you're adorable
B, you're so beautiful
C, you're a cutie full of charm
D, you're a darling
And E, you're exciting
And F, you're a feather in my arms
G, you're so good to me
H, you're so heavenly
I, you're the one I idolize
J, we're like Jack and Jill
K, you're so kissable
L, you've got love light in your eyes
M, N, O, P
I could go on all day
Q, R, S, T
In alphabetically speaking: "You're okay"
U, make my love complete
V, you're so very sweet
W, X, Y, Z
It's fun to follow through the alphabet with you, so tell you what you think of me

Do-re-mi Song

Let's start at the very beginning
A very good place to start
When you read you begin with

A-B-C
When you sing you begin with do-re-mi

Do-re-mi

Do-re-mi
The first three notes just happen to be
Do-re-mi

Do-re-mi

Do-re-mi-fa-so-la-ti

Oh, let's see if I can make it easier

Doe, a deer, a female deer
Ray, a drop of golden sun
Me, a name I call myself
Far, a long long way to run
Sew, a needle pulling thread
La, a note to follow sew
Tea, I drink with jam and bread
That will bring us back to do...oh oh oh

Do re mi fa so la ti do, so do

How Many Yards Are in a Mile

George the third
said with a smile,
"Seventeen-sixty
yards in a mile"
(The year 1760 was the year George III took the throne)

The Order of the Zodiac Signs:

The Ram, the Bull, the Heavenly Twins,
And next' the Crab, the Lion shines,
The Virgin and the Scales.
The Scorpion, Archer, and the Goat,
The Man who holds the Watering Pot,
And Fish with glittering scales.

Thirty Days Hath September

<Version 1>

Thirty days hath September,
April, June, and [dull] November:
All the rest have thirty-one,
Except[ing] [for] February [alone],
Which hath twenty-eight days clear,
And twenty-nine in each leap year,

<Version 2>

except the second month alone,
to which we 28 assign,
till leap year gives it 29.

<Version 3>

except for February alone,
which has twenty-eight days each year,
and twenty-nine days each leap year.

<Version 4>

30 days hath september
April, june and november
All the rest have 31
Except for February which has 28
But in a leap year 29

The Eleven Planets

My Very Exciting Magic Carpet Just Sailed Under Nine Palace Elephants.

(Can't remember the 11 planets? or do you know that there are currently 11 planets altogether? Try this mnemonic: *My Very Exciting Magic Carpet Just Sailed Under Nine Palace Elephants.*

Each initial letter in the individual words represent the names of the 11 planets (Mercury, Venus, Earth, Mars, Ceres, Jupiter, Saturn, Uranus, Neptune, Pluto and Eris). This mnemonic is created by Maryn Smith, a 10-year-old fourth-grader at Riverview Elementary School in Great Falls, USA. Thanks to Maryn, it's now easy to remember the 11 planets.)

The Colours of the Rainbow

Richard of York gave battle in vain

Mnemonic aid - to aid the recall of the colours of the rainbow - red, orange, yellow, green, blue, indigo, violet.

A Mnemonic Verse from Coleridge

Trochee trips from long to short
From long to long in solemn sort
Slow spondee stalks; strong foot! Yet ill able
Ever to come up with dactyl trisyllable.
Iambics march from short to long;
With a leap and a bound the wild anapests throng.

2. Nursery Rhymes

A Man in the wilderness

A man in the wilderness
Asked this of me,
"How many strawberries
Grow in the sea?"
I answered him
As I thought good,
"As many red herrings
As swim in the wood."

As I Was Going to St. Ives

As I was going to St. Ives,
I met a man with seven wives.
Each wife had seven sacks,
Each sack had seven cats,
Each cat had seven kits.
Kits, cats, sacks, and wives,
How many were going to St. Ives?

As White as Milk

As white as milk,
        And not milk;
As green as grass,
        And not grass;
As red as blood,
        And not blood;
As black as soot,
        And not soot.

Diddle, Diddle, Dumpling

Diddle, diddle, dumpling,
        my son, John,
Went to bed
        with his trousers on,
One shoe off
        and one shoe on!
Diddle, diddle, dumpling,
        my son, John!

Goosey, Goosey, Gander

Goosey, goosey, gander,
Whither shall I wander?
Upstairs, and downstairs,
And in my lady's chamber.

There I met an old man
Who wouldn't say his prayers!
I took him by the left leg
And threw him down the stairs

Here We Go 'Round the Mulberry Bush

Here we go 'round the mulberry bush,
The mulberry bush,
The mulberry bush.
Here we go 'round the mulberry bush,
So early in the morning.

These are the chores we'll do this week,
Do this week,
Do this week.
These are the chores we'll do this week,
So early every morning.

This is the way we wash our clothes,
Wash our clothes,
Wash our clothes.
This is the way we wash our clothes,

So early Monday morning.
This is the way we iron our clothes,
Iron our clothes,
Iron our clothes.
This is the way we iron our clothes,
So early Tuesday morning.

This is the way we scrub the floor,
Scrub the floor,
Scrub the floor.
This is the way we scrub the floor,
So early Wednesday morning.

This is the way we mend our clothes,
Mend our clothes,
Mend our clothes.
This is the way we mend our clothes,
So early Thursday morning.

This is the way we sweep the floor,
Sweep the floor,
Sweep the floor.
This is the way we sweep the floor,
So early Friday morning.

This is the way we bake our bread,
Bake our bread,
Bake our bread.
This is the way we bake our bread,
So early Saturday morning.

This is the way we get dressed up,
Get dressed up,
Get dressed up.
This is the way we get dressed up,
So early Sunday morning.

Here we go 'round the mulberry bush,
The mulberry bush,
The mulberry bush.
Here we go 'round the mulberry bush,
So early in the morning.

Hickory, Dickory, Dock

Hickory, dickory, dock,
The mouse ran up the clock.
The clock struck one,
The mouse ran down!
Hickory, dickory, dock.

Dickery, dickery, dare,
The pig flew up in the air.
The man in brown
Soon brought him down!
Dickery, dickery, dare.

Hush-a-bye

Hush-a-bye, baby,
　　　　in the tree top.
When the wind blows,
　　　　the cradle will rock.
When the bough breaks,
　　　　the cradle will fall,
And down will come baby,
　　　　cradle and all.
Hush-a-bye, baby,
Your cradle is green,
Daddy's a king,
And Mommy's a queen;
Sister's a lady
Who wears a gold ring;
Brother's a drummer
Who plays for the king.

Hush-a-bye, baby,
Way up on high,
Never mind, baby,
Mommy is nigh,
Swinging the baby
All around --
Hush-a-bye, baby,
Up hill and down.

I've Been Workin' on the Railroad

I've been workin' on the railroad,
All the live long day.
I've been workin' on the railroad,
Just to pass the time away.
Don't you hear the whistle blowing?
Rise up so early in the morn.
Don't you hear the captain shouting
"Dinah, blow your horn"?

Dinah, won't you blow,
Dinah, won't you blow,
Dinah, won't you blow your horn?
Dinah, won't you blow,
Dinah, won't you blow,
Dinah, won't you blow your horn?

Someone's in the kitchen with Dinah.
Someone's in the kitchen, I know.
Someone's in the kitchen with Dinah
Strumming on the old banjo.

Fee, fie, fiddle-e-i-o.
Fee, fie, fiddle-e-i-o.
Fee, fie, fiddle-e-i-o.
Strumming on the old banjo.

Jack and Jill

Jack and Jill
            Went up the hill
To fetch a pail of water.
Jack fell down
            And broke his crown
And Jill came tumbling after.

Up Jack got
            And home did trot
As fast as he could caper
Went to bed
            And plastered his head
With vinegar and brown paper.

Kookaburra

Kookaburra sits in the old gum tree.
Merry, merry king of the bush is he.
            Laugh, Kookaburra,
            Laugh, Kookaburra,
Gay your life must be.

Kookaburra sits in the old gum tree,
Eating all the gumdrops he can see.
            Stop, Kookaburra,
            Stop, Kookaburra,
Leave some there for me.

Kookaburra sits in the old gum tree,

Counting all the monkeys he can see.
Wait, Kookaburra.
Stop, Kookaburra.
That's not a monkey, that's me!

Little Bunny Foo Foo

Little Bunny Foo Foo
hoppin' through the forest,
scoopin' up the field mice
and boppin' em on the head.

And down came the Blue Fairy, and she said:

Little Bunny FooFoo
I don't want to see you
scoopin' up the field mice
and boppin' em on the head.

And now I'll give you three chances, and if you keep it up, I'll turn you into a goon.

Little Bunny Foo Foo
kept hoppin' through the forest,
kept scoopin' up the field mice
and boppin' em on the head.

And down came the Blue Fairy, and she said:

Little Bunny FooFoo
I don't want to see you
scoopin' up the field mice

and boppin' em on the head.

And now I'll give you two more chances, and if you do that again, I'll turn you into a goon.

Little Bunny Foo Foo
kept hoppin' through the forest,
kept scoopin' up the field mice
and boppin' em on the head.

And down came the Blue Fairy, and she said:

Little Bunny FooFoo
I don't want to see you
scoopin' up the field mice
and boppin' em on the head.

And now I'll give you one more chance, and if you keep it up, I'll turn you into a goon.

Little Bunny Foo Foo
kept hoppin' through the forest,
kept scoopin' up the field mice
and boppin' em on the head.

And down came the Blue Fairy, and she said:

Little Bunny FooFoo
I don't want to see you
scoopin' up the field mice
and boppin' em on the head.

You disobeyed me three times, so now I'm gonna turn you into a GOON!

(The moral of this story is: Always remember, Hare today, Goon tomorrow.)

Little Bo Peep

Little Bo Peep has lost her sheep
And can't tell where to find them.
Leave them alone,
And they'll come home,
Wagging their tails behind them.

Little Bo Peep fell fast asleep,
And dreampt she heard them bleating;
But when she awaoke, she found it a joke,
For still they all were fleeting.

Then up she took her little crook,
Determined for to find them;
She found them indeed, but it made her heart bleed,
For they'd left all their tails behind them!

It happened one day, as Bo Peep did stray
Unto a meadow hard by --
There she espied their tails, side by side,
All hung on a tree to dry.

She heaved a sigh and wiped her eye,
And over the hillocks she raced;
And tried what she could, as a shepherdess should,
That each tail should be properly placed.

London Bridge is Falling Down

London Bridge is falling down,
Falling down,
Falling down.
London Bridge is falling down,
My fair lady.

Take a key and lock her up,
Lock her up,
Lock her up.
Take a key and lock her up,
My fair lady.

How will we build it up,
Build it up,
Build it up?
How will we build it up,
My fair lady?

Build it up with silver and gold,
Silver and gold,
Silver and gold.
Build it up with silver and gold,
My fair lady.

Gold and silver I have none,
I have none,
I have none.
Gold and silver I have none,
My fair lady.

Build it up with needles and pins,
Needles and pins,
Needles and pins.
Build it up with needles and pins,
My fair lady.

Pins and needles bend and break,
Bend and break,
Bend and break.
Pins and needles bend and break,
My fair lady.

Build it up with wood and clay,
Wood and clay,
Wood and clay.
Build it up with wood and clay,
My fair lady.

Wood and clay will wash away,
Wash away,
Wash away.
Wood and clay will wash away,
My fair lady.

Build it up with stone so strong,
Stone so strong,
Stone so strong.
Build it up with stone so strong,
My fair lady.

Stone so strong will last so long,
Last so long,
Last so long.
Stone so strong will last so long,
My fair lady.

Oh, Dear, what Can the Matter Be?

Oh, dear, what can the matter be?
Dear, dear, what can the matter be?
Oh, dear, what can the matter be?
Johnny's so long at the fair.

He promised to buy me a bunch of blue ribbons;
He promised to buy me some bonny blue ribbons;
He promised to buy me a bunch of blue ribbons,
To bind up my bonny brown hair.

And it's, oh! Dear! What can the matter be?
Dear, dear, what can the matter be?
Oh, dear, what can the matter be?
Johnny's so long at the fair.

Old King Cole

Old King Cole was a merry old soul,
And a merry old soul was he.
He called for his pipe, and he called for his bowl,
And he called for his fiddlers three.

Every fiddler had a fiddle fine,
And a very fine fiddle had he, had he.
Tweedle dum, tweedle dee, went the fiddlers three,
Tweedle dum dee, dum dee deedle dee.

Tweedle dum, tweedle dee, went the fiddlers three,
Tweedle dum dee, dum dee deedle dee.

Old Mother Hubbard

Old Mother Hubbard
Went to the cupboard
To fetch her poor dog a bone;
But when she came there
The cupboard was bare,
And so the poor dog had none.

She went to the baker's
To buy him some bread;
But when she came back
The poor dog was dead.

She went to the joiner's
To buy him a coffin;
But when she came back
The poor dog was laughing.

She took a clean dish
To get him some tripe;
But when she came back
He was smoking a pipe.

She went to the alehouse
To get him some beer,
But when she came back
The dog sat in a chair.

She went to the tavern
For white wine and red,
But when she came back
The dog stood on his head.

She went to the grocer's
To buy him some fruit;

But when she came back
He was playing the flute.
She went to the tailor's
To buy him a coat,
But when she came back
He was riding the goat.

She went to the hatter's
To buy him a hat;
But when she came back
He was feeding the cat.

She went to the barber's
To buy him a wig,
But when she came back
He was dancing a jig.

She went to the cobbler's
To buy him some shoes,
But when she came back
He was reading the news.

She went to the seamstress
To buy him some linen,
But when she came back
The dog was a-spinnin'.

She went to the hosier's
To buy him some hose,
But when she came back
He was dressed in his clothes.

The dame made a curtsey,
The dog made a bow;
The dame said, "Your servant."
The dog said, "Bow wow!"

On Top of Old Smokey

On top of old Smokey,
All covered with snow,
I lost my true lover
From courtin' too slow.

From courtin' too slow, dear,
From courtin' too slow,
I lost my true lover
From courtin' too slow.

On top of old Smokey,
I went for to weep,
For a false-hearted lover
Is worse than a thief.

Is worse than a thief, dear,
Is worse than a thief,
For a false-hearted lover
Is worse than a thief.

For a thief, he will rob you,
Of all that you have,
But a false-hearted lover
Will send you to your grave.

Will send you to your grave, dear,
Will send you to your grave,
But a false-hearted lover
Will send you to your grave.

He'll hug you and kiss you,
And tell you more lies,
Than the ties of the railroad
Or the stars in the skies.

The stars in the skies, dear,
The stars in the skies,
He'll tell you more lies, dear,
than the stars in the skies.

One, Two, Three, Four, Five

One, two, three, four, five,
Once I caught a fish alive.
Six, seven, eight, nine, ten,
Then I let it go again.

Why did you let it go?
Because it bit my finger so.
Which finger did it bite?
The little one upon the right.

Over the River

Over the river and through the woods
To Grandmother's house we go.
The horse knows the way
          To carry the sleigh
          Through the white and drifted snow, O!
Over the river and through the woods
Oh, how the wind does blow.
It stings the nose
          And bites the toes
          As over the ground we go.

Over the river and through the woods
Trot fast my dapple gray.
Spring over the ground
            Like a hunting hound
            On this Thanksgiving Day, Hey!
Over the river and through the woods
Now Grandmother's face I spy.
Hurrah for the fun,
            Is the pudding done?
            Hurrah for the pumpkin pie.

Polly, Put the Kettle On

Polly, put the kettle on,
Polly, put the kettle on,
Polly, put the kettle on,
            We'll all have tea.

Sukey, take it off again,
Sukey, take it off again,
Sukey, take it off again,
            They've all gone away.

Blow the fire and make the toast,
Put the muffins on to roast,
Blow the fire and make the toast,
    We'll all have tea.

She'll Be Comin' Round the Mountain

She'll be comin' round the mountain
When she comes,
(When she comes).
She'll be comin' round the mountain
When she comes,
(When she comes).
She'll be comin' round the mountain,
She'll be comin' round the mountain,
She'll be comin' round the mountain,
When she comes,
(When she comes).

She'll be drivin' six white horses
When she comes,
(When she comes).
She'll be drivin' six white horses
When she comes,
(When she comes).
She'll be drivin' six white horses,
She'll be drivin' six white horses,
She'll be drivin' six white horses,
When she comes,
(When she comes).

Oh, we'll all go out to greet her
When she comes,
(When she comes).
Oh, we'll all go out to greet her
When she comes,
(When she comes).
Oh, we'll all go out to greet her,
Oh, we'll all go out to greet her,
Oh, we'll all go out to greet her,
When she comes,
(When she comes).

Sing a Song of Sixpence

Sing a song of sixpence,
A pocket full of rye;
Four and twenty blackbirds
Baked in a pie.
When the pie was opened,
They all began to sing.
Now, wasn't that a dainty dish
To set before the King?

The King was in his countinghouse,
Counting out his money;
The Queen was in the parlor
Eating bread and honey.
The maid was in the garden,
Hanging out the clothes.
Along there came a big black bird
And snipped off her nose!

Teddy Bear, Teddy Bear

Teddy bear, Teddy bear,
Touch the ground.
Teddy bear, Teddy bear,
Turn around.
Teddy bear, Teddy bear,
Show your shoe.
Teddy bear, Teddy bear,
That will do.
Teddy bear, Teddy bear,
Run upstairs.
Teddy bear, Teddy bear,
Say your prayers.
Teddy bear, Teddy bear,
Blow out the light.
Teddy bear, Teddy bear,
Say good night.

Taffy was a Welshman

Taffy was a Welshman,
Taffy was a thief;
Taffy came to my house
And stole a piece of beef.

I went to Taffy's house,
Taffy was not home;
Taffy came to my house
And stole a mutton bone.

I went to Taffy's house,
Taffy was not in;
Taffy came to my house
And stole a silver pin.

I went to Taffy's house,
Taffy was in bed;
I took up a poker
And threw it at his head.

Ten Little Indians

One little, two little, three little Indians
Four little, five little, six little Indians
Seven little, eight little, nine little Indians
Ten little Indian boys.

Ten little, nine little, eight little Indians
Seven little, six little, five little Indians
Four little, three little, two little Indians
One little Indian boy.

The Ants Go Marching

The ants go marching one by one.
Hurrah! Hurrah!
The ants go marching one by one.
Hurrah! Hurrah!
The ants go marching one by one;
The little one stops to suck his thumb,
And they all go marching
down
into the ground
to get out
of the rain.
Boom, boom, boom!

The ants go marching two by two.

Hurrah! Hurrah!
The ants go marching two by two.
Hurrah! Hurrah!
The ants go marching two by two;
The little one stops to tie his shoe,
And they all go marching
down
into the ground
to get out
of the rain.
Boom, boom, boom!

The ants go marching three by three.
Hurrah! Hurrah!
The ants go marching three by three.
Hurrah! Hurrah!
The ants go marching three by three;
The little one stops to ride a bee,
And they all go marching
down
into the ground
to get out
of the rain.
Boom, boom, boom!

The ants go marching four by four.
Hurrah! Hurrah!
The ants go marching four by four.
Hurrah! Hurrah!
The ants go marching four by four;
The little one stops to ask for more,
And they all go marching
down
into the ground
to get out
of the rain.
Boom, boom, boom!

The ants go marching five by five.
Hurrah! Hurrah!
The ants go marching five by five.
Hurrah! Hurrah!
The ants go marching five by five;
The little one stops to jump and dive,
And they all go marching
down
into the ground
to get out
of the rain.
Boom, boom, boom!

The ants go marching six by six.
Hurrah! Hurrah!
The ants go marching six by six.
Hurrah! Hurrah!
The ants go marching six by six;
The little one stops to pick up sticks,
And they all go marching
down
into the ground
to get out
of the rain.
Boom, boom, boom!

The ants go marching seven by seven.
Hurrah! Hurrah!
The ants go marching seven by seven.
Hurrah! Hurrah!
The ants go marching seven by seven;
The little one stops to write with a pen,
And they all go marching
down
into the ground
to get out
of the rain.

Boom, boom, boom!

The ants go marching eight by eight.
Hurrah! Hurrah!
The ants go marching eight by eight.
Hurrah! Hurrah!
The ants go marching eight by eight;
The little one stops to rollerskate,
And they all go marching
down
into the ground
to get out
of the rain.
Boom, boom, boom!

The ants go marching nine by nine.
Hurrah! Hurrah!
The ants go marching nine by nine.
Hurrah! Hurrah!
The ants go marching nine by nine;
The little one stops to drink and dine,
And they all go marching
down
into the ground
to get out
of the rain.
Boom, boom, boom!

The ants go marching ten by ten.
Hurrah! Hurrah!
The ants go marching ten by ten.
Hurrah! Hurrah!
The ants go marching ten by ten;
The little one stops to shout.

The Queen of Hearts

The Queen of Hearts,
She made some tarts
All on a summer's day.

The Knave of Hearts,
He stole the tarts
And took them clean away.

The King of Hearts,
Called for the tarts
And beat the Knave full sore.

The Knave of Hearts,
Brought back the tarts
And vowed he'd steal no more.

Three Little Kittens

Three little kittens,
They lost their mittens,
    And they began to cry,
Oh, mother, dear,
We sadly fear,
    Our mittens we have lost.

What! Lost your mittens,
You naughty kittens,
    Then you shall have no pie.
Meow, meow,
    Then you shall have no pie.

The three little kittens,
They found their mittens,
    And they began to cry,
Oh, mother, dear,
See here, see here,
    Our mittens we have found.

What, found your mittens,
Then you're good kittens,
    And you shall have some pie.
Purr-rr, purr-rr,
    Then you shall have some pie.

Three little kittens,
Put on their mittens,
    And soon ate up the pie.
Oh, mother, dear,
We sadly fear,

Our mittens we have soiled.

What! Soiled your mittens,
You naughty kittens,
And they began to sigh.
Meow, meow,
And they began to sigh.

Twinkle, Twinkle, Little Star

Twinkle, twinkle, little star,
How I wonder what you are.
Up above the world so high,
Like a diamond in the sky.
Twinkle, twinkle, little star,
How I wonder what you are

Yankee Doodle

Yankee Doodle came to town,
A-ridin' on a pony;
He stuck a feather in his hat
And called it macaroni.

Yankee Doodle keep it up,
Yankee Doodle Dandy;
Mind the music and the steps
And with the girls be handy.

Father and I went down to camp,
Along with Cap'n Goodwin;
The men and boys all stood around
As thick as hasty puddin'.

Yankee Doodle keep it up,
Yankee Doodle Dandy;
Mind the music and the steps
And with the girls be handy.

3. Poems

A Love Song

William Carlos Williams

What have I to say to you
When we shall meet?
Yet—
I lie here thinking of you.

The stain of love
Is upon the world.
Yellow, yellow, yellow,
It eats into the leaves,
Smears with saffron
The horned branches that lean
Heavily
Against a smooth purple sky.

There is no light—
Only a honey-thick stain
That drips from leaf to leaf
And limb to limb
Spoiling the colours
Of the whole world.

I am alone.
The weight of love
Has buoyed me up
Till my head
Knocks against the sky.

See me!
My hair is dripping with nectar—
Starlings carry it
On their black wings.
See, at last
My arms and my hands
Are lying idle.

How can I tell
If I shall ever love you again
As I do now?

A Red, Red Rose

Robert Burns

O my Luve's like a red, red rose,
That's newly sprung in June:
O my Luve's like the melodie,
That's sweetly play'd in tune.

As fair art thou, my bonie lass,
So deep in luve am I;
And I will luve thee still, my dear,
Till a' the seas gang dry.

Till a' the seas gang dry, my dear,
And the rocks melt wi' the sun;
And I will luve thee still, my dear,
While the sands o' life shall run.

And fare-thee-weel, my only Luve!
And fare-thee-weel, a while!
And I will come again, my Luve,
Tho' 'twere ten thousand mile!

Beautiful Dreamer Serenade

Stephen Foster

Beautiful dreamer, wake unto me,
Starlight and dewdrops are waiting for thee;
Sounds of the rude world heard in the day,
Lull'd by the moonlight have all pass'd a way!

Beautiful dreamer, queen of my song,
List while I woo thee with soft melody;
Gone are the cares of life's busy throng, --
Beautiful dreamer, awake unto me!
Beautiful dreamer awake unto me!

Beautiful dreamer, out on the sea
Mermaids are chaunting the wild lorelie;
Over the streamlet vapors are borne,
Waiting to fade at the bright coming morn.

Beautiful dreamer, beam on my heart,
E'en as the morn on the streamlet and sea;
Then will all clouds of sorrow depart, --
Beautiful dreamer, awake unto me!
Beautiful dreamer, awake unto me!

Echo

Christina Georgina Rossetti (1830-1894)

Come to me in the silence of the night;
Come in the speaking silence of a dream;
Come with soft rounded cheeks and eyes as bright
As sunlight on a stream;
Come back in tears,
O memory, hope and love of finished years.

O dream how sweet, too sweet, too bitter-sweet,
Whose wakening should have been in Paradise,
Where souls brim-full of love abide and meet;
Where thirsting longing eyes
Watch the slow door
That opening, letting in, lets out no more.

Yet come to me in dreams, that I may live
My very life again though cold in death;
Come back to me in dreams, that I may give
Pulse for pulse, breath for breath:
Speak low, lean low,
As long ago, my love, how long ago.

He Wishes for the Cloths of Heaven

William Butler Yeats

Had I the heavens' embroidered cloths,
Enwrought with golden and silver light,
The blue and the dim and the dark cloths
Of night and light and the half-light,
I would spread the cloths under your feet:
But I, being poor, have only my dreams;
I have spread my dreams under your feet;
Tread softly because you tread on my dreams.

I Have Loved Flowers That Fade

Robert Bridges

I have loved flowers that fade,
Within whose magic tents
Rich hues have marriage made
With sweet unmemoried scents:
A honeymoon delight—
A joy of love at sight,
That ages in an hour—
My song be like a flower!

I have loved airs that die
Before their charm is writ

Along a liquid sky
Trembling to welcome it.
Notes, that with pulse of fire
Proclaim the spirit's desire,
Then die, and are nowhere—
My song be like an air!

Die, song, die like a breath,
And wither as a bloom;
Fear not a flowery death,
Dread not an airy tomb!
Fly with delight, fly hence!
'Twas thine love's tender sense
To feast; now on thy bier
Beauty shall shed a tear.

I Love Thee

Eliza Acton

I love thee, as I love the calm
　Of sweet, star-lighted hours!
I love thee, as I love the balm
　Of early jes'mine flow'rs.

I love thee, as I love the last
　Rich smile of fading day,
Which lingereth, like the look we cast,

On rapture pass'd away.

I love thee as I love the tone
    Of some soft-breathing flute
Whose soul is wak'd for me alone,
    When all beside is mute.

I love thee as I love the first
    Young violet of the spring;
Or the pale lily, April-nurs'd,
    To scented blossoming.

I love thee, as I love the full,
    Clear gushings of the song,
Which lonely—sad—and beautiful—
    At night-fall floats along,

Pour'd by the bul-bul forth to greet
    The hours of rest and dew;
When melody and moonlight meet
    To blend their charm, and hue.

I love thee, as the glad bird loves
    The freedom of its wing,
On which delightedly it moves
    In wildest wandering.

Jenny Kissed Me

James Henry Leigh Hunt

Jenny kissed me when we met,
    Jumping from the chair she sat in.
Time, you thief, who love to get
    Sweets into your list, put that in.
Say I'm weary, say I'm sad;
    Say that health and wealth have missed me;
Say I'm growing old, but add—
    Jenny kissed me!

Love's Philosophy

P. B. Shelley

The fountains mingle with the river
And the rivers with the ocean,
The winds of heaven mix for ever
With a sweet emotion;
Nothing in the world is single,
All things by a law divine
In one another's being mingle—
Why not I with thine?

See the mountains kiss high heaven,

And the waves clasp one another;
No sister-flower would be forgiven
If it disdain'd its brother;
And the sunlight clasps the earth,
And the moonbeams kiss the sea—
What are all these kissings worth,
If thou kiss not me?

Love's Secret

William Blake

Never seek to tell thy love,
        Love that never told can be;
For the gentle wind doth move
        Silently, invisibly.

I told my love, I told my love,
        I told her all my heart,
Trembling, cold, in ghastly fears,
        Ah! she did depart!

Soon after she was gone from me
        A traveller came by,
Silently, invisibly,
        He took her with a sigh.

Love Me Little, Love Me Long

Anonymous

Love me little, love me long,
Is the burden of my song.
Love that is too hot and strong
    Burneth soon to waste.
Still, I would not have thee cold,
Not too backward, nor too bold;
Love that lasteth till 'tis old
    Fadeth not in haste.
        Love me little, love me long,
        Is the burden of my song.

If thou lovest me too much,
It will not prove as true as touch;
Love me little, more than such,
    For I fear the end.
I am with little well content,
And a little from thee sent
Is enough, with true intent
    To be steadfast friend.
        Love me little, love me long,
        Is the burden of my song.
Say thou lov'st me while thou live;
I to thee my love will give,
Never dreaming to deceive

Whiles that life endures.
Nay, and after death, in sooth,
I to thee will keep my truth,
As now, when in my May of youth;
This my love assures.
Love me little, love me long,
Is the burden of my song.

The Red Wheelbarrow

William Carlos Williams

so much depends
upon

a red wheel
barrow

glazed with rain
water

beside the white
chickens.

Marriage Morning

Alfred, Lord Tennyson

Light, so low upon earth,
    You send a flash to the sun.
Here is the golden close of love,
    All my wooing is done.
Oh, the woods and the meadows,
    Woods where we hid from the wet,
Stiles where we stay'd to be kind,
    Meadows in which we met!

Light, so low in the vale
  You flash and lighten afar,
For this is the golden morning of love,
    And you are his morning star.
Flash, I am coming, I come,
    By meadow and stile and wood,
Oh, lighten into my eyes and heart,
    Into my heart and my blood!

Heart, are you great enough
    For a love that never tires?
O' heart, are you great enough for love?
    I have heard of thorns and briers,
Over the meadow and stiles,
    Over the world to the end of it
Flash for a million miles.

Music, when soft voices die

Percy Bysshe Shelley

Music, when soft voices die,
Vibrates in the memory,
Odours, when sweet violets sicken,
Live within the sense they quicken.

Rose leaves, when the rose is dead,
Are heaped for the beloved's bed;
And so thy thoughts, when thou art gone,
Love itself shall slumber on.

My lady's Presence Makes the Roses Red

Henry Constable

My lady's presence makes the roses red,
Because to see her lips they blush for shame.
The lily's leaves, for envy, pale became,
And her white hands in them this envy bred.
The marigold the leaves abroad doth spread,
Because the sun's and her power is the same.
The violet of purple colour came.
Dyed in the blood she made my heart to shed.
In brief: all flowers from her their virtue take;
From her sweet breath their sweet smells do proceed;
The living heat which her eyebeams doth make
Warmeth the ground and quickeneth the seed.
The rain, wherewith she watereth the flowers,
Falls from mine eyes, which she dissolves in showers.

Never More Will The Wind

H. D

Never more will the wind
cherish you again,
never more will the rain.

Never more
shall we find you bright
in the snow and wind.

The snow is melted,
the snow is gone,
and you are flown:

Like a bird out of our hand,
like a light out of our heart,
you are gone.

Remember

Christina Georgina Rossetti

Remember me when I am gone away,
Gone far away into the silent land;
When you can no more hold me by the hand,
Nor I half turn to go yet turning stay.
Remember me when no more day by day
You tell me of our future that you plann'd:
Only remember me; you understand
It will be late to counsel then or pray.
Yet if you should forget me for a while
And afterwards remember, do not grieve:
For if the darkness and corruption leave
A vestige of the thoughts that once I had,
Better by far you should forget and smile
Than that you should remember and be sad.

Sonnet XVIII

William Shakespeare

Shall I compare thee to a summer's day?
Thou art more lovely and more temperate:
Rough winds do shake the darling buds of May,
And summer's lease hath all too short a date:
Sometime too hot the eye of heaven shines,
And often is his gold complexion dimmed;
And every fair from fair sometime declines,
By chance or nature's changing course untrimmed;
But thy eternal summer shall not fade,
Nor lose possession of that fair thou ow'st;
Nor shall death brag thou wander'st in his shade,
When in eternal lines to time thou grow'st:
So long as men can breathe, or eyes can see,
So long lives this, and this gives life to thee.

To Mary

John Clare

I sleep with thee, and wake with thee,
And yet thou art not there;
I fill my arms with thoughts of thee,
And press the common air.
Thy eyes are gazing upon mine
When thou art out of sight;
My lips are always touching thine
At morning, noon, and night.

I think and speak of other things
To keep my mind at rest,
But still to thee my memory clings
Like love in woman's breast.
I hide it from the world's wide eye
And think and speak contrary,
But soft the wind comes from the sky
And whispers tales of Mary.

The night-wind whispers in my ear,
The moon shines on my face;
The burden still of chilling fear
I find in every place.
The breeze is whispering in the bush,
And the leaves fall from the tree,
All sighing on, and will not hush,
Some pleasant tales of thee.

When We Two Parted

George Gordon, Lord Byron

When we two parted
In silence and tears,
Half broken-hearted
To sever for years,
Pale grew thy cheek and cold,
Colder thy kiss;
Truly that hour foretold
Sorrow to this.

The dew of the morning
Sunk chill on my brow—
It felt like the warning
Of what I feel now.
Thy vows are all broken,
And light is thy fame;
I hear thy name spoken,
And share in its shame.

They name thee before me,
A knell to mine ear;
A shudder comes o'er me—
Why wert thou so dear?
They know not I knew thee,
Who knew thee too well:—

Long, long shall I rue thee,
Too deeply to tell.

In secret we met—
In silence I grieve
That thy heart could forget,
Thy spirit deceive.
If I should meet thee
After long years,
How should I greet thee?—
With silence and tears.

Fog

Carl Sandburg

The fog comes
on little cat feet.
It sits looking
over harbor and city
on silent haunches
and then moves on.

This Is Just To Say

William Carlos Williams

I have eaten
the plums
that were in
the icebox

and which
you were probably
saving
for breakfast.

Forgive me
they were delicious
so sweet
and so cold.

To a Dead Man

Carl Sandburg

Over the dead line we have called to you
To come across with a word to us,
Some beaten whisper of what happens
Where you are over the dead line
Deaf to our calls and voiceless.
The flickering shadows have not answered
Nor your lips sent a signal
Whether love talks and roses grow
And the sun breaks at morning
Splattering the sea with crimson.

Lines: 'When the Lamp Is Shattered'

P. B. Shelley

1

When the lamp is shattered
The light in the dust lies dead—
When the cloud is scattered
The rainbow's glory is shed.
When the lute is broken,
Sweet tones are remembered not;
When the lips have spoken,
Loved accents are soon forgot.

2

As music and splendour
Survive not the lamp and the lute,
The heart's echoes render
No song when the spirit is mute:—
No song but sad dirges,
Like the wind through a ruined cell,
Or the mournful surges
That ring the dead seaman's knell.

3

When hearts have once mingled
Love first leaves the well-built nest;
The weak one is singled
To endure what it once possessed.
O Love! who bewailest
The frailty of all things here,
Why choose you the frailest
For your cradle, your home, and your bier?

4

Its passions will rock thee
As the storms rock the ravens on high;
Bright reason will mock thee,
Like the sun from a wintry sky.
From thy nest every rafter
Will rot, and thine eagle home
Leave thee naked to laughter,
When leaves fall and cold winds come.

Song

Christina Rossetti

When I am dead, my dearest,
    Sing no sad songs for me:
Plant thou no roses at my head,
    Nor shady cypress tree:
Be the green grass above me
    With showers and dewdrops wet;
And if thou wilt, remember,
    And if thou wilt, forget.

I shall not see the shadows,
    I shall not feel the rain;
I shall not hear the nightingale
    Sing on, as if in pain;
And dreaming through the twilight
    That doth not rise nor set,
Haply I may remember,
    And haply may forget.

Stopping by Woods on a Snowy Evening

Robert Frost

Whose woods these are I think I know.
His house is in the village, though;
He will not see me stopping here
To watch his woods fill up with snow.

My little horse must think it queer
To stop without a farmhouse near
Between the woods and frozen lake
The darkest evening of the year.

He gives his harness bells a shake
To ask if there's some mistake.
The only other sound's the sweep
Of easy wind and downy flake.

The woods are lovely, dark and deep,
But I have promises to keep,
And miles to go before I sleep,
And miles to go before I sleep.

The Lady and the Bear

Theodore Roethke (1908-1963)

A Lady came to a Bear by a Stream.
"O Why are you fishing that way?
Tell me, dear Bear there by the Stream,
Why are you fishing that way?"

"I am what is known as a Biddly Bear,—
That's why I'm fishing this way.
We Biddly's are Pee-culiar Bears,
And so,—I'm fishing this way.
"And besides, it seems there's a Law:
A most, most exactious Law
Says a Bear
Doesn't dare
Doesn't dare
Doesn't DARE
Use a Hook or a Line,
Or an old piece of Twine,
Not even the end of his Claw, Claw, Claw,
Not even the end of his Claw.
Yes, a Bear has to fish with his Paw, Paw, Paw.
A Bear has to fish with his Paw."

"O it's Wonderful how with a flick of your Wrist,
You can fish, out a fish, out a fish, out a fish.

If I were a fish I just couldn't resist
You, when you are fishing that way, that way,
When you are fishing that way."

And at that the Lady slipped from the Bank
And fell in the Stream still clutching a Plank,
But the Bear just sat there until she Sank;
As he went on fishing his way, his way,
As he went on fishing his way.

A Psalm of Life

Henry Wadsworth Longfellow

What the Heart of the Young Man Said to the Psalmist

TELL me not, in mournful numbers,
  Life is but an empty dream!—
For the soul is dead that slumbers,
  And things are not what they seem.

Life is real! Life is earnest!
  And the grave is not its goal;
Dust thou art, to dust returnest,
  Was not spoken of the soul.

Not enjoyment, and not sorrow,

Is our destined end or way;
But to act, that each to-morrow
Find us farther than to-day.

Art is long, and Time is fleeting,
And our hearts, though stout and brave,
Still, like muffled drums, are beating
Funeral marches to the grave.

In the world's broad field of battle,
In the bivouac of Life,
Be not like dumb, driven cattle!
Be a hero in the strife!

Trust no Future, howe'er pleasant!
Let the dead Past bury its dead!
Act,—act in the living Present!
Heart within, and God o'erhead!

Lives of great men all remind us
We can make our lives sublime,
And, departing, leave behind us
Footprints on the sands of time;

Footprints, that perhaps another,
Sailing o'er life's solemn main,
A forlorn and shipwrecked brother,

Seeing, shall take heart again.

Let us, then, be up and doing,
With a heart for any fate;
Still achieving, still pursuing,
Learn to labor and to wait.

The Road Not Taken

Robert Frost

Two roads diverged in a yellow wood,
And sorry I could not travel both
And be one traveler, long I stood
And looked down one as far as I could
To where it bent in the undergrowth;

Then took the other, as just as fair
And having perhaps the better claim,
Because it was grassy and wanted wear;
Though as for that, the passing there
Had worn them really about the same,

And both that morning equally lay
In leaves no step had trodden black
Oh, I kept the first for another day!

Yet knowing how way leads on to way,
I doubted if I should ever come back.

I shall be telling this with a sigh
Somewhere ages and ages hence:
Two roads diverged in a wood, and I
I took the one less traveled by,
And that has made all the difference.

Thirteen Ways of Looking at a Blackbird

Wallace Stevens

I

Among twenty snowy mountains,
The only moving thing
Was the eye of the blackbird.

II

I was of three minds,
Like a tree
In which there are three blackbirds.

III

The blackbird whirled in the autumn winds.
It was a small part of the pantomime.

IV

A man and a woman
Are one.
A man and a woman and a blackbird
Are one.

V

I do not know which to prefer,
The beauty of inflections
Or the beauty of innuendoes,
The blackbird whistling
Or just after.

VI

Icicles filled the long window
With barbaric glass.
The shadows of the blackbird
Crossed it, to and fro.
The mood
Traced in the shadow
An indecipherable cause.

VII

O thin men of Haddam,
Why do you imagine golden birds?
Do you not see how the blackbird
Walks around the feet

Of the women about you?

VIII

I know noble accents
And lucid, inescapable rhythms;
But I know, too,
That the blackbird is involved
In what I know.

IX

When the blackbird flew out of sight,
It marked the edge
Of one of many circles.

X

At the sight of blackbirds
Flying in a green light,
Even the bawds of euphony
Would cry out sharply.

XI

He rode over Connecticut
In a glass coach.
Once, a fear pierced him,
In that he mistook
The shadow of his equipage
For blackbirds.

XII

The river is moving.
The blackbird must be flying.

XIII

It was evening all afternoon.
It was snowing
And it was going to snow.
The blackbird sat
In the cedar-limbs.

Wars

Carl Sandburg

IN the old wars drum of hoofs and the beat of shod feet.
In the new wars hum of motors and the tread of rubber tires.
In the wars to come silent wheels and whirr of rods not
yet dreamed out in the heads of men.

In the old wars clutches of short swords and jabs into faces with spears.
In the new wars long range guns and smashed walls, guns
running a spit of metal and men falling in tens and twenties.
In the wars to come new silent deaths, new silent hurlers
not yet dreamed out in the heads of men.

In the old wars kings quarreling and thousands of men following.
In the new wars kings quarreling and millions of men following.
In the wars to come kings kicked under the dust and
millions of men following great causes not yet
dreamed out in the heads of men.

The Raven

Edgar Allan Poe

Once upon a midnight dreary, while I pondered, weak and weary,
Over many a quaint and curious volume of forgotten lore,
While I nodded, nearly napping, suddenly there came a tapping,
As of some one gently rapping, rapping at my chamber door.
"'Tis some visitor," I muttered, "tapping at my chamber door—
Only this, and nothing more."

Ah, distinctly I remember it was in the bleak December,
And each separate dying ember wrought its ghost upon the floor.
Eagerly I wished the morrow;— vainly I had sought to borrow
From my books surcease of sorrow— sorrow for the lost Lenore—
For the rare and radiant maiden whom the angels name Lenore—
Nameless here for evermore.

And the silken sad uncertain rustling of each purple curtain
Thrilled me— filled me with fantastic terrors never felt before;
So that now, to still the beating of my heart, I stood repeating,
"'Tis some visitor entreating entrance at my chamber door—
Some late visitor entreating entrance at my chamber door;—
This it is, and nothing more."

Presently my soul grew stronger; hesitating then no longer,
"Sir," said I, "or Madam, truly your forgiveness I implore;
But the fact is I was napping, and so gently you came rapping,
And so faintly you came tapping, tapping at my chamber door,
That I scarce was sure I heard you"— here I opened wide the door;—
Darkness there, and nothing more.

Deep into that darkness peering, long I stood there wondering, fearing,
Doubting, dreaming dreams no mortals ever dared to dream before;
But the silence was unbroken, and the stillness gave no token,
And the only word there spoken was the whispered word, "Lenore!"
This I whispered, and an echo murmured back the word, "Lenore!"-
Merely this, and nothing more.

Back into the chamber turning, all my soul within me burning,
Soon again I heard a tapping somewhat louder than before.
"Surely," said I, "surely that is something at my window lattice:
Let me see, then, what thereat is, and this mystery explore—
Let my heart be still a moment and this mystery explore;—
'Tis the wind and nothing more."

Open here I flung the shutter, when, with many a flirt and flutter,
In there stepped a stately raven of the saintly days of yore;
Not the least obeisance made he; not a minute stopped or stayed
he;But, with mien of lord or lady, perched above my chamber door—
Perched upon a bust of Pallas just above my chamber door—
Perched, and sat, and nothing more.

Then this ebony bird beguiling my sad fancy into smiling,
By the grave and stern decorum of the countenance it wore.
"Though thy crest be shorn and shaven, thou," I said, "art sure no craven,
Ghastly grim and ancient raven wandering from the Nightly shore—
Tell me what thy lordly name is on the Night's Plutonian shore!"
Quoth the Raven, "Nevermore."

Much I marvelled this ungainly fowl to hear discourse so plainly,
Though its answer little meaning— little relevancy bore;
For we cannot help agreeing that no living human being
Ever yet was blest with seeing bird above his chamber door—
Bird or beast upon the sculptured bust above his chamber door,
With such name as "Nevermore."

But the raven, sitting lonely on the placid bust, spoke only
That one word, as if his soul in that one word he did outpour.
Nothing further then he uttered— not a feather then he fluttered—
Till I scarcely more than muttered, "other friends have flown before-
On the morrow he will leave me, as my hopes have flown before."
Then the bird said, "Nevermore."

Startled at the stillness broken by reply so aptly spoken,
"Doubtless," said I, "what it utters is its only stock and store,
Caught from some unhappy master whom unmerciful Disaster

Followed fast and followed faster till his songs one burden bore—
Till the dirges of his Hope that melancholy burden bore
 Of 'Never— nevermore'."

But the Raven still beguiling all my fancy into smiling,
Straight I wheeled a cushioned seat in front of bird, and bust and door;
Then upon the velvet sinking, I betook myself to linking
Fancy unto fancy, thinking what this ominous bird of yore—
What this grim, ungainly, ghastly, gaunt and ominous bird of yore
 Meant in croaking "Nevermore."

This I sat engaged in guessing, but no syllable expressing
To the fowl whose fiery eyes now burned into my bosom's core;
This and more I sat divining, with my head at ease reclining
On the cushion's velvet lining that the lamplight gloated o'er,
But whose velvet violet lining with the lamplight gloating o'er,
 She shall press, ah, nevermore!

Then methought the air grew denser, perfumed from an unseen censer
Swung by Seraphim whose footfalls tinkled on the tufted floor.
"Wretch," I cried, "thy God hath lent thee— by these angels he hath sent thee
Respite— respite and nepenthe, from thy memories of Lenore!
Quaff, oh quaff this kind nepenthe and forget this lost Lenore!"
 Quoth the Raven, "Nevermore."

"Prophet!" said I, "thing of evil!— prophet still, if bird or devil!—
Whether Tempter sent, or whether tempest tossed thee here ashore,
Desolate yet all undaunted, on this desert land enchanted—
On this home by horror haunted— tell me truly, I implore—
Is there— is there balm in Gilead?— tell me— tell me, I implore!"
 Quoth the Raven, "Nevermore."

"Prophet!" said I, "thing of evil— prophet still, if bird or devil!
By that Heaven that bends above us— by that God we both adore—
Tell this soul with sorrow laden if, within the distant Aidenn,
It shall clasp a sainted maiden whom the angels name Lenore—
Clasp a rare and radiant maiden whom the angels name Lenore."
 Quoth the Raven, "Nevermore."

"Be that word our sign in parting, bird or fiend," I shrieked, upstarting—
"Get thee back into the tempest and the Night's Plutonian shore!
Leave no black plume as a token of that lie thy soul hath spoken!
Leave my loneliness unbroken!— quit the bust above my door!
Take thy beak from out my heart, and take thy form from off my door!"
 Quoth the Raven, "Nevermore."

And the Raven, never flitting, still is sitting, still is sitting
On the pallid bust of Pallas just above my chamber door;
And his eyes have all the seeming of a demon's that is dreaming,
And the lamplight o'er him streaming throws his shadow on the floor;
And my soul from out that shadow that lies floating on the floor
 Shall be lifted— nevermore!

부록2

Conventional Metaphors in English

1. Artefact-as-proud-person

- And ahead of us emerged the **proud city** of London.
- **Proud buildings** lined the road on both sides.
- Suddenly a **proud tower** emerged before us.
- A **proud ship** was slowly sailing by.

2. Justice-as-balance

- An eye for an eye.
- Let the punishment fit the crime.

3. Labor-as-resource

- The three factors of production are **land, labor, and capital**.
- The person being given the house is expected to **invest** his own **"sweat equity"** by helping build it.
- To be competitive, we must **develop** our human **resources**.

4. Metaphor for Activities and Events: Activity-as-container

- **In** washing the window, I splashed water all over the floor.
- How did Jerry **get out of** washing the windows?
- **Outside of** washing the windows, what else did you do?
- How did you **get into** window-washing as a profession?
- I **get a lot of satisfaction out of** washing windows.

5. Metaphor for Activities and Events: Activity-as-journey

- Do it **over**.
- In the **course** of the investigation, new evidence was found.
- **Follow along** as I assemble this.
- **Follow these steps** in assembly.

6. Metaphor for Activities and Events: Activity-as-motion

- **There goes** Harry, sounding off again!
- **Here we go**, making fools of ourselves again!

7. Metaphor for Activities and Events: Activity-as-substance

- **How much** window-washing did you do?
- How did you **get into** window-washing as a profession?
- He's **immersed in** washing the windows right now.

8. Metaphor for Causation: Causation-as-emergence-from-state

- He shot the mayor **out of** desperation.

- He gave up his career **out of** love for his family.
- His mother nearly went crazy **from** loneliness.
- He dropped **from** exhaustion.

9. Metaphor for Causation: Creation-as-birth

- Our nation was **born out** of a desire for freedom.
- His writings are products of his **fertile** imagination.
- His experiment **spawned** a host of new theories.
- Your actions will only **breed** violence.
- He **hatched** a clever scheme.

10. Metaphor for Causation: Object-as-coming-out-of-substance

- You can make ice **out of** water by freezing it.
- I made a paper airplane **from** a sheet of newspaper.
- I made a statue **out of** clay.
- Our present legal system evolved **out of** English common law.

11. Metaphor for Causation: Substance-as-going-into-object

- I made a sheet of newspaper **into** an airplane.
- I made the clay you gave me **into** a statue.
- The water turned **into** ice.
- The caterpillar turned **into** a butterfly.

12. Metaphor for Life: Life-as-container

- I've had a **full** life.
- Life is **empty** for him.
- There's **not much left**for him **in** life.
- Her life is **crammed** with activities.

13. Metaphor for Life: Life-as-gambling-game

- I'll **take my chances**.
- The **odds are against me**.
- He's **holding all the aces**.
- It's a **toss-up**.
- If you **play your cards right**, you can do it.
- Those are **high stakes**.

14. Metaphor for Life: Life-as-journey

- Harry still hasn't **gotten over** his divorce.
- It's time to **get on** with your life.

* Metaphor for Mind and Mental Process (I): Aspects of Communication

15. Communication-as-conduit

- It's hard to **get** that idea **across to** him.
- I **gave** you that idea.
- It's difficult to **put** my ideas **into** words.
- The meaning is right there **in** the words.
- His words **carry** little meaning.
- That's not what I **got out of** what he said.

16. Discourse-as-light-medium

- The argument is **clear**.
- Could you **elucidate** your remarks?
- It's a **transparent** argument.
- The discussion was **opaque**.

17. Metaphor for Argument: Argument-as-balance

- The prosecution **piled up** evidence.
- The defense **amassed** facts.
- The debater **built up** a **weighty** argument.
- The jury **weighed** the merits of both sides.
- The arguments **carried equal weight**.
- More facts might **tip the scale**.

18. Metaphor for Argument: Argument-as-building

- We've got the **framework** for a **solid** argument.
- If you don't **support** your argument with **solid** facts, the whole thing will **collapse**.
- He is trying to **buttress** his argument with a lot of irrelevant facts, but it is still so **shaky** that it will easily **fall apart** under criticism.

19. Metaphor for Argument: Argument-as-container

- Your argument doesn't have much **content**.
- That argument **has holes in it**.
- Your argument is **vacuous**.
- I'm tired of your **empty** arguments.
- You won't **find** that idea **in** his argument.

- That conclusion **falls out of** my argument.
- Your argument **won't hold water**.

20. Metaphor for Argument: Argument-as-journey

- We have **set out** to prove that bats are birds.
- Do you **follow** my argument?
- I'm **lost**.
- You're **going around in circles**.
- We have already **covered** those points.
- You're getting **off** the subject.
- You're really **onto** something there.

21. Metaphor for Argument: Argument-as-war

- Your claims are **indefensible**.
- He **attacked every weak point** in my argument.
- His criticisms were **right on target**.
- I **demolished** his argument.
- I've never **won** an argument with him.
- He **shot down** all of my arguments.

22. Metaphor in Grammar: Instrument-as-companion

- I went to the movies **with** Sally.
- I sliced the salami **with** a knife.

23. Metaphor in Grammar: Linguistic-form-as-spatial

- Now **there's** a good **point.**
- **Here comes** the best part.
- I'm **lost.**
- Can we **go back to** your last **point?**

24. Metaphor in Grammar: Nearest-as-first

- The **first** person on Bill's left is Sam.
- **now** and then
- **here** and there

* Metaphor for Mind and Mental Process (II): Metaphor for Emotions.

25. Happy-as-up

- I'm feeling **up**.
- That **boosted** my spirits.
- My spirits **rose**.
- You're in **high** spirits.
- Thinking about her always gives me a **lift**.

26. Metaphor for Anger: Anger-as-burden

- *Unburdening* himself of his anger gave him a sense of *relief.*
- He *carries* his anger around with him.
- He *has a chip on his shoulder.*
- You'll feel better if you *get it off your chest.*

27. Metaphor for Anger: Anger-as-dangerous-animal

- He has a *fierce* temper.
- It's dangerous to *arouse* his anger.
- That *awakened* my ire.
- He *unleashed* his anger.
- Don't let your anger *get out of hand.*
- He *lost his grip* on his anger.

28. Metaphor for Anger: Anger-as-fire

- Those are **inflammatory** remarks.
- She was **doing a slow burn**.
- What you said **inflamed** him.
- He was **breathing fire**.
- Your insincere apology just **added fuel to the fire**.
- After the argument, Dave was **smoldering** for days.
- That **kindled my ire**.
- Boy, am I **burned up!**
- He was **consumed** by his anger.

27. Metaphor for Anger: Anger-as-hot-contained-fluid

- You make my **blood boil**.
- Let him **stew**.
- Keep **cool**.
- We got a **rise** out of him.
- He managed to keep his anger **bottled up** inside him.

28. Metaphor for Anger: Anger-as-opponent

- I've been **wrestling** with my anger all day.
- I was **seized** by anger.
- I'm finally **coming to grips with** my anger.
- I was **overcome** by anger.
- Her anger has been **appeased**.

29. Metaphor for Anger: Anger-as-storm

- After the row she **stormed** out of the room.
- We had a **tempestuous** meeting.
- He **thundered** with rage.
- His face **clouded** over with anger.

30. Metaphor for Cause of Anger: Cause-of-anger-as-physical-annoyance

- Stop **bugging me**!
- Get **off my back**!
- You're **getting under my skin**.
- He's **a pain in the neck**.
- Don't **be a pest**!

31. Metaphor for Cause of Anger: Cause-of-anger-as-trespassing

- You're beginning to **get to**me.
- **Leave me alone**!
- This is where I **draw the line**!
- Don't **step on my toes**!

32. Metaphor for Aspects of Sexual Desire: Lust-as-heat

- She's an old **flame**.
- Don't be **cold** to me.
- She's **hot stuff**.
- He was **consumed** by desire.

33. Metaphor for Aspects of Sexual Desire: Lust-as-hunger

- He is **sex-starved**.
- She's quite a **dish**.
- You look **luscious**.
- Hi, **sugar**!

34. Metaphor for Aspects of Sexual Desire: Lust-as-insanity

- I'm **crazy** about her.
- I'm **madly** in love with him.

- I'm **wild** over her.
- She's got me **delirious**.

35. Metaphor for Aspects of Sexual Desire: Lust-as-war

- He's known for his **conquests**.
- Better put on my **war paint**.
- He fled from her **advances**.
- He has to **fend off** all the women who want him.

36. Metaphor for Aspects of Sexual Desire: Lustful-person-as-animal

- He's a **wolf**.
- He looks like he's ready to **pounce**.
- He **preys**upon unsuspecting women.
- He's a real **stud**!
- You bring out the **beast**in me.

37. Metaphor for Aspects of Sexual Desire: Sexuality- as-a- physical-force

- She's **devastating**.
- I was **knocked off my feet**.
- I could feel the **electricity** between us.
- He has a lot of **animal magnetism**.
- We were **drawn** to each other.

38. Metaphor for Love: Love-as-patient

- They have a **strong, healthy** marriage.
- The marriage is **dead**--it can't be **revived.**
- Their relationship is **in really good shape.**
- It's a **tired** affair.

39. Metaphor for Love: Love-as-physical-force

- I was **magnetically drawn** to her.
- They **gravitated** to each other immediately.
- His whole life **revolves** around her.
- They lost their **momentum**.

40. Metaphor for Love: Love-as-bond

- She has an **attachment** to him.
- There are romantic **ties between** them.
- There is **something between** them.

41. Metaphor for Love: Love-as-captive-animal

- He couldn't **hold back** his love.
- She **let go of** her feelings.

42. Metaphor for Love: Love-as-commodity

- I **gave** her all my love.
- I **didn't get** much in return.
- What am I **getting out of** this relationship anyway?
- I am **putting more into** this than you are.
- She's **invested a lot** in that relationship.

43. Metaphor for Love: Love-as-fire

- My heart's **on fire**.
- She is his latest **flame**.
- That **kindled** love in his heart.
- I don't want **to get burned** again.
- He **was consumed** by love.

44. Metaphor for Love: Love-as-fluid-in-container

- She **was filled with love**.
- Warm feelings **welled up inside** him.
- He **poured out** his affections on her.
- She **couldn't hold in** her love for him any longer.

45. Metaphor for Love: Love-as-hidden-object

- He **sought for** love **in the wrong places**.
- His **search for** love wasn't successful.
- You're **lucky** to have **found** her.

46. Metaphor for Love: Love-as-insanity

- I'm **crazy** about her.
- She **drives me out of my mind**.
- He constantly **raves** about her.
- I'm just **wild** about Harry.

47. Metaphor for Love: Love-as-journey

- We'll just have **to go our separate ways**.
- I don't think this relationship is **going anywhere**.
- It's been a **long, bumpy road**.
- Our marriage is **on the rocks**.

- This relationship is **foundering**.

48. Metaphor for Love: Love-as-magic

- She **cast her spell** over me.
- The **magic** is gone.
- I was **entranced** by him.
- I am **charmed** by her.
- She is **bewitching**.

49. Metaphor for Love: Love-as-natural-force

- She **swept me off my feet**.
- **Waves** of passion **came over** him.
- She **was carried away** by love.
- It was a **whirlwind** romance.
- She **let herself** go.

50. Metaphor for Love: Love-as-nutrient

- She's **starved for** affection.
- He's **love-starved**.
- He **hungered** for love.

51. Metaphor for Love: Love-as-opponent

- He tried to **fight off** his feelings of love.
- She was **struggling with** her feelings of love.
- She was **overcome** by love.
- Love **took complete control over** him.

52. Metaphor for Love: Love-as-rapture

- He is **intoxicated** with love.
- I am **giddy** with love.
- I have been **high** on love for weeks.
- She is **drunk** with love.

53. Metaphor for Love: Love-as-unity

- We were **made for each other**.
- We **are one**.
- She is **my better half**.
- Theirs is **a perfect match**.

54. Metaphor for Love: Love-as-war

- He **fled from** her **advances**.

- She **pursued** him **relentlessly**.
- He is slowly **gaining ground** with her.
- He **made an ally** of her mother.

55. Metaphor for Lovers: Beloved-as-appetizing-food

- Hi, **sweetheart**.
- **Honey**, you look great today!
- She's **the cream in my coffee**.
- Hello, **sweetie-pie**.

56. Metaphor for Lovers: Beloved-as-deity

- He **worships the ground she walks on**.
- He **put her on a pedestal**.
- She **idolizes** him.
- He is forever **singing her praises**

57. Metaphor for Lovers: Beloved-as-valuable-object

- Hello, my **precious**!
- We have to leave now, my **dear**.
- You're my **treasure**!

58. Metaphor for Lovers: Lovers-as-doves

- They sat there **billing and cooing** till after midnight.
- It was all **lovey-dovey**.
- Look at those two **lovebirds** on the bench over there!
- Their love **nest** has been discovered.

59. Metaphor for Emotion in General: Body-as-container-for-emotions

- He was **filled** with anger.
- She couldn't **contain** her joy.
- She was **brimming** with rage.
- Try to get your anger **out of your system.**.

60. Metaphor for Emotion in General: Emotional-effect-as-physical-contact

- His mother's death **hit** him **hard**.
- That idea **bowled me over**.
- I was **struck** by his sincerity.
- That really **made an impression** on me.
- I was **touched** by his remark.
- That **blew me away**.

61. Metaphor for Emotion in General: Emotion-as-bounded-space

- She flew **into** a rage.
- She was **in** an angry mood.
- He was **in** a state of anger.
- I am not easily roused **to** anger.

62. Metaphor for Emotion in General: Eyes-as-containers-for-emotions

- I could see the fear **in** his eyes.
- His eyes were **filled** with anger.
- Love **showed in** his eyes.
- Her eyes **welled** with emotion.

63. Metaphor for Varieties of Pride: Dignity-as-object

- He **preserved** his dignity.
- She **lost** all her dignity.
- His grey hair and solemn manner **lent him** dignity.
- She **discarded** her dignity.

64. Metaphor for Varieties of Pride: Conceited-person-as-big

- He's **big as you please**.
- He **got a big head** after winning the race.
- She has a **swollen** opinion of herself.
- She's had a **swelled head** ever since she got her Ph.D.

65. Metaphor for Varieties of Pride: Conceit-as-opponent

- He was completely **overcome** by conceit.
- Conceit **robbed him of** the ability to judge things properly.
- Conceit **did not allow her** to see things as they are.

66. Metaphor for Varieties of Pride: Conceited-person-as-high

- You don't have to be so **stuck-up**.
- Don't you think he's a little bit **uppish**?
- She became **high and mighty** when she won the prize.
- It's time you **got off your high horse**.

67. Metaphor for Pride: Pride-as-fluid-in-container

- His good performance **filled him with** pride.
- Pride **welled up inside him** at the sight of his garden.
- He was **full of** pride after beating the former champion.
- Her pride **rose** as she watched her children perform.

68. Metaphor for Pride: Pride-as-fluid-in-heart

- Her **heart swelled** with pride.
- The news **filled her heart with** pride.
- Pride **swelled** his heart.

69. Metaphor for Pride: Pride-as-object

- He **lost** his pride and began to implore her.
- She managed to **destroy** my self-esteem.
- He **tore** her pride **to shreds**.
- He **kept** his pride in the face of all adversities.

70. Metaphor for Pride: Pride-as-person

- His criticism **hurt** her pride.
- They **humbled** his pride.
- His pride **revolted against** the treatment he received.
- His national pride was **awakened** by the stupid comments.

71. Metaphor for Pride: Pride-as-a-superior

- His pride **prevents him from** doing anything dishonorable.
- His pride **did not allow him** to accept the aid.
- Pride **did not let her** do what she wanted to do the most.

72. Metaphor for Vanity: Vanity-as-inflated-object

- His sarcastic remarks **pricked** her vanity.
- His vanity has been **punctured**.

73. Metaphor for Vanity: Vanity-as-sensual-person

- What you said **wounded** his vanity.
- Her praises **soothed** his vanity.
- It only **fed** her vanity.
- His vanity was **offended** by your critical comments.

74. Metaphor for Variety of Pride: Self-esteem-as-economic-value

- She **values** herself **highly**.
- Her achievements **boosted** her self-esteem.
- She **underestimates** herself.
- Don't let him **lower** your self-esteem.

75. Metaphor for Emotions: Sad-as-down

- I'm feeling **down**.

- I'm **depressed**.
- He's really **low** these days.
- I **fell** into a **depression**.
- My spirits **sank**.

76. Metaphor for Mind: Conscious-as-up

- Wake **up.**

77. Metaphor for Mind: Mind-as-brittle-object

- Her ego is very **fragile**.
- He **broke** under cross-examination.
- I'm **going to pieces**.
- His mind **snapped**.

78. Metaphor for Mind: Mind-as-container

- What do you have **in** mind?
- His thoughts turned **inward**.
- It's been **in the back** of my mind.

79. Metaphor for Mind: Mind-as-machine

- We're still trying to **grind out** the solution.
- Boy, the **wheels are turning** now!
- I'm **a little rusty** today.
- He **broke down**.

80. Metaphor for Mind: Psychology-as-balance

- I told her to **keep things in balance.**
- He **balances** her **out.**

81. Metaphor for Mind: Unconscious-as-down

- He **fell** asleep.
- He **dropped** off to sleep.
- He's **under** hypnosis.
- He **sank** into a coma.

82. Metaphor for Perception: Activation-as-motion

- *Here comes* the beep.
- *There goes* the throbbing in my head again.

83. Metaphor for Perception: Seeing-as-touching

- He sits with his eyes **glued** to the TV.

- Her eyes **picked out** every detail of the pattern.
- Their eyes **met**.
- She never **moves** her eyes **from** his face.

84. Metaphor for Perception: Visual-field-as-container

- The ship is **coming into** view.
- I **have** him **in** sight.
- He's **out of** sight now.
- That's **in** the **center of** my **field** of vision.

85. Metaphor for Rational Processes: Choosing-as-touching

- He was **tapped** for service.
- The boss **hand-picked** his successor.
- Sam was **passed over** for promotion.

86. Metaphor for Rational Processes: Idea-as-commodity

- It's important how you **package** your ideas.
- He won't **buy** that.
- There is always a **market** for good ideas.
- That's a **worthless** idea.

87. Metaphor for Rational Processes: Idea-as-cutting-instrument

- That's an **incisive** idea.
- That **cuts right to the heart of** the matter.
- He's **sharp**.
- He has a **keen** mind.

88. Metaphor for Rational Processes: Idea-as-fashion

- That idea went **out of style** years ago.
- I hear sociobiology **is in** these days.
- That idea is **old hat**!
- What are the new **trends** in English criticism?
- Semiotics has become quite **chic**.

89. Metaphor for Rational Processes: Idea-as-food

- What he said **left a bad taste in my mouth**.
- I just can't **swallow** that claim.
- Let me **stew** over that for a while.
- He's a **voracious** reader.

90. Metaphor for Rational Processes: Idea-as-person

- He is the **father** of modern biology.
- Whose **brainchild** was that?
- Those ideas **died off** in the Middle Ages.
- Cognitive psychology is still in its **infancy**.

91. Metaphor for Rational Processes: Idea-as-plant

- His ideas have finally come to **fruition**.
- That idea **died on the vine**.
- He views chemistry as a mere **offshoot** of physics.
- She has a **fertile** imagination.

92. Metaphor for Rational Processes: Idea-as-product

- We're really **cranking out** new ideas.
- He **produces** new ideas at an astounding rate.
- We need to **take the rough edges off** that idea.
- It's a rough idea; it needs to be **refined**.

93. Metaphor for Rational Processes: Idea-as-resource

- He **ran out of** ideas.
- Let's **pool** our ideas.
- We've **used up** all our ideas.
- That's a **useless** idea.

94. Metaphor for Rational Processes: Known-as-down

- The matter is **settled.**

95. Metaphor for Rational Processes: Idea-as-building

- Is that the **foundation** for your theory?
- The theory needs more **support**.
- We need some more facts or the argument will **fall apart**.
- We need to **construct** a **strong** argument for that.
- They **exploded** his latest theory.

96. Metaphor for Rational Processes: Thinking-as-examining

- Let us now **examine** the question of factory chickens.
- He **turned** the question **over** in his mind.
- We need to **look at** this question **from every angle.**
- The detective **went over** the case **with a fine-toothed comb.**

97. Metaphor for Rational Processes: Understanding-as-seeing

- I **see** what you're saying.
- It looks **different**f rom my **point of view**.
- What is your **outlook** on that?
- Now I've got the **whole picture**.
- Let me **point something out** to you.

98. Metaphor for Rational Processes: Unknown-as-up

- That's **up in the air.**

99. Metaphor for State: Physical-state-as-entity-within-person

- Don't **give** me the flu.
- My cold has **gone from my head to my chest**.
- His pains **went away**.
- Hot tea and honey will **get rid of** your cough

99. Metaphor for State: Purpose-as-physical-goal

- Tom has **gone a long way** toward changing his personality.
- You have **reached the midpoint** of your flight training.
- She's just **starting out** to make her fortune.
- Follow me--this is **the path** to genuine happiness.

99. Metaphor for State: State-as-container

- He's **in** love.
- We're **out of** trouble now.
- I'm **slowly getting into** shape.
- He **fell into** a depression.

99. Metaphor for State: State-of-affairs-as-commodity

- He had **to pay a high price for** his dishonesty.
- His paper **isn't worth** looking at.
- Did your plan **pay off**?
- The **value** of his work is tremendous

100. Metaphor for Time: Time-as-moving-object

- The time will **come** when...
- The time has long since **gone** when...
- **Coming up** in the weeks **ahead**...
- Next week and the week **following** it...

101. Metaphor for Time: Time-as-resource

- The time will **come** when...
- The time has long since **gone** when...
- **Coming up** in the weeks **ahead**...
- Next week and the week **following** it...

102. Metaphor for Time: Time-as-stationary

- As we **go through** the years,...
- As we **go further into** the 1980s...
- We're **approaching the end** of the year.

103. Metaphor for Values: Bad-as-down

- It's been **downhill** ever since.
- Things are at an all-time **low**.

104. Metaphor for Values: Being-subject-to-control-as-down

- He is **under** my control.
- He **fell** from power.
- His power is on the **decline**.
- He is my social **inferior**.
- He is **low** man on the totem pole.

105. Metaphor for Values: Character-as-physical-strength

- She's morally **strong**.
- He has a **firm** character.
- He's a bit **unstable**, as far as character goes.
- She has **weak** character.

106. Metaphor for Values: Character-as-straight-movement

- He's a man of **unswerving** integrity.
- You're just a **crook**.
- I want a **straight** answer.
- She would never **deviate from** the truth.

107. Metaphor for Values: Depravity-as-down

- That was a **low** trick.
- Don't be **underhanded**.
- I wouldn't **stoop** to that.
- That would be **beneath** me.

108. Metaphor for Values: Good-as-up

- Things are looking **up**.
- We hit a **peak** last year.
- He does **high**-quality work.

109. Metaphor for Values: Having-control-as-up

- I am **on top of** the situation.
- He's in the **high** command.
- He's in the **upper** echelon.
- His power **rose**.

110. Metaphor for Values: Health-and-life-as-up

- He's at the **peak** of health.
- Lazarus **rose** from the dead.
- He's in **top** shape.

111. Metaphor for Values: Insignificant-as-little

- It was only a **small** crime.
- That was only a **little** white lie.
- His accomplishments tower over those of **lesser** men.

112. Metaphor for Values: Less-as-down

- The number of errors he made is incredibly **low**.
- His income **fell** last year.
- He is **under** age.
- If you're too hot, turn the heat **down**.

113. Metaphor for Values: More-as-up

- The number of books printed each year keeps **going up**.
- His draft number is **high**.
- My income **rose** last year.

114. Metaphor for Values: Sickness-and-death-as-down

- He **fell** ill.
- He's **sinking** fast.
- He came **down** with the flu.
- His health is **declining**.

115. Metaphor for Values: Significant-as-big

- He's a **big** man in the garment industry.

- He's **head and shoulders above** everyone in the industry.
- I was astounded at the **enormity** of the crime.
- His accomplishments **tower over** those of lesser men.

116. Metaphor for Values: Virtue-as-up

- He is **high**-minded.
- She has **high** standards.
- She is **upright**.
- She is an **upstanding** citizen.

117. Natural-formation-as-proud-person

- The Danube flows **proudly** underneath.
- **Proud** mountains surrounded the town on all sides.

118. Storm-as-angry-person

- It was a **violent** storm.
- The sea was **lashing** the rocks.
- The **angry** waves **calmed down** as the dawn came.
- We had a **raging** storm last night.

119. Vitality-as-substance

- She's **brimming** with vim and vigor.
- She's **overflowing** with vitality.
- I'm **drained**.
- That **took a lot out of me**.

120. Wealth-as-hidden-object

- He's **seeking** his fortune.
- He's flaunting his **new-found** wealth.
- He **lost** his fortune.
- He's **searching for** wealth.

찾아보기

1. 시 찾아보기

1. Mnemonic Rhymes

2. Nursery Rhymes

3. Poems

시인별 시 찾아보기